大学における
アクティブ・ラーニングの現在

学生主体型授業実践集

小田隆治 編
Takaharu Oda

Adventures of
Learner-centered
Teaching

ナカニシヤ出版

まえがき

　2016年の夏，毎年恒例の「FD合宿セミナー」が開かれた。このセミナーは山形大学が主催し，全国の大学から受講者が集まってくる。2001年が最初の年だったので，16回目となる。今回は「アクティブ・ラーニングの実践」をテーマとし，アクティブ・ラーニングを取り入れた授業の設計から実践までを行った。セミナーの最後のプログラムでは，グループごとに教師と学生役に分かれて模擬授業を全員の前で披露した。模擬授業を行う前には，グループで演技のリハーサルを何度も行って本番に臨んだ。もちろんいずれのグループもすばらしい出来栄えであった。合宿セミナー自体も，講師である私の講義や指摘を最小限にとどめ，グループワーク中心のアクティブ・ラーニングとなっている。

　グループ編成は，セミナー開催前に我々山形大学のスタッフが，大学の地域・規模，専門分野，年齢，男女を考慮して，それらがばらけるように構成した。セミナー参加者は指定されたグループに所属し，見ず知らずの人たちと一緒に活動することになる。グループの中には大学教員歴30年という定年間近な方から，4月に教員になったばかりのほやほやの人，それに近年の傾向としては，年配者であるが大学教員になって数年目という民間企業出身者や小・中・高等学校教員の経験者もいる。大学からの業務命令で嫌々参加した（させられた）人も少なからずいるが，なかには自分の意志で積極的に参加された方もいる。今回のセミナーには，自分の意志あるいは大学の意向で授業の中でアクティブ・ラーニングを試みているが，うまくいかないので勉強するために参加したという人もいた。

　セミナーは，各教員がつちかってきた経験や知識を惜しげもなく出し合うことで進んでいくが，そこでは単なる話し合いが繰り返されているわけではない。有限な時間の中で，シラバスや模擬授業というプロダクトの完成が求められている。次に，プロダクトを全員の前で発表し，全員からの客観的な批評を仰ぐことになる。ここに我々の唱える相互研鑽の精神が具現化している。グループの中でお客様である時間はない。

　アクティブ・ラーニングは授業時間中に体を動かし，教員から求められたワークをこなすことを目的としてはいない。自己満足のチープなプロダクトを完成することでもない。客観的な評価に耐えられるだけのプロダクトを産生しなければならない。さらに重要なことは，授業で修得したことを自分で咀嚼し，将来の仕事や人生

の中で生かしていけるか，というところにある。FD 合宿セミナーの参加者はポストアンケートにおいて，自分の授業の中で今回の経験を実際に生かしていこうと書いていた。その後の追跡はしていないが，これがアクティブ・ラーニングの成果である。

　自分の大学の学部だけで似通った教育分野や研究分野の教員たちで FD（Faculty Development）の研修会を開くことも有意義であるが，大学や専門分野を越えて研修会を開くことも大いに意味のあることである。なぜならば，ある種の開放感にひたり，自由闊達に日ごろ考えていることを話すことができ，日ごろ交流することのない異分野の人の意見を謙虚に聞くことができるからだ。それは新鮮な体験なのだ。

　専門分野で教材や教育法が国内のみならず世界中で共通していることは，学問の歴史からいって当然であるといえる。しかしそれでも，個々の教員によって工夫できる教材や方法の余地は，まだ十分にあるといえる。まさに大衆化した現代の大学においては，そうしたことが授業改善に大きなウェイトを占めているといえるだろう。ただ板書で大きくわかりやすい字を書くこと，限られた色チョークを使うこと，大きな声で話すこと，語尾をしっかりと話すこと，パワーポイントの字数は少なくすること，などの点検をすることだけが授業改善ではないはずだ。大学でこうした修正だけを繰り返していては，FD は根腐れを起こしていくだろう。FD も創造的であらねばならない。

　とはいっても，これまで講義を基調とした大学の授業に，新たな教材づくりや新しい教育法を導入することは，一部の創造的で熱心な大学教員以外には，大々的に試みられてこなかったのも事実である。しかし，2012（平成 24）年の中央教育審議会が出した答申「新たな未来を築くための大学教育の質的転換に向けて―生涯学び続け，主体的に考える力を育成する大学へ」によって大きく状況が変わった。答申では次のようなかたちでアクティブ・ラーニングの言葉が出てくる。

> 生涯にわたって学び続ける力，主体的に考える力を持った人材は，学生からみて受動的な教育の場では育成することができない。従来のような知識の伝達・注入を中心とした授業から，教員と学生が意思疎通を図りつつ，一緒になって切磋琢磨し，相互に刺激を与えながら知的に成長する場を創り，学生が主体的に問題を発見し解を見いだしていく能動的学修（アクティブ・ラーニング）への転換が必要である。

このように答申は，一方向的な講義形式の教育から，教員と学生の双方向的で能動的学修であるアクティブ・ラーニングへの転換の必要性を説いている．政策誘導などもあり，個々の大学や教員は内発的でなく外発的にアクティブ・ラーニングを導入せざるを得ない状況になってきた．現代の日本において，アクティブ・ラーニングは大学のみならず小・中・高等学校の場で研究と導入が進んでいる．いまは大学に入学して初めて遭遇するアクティブ・ラーニングにとまどう学生も多いが，近いうちに高校までであたりまえにアクティブ・ラーニングを受けてきた若者が入学するようになり，一方的な講義スタイルは今まで以上に学生の厳しい目に晒されることになるだろう．我々がそういう教育を受けてこなかった，ということは言い訳にもならない．

では，我々が学校教育で経験したことがないアクティブ・ラーニングとは何だろうか．文部科学省の用語集には次のような説明がある．

> 教員による一方向的な講義形式の教育とは異なり，学修者の能動的な学修への参加を取り入れた教授・学習法の総称．学修者が能動的に学修することによって，認知的，倫理的，社会的能力，教養，知識，経験を含めた汎用的能力の育成を図る．発見学習，問題解決学習，体験学習，調査学習等が含まれるが，教室内でのグループ・ディスカッション，ディベート，グループ・ワーク等も有効なアクティブ・ラーニングの方法である．

求められていることは，一方的な講義が否定されていることであるのはわかるが，グループ活動以外に具体的なイメージが湧くわけではない．アクティブ・ラーニングには多様な方法があるようである．いずれにしても，これこれをしなさいという具体的なものが示されているわけではない．我々は自分の専門や授業の内容・目標に即して，より良い教材や授業法を開発し採用することができる自由を手に入れた，と善意に解釈すればいいのではないだろうか．もちろん，それは自己に閉じることなく，公開することによって，他者からの批判や評価に晒されることを前提にしている．

本書は，日本の大学で行われているアクティブ・ラーニングの実践集である．ここにはこれこそがアクティブ・ラーニングだというものがあるわけではない．多様な授業の中で展開されているアクティブ・ラーニングの豊かな泉があるだけだ．読者には，この中から自分流のメソッドを汲み取って，自分のアクティブ・ラーニン

グを作り出していって欲しい。

　本書は四部構成となっているが，その前に導入の意味も込めて編者である私の初年次教育の授業実践について書いた。1年生が教員や企業を訪問しインタビューを行うアクティブな授業である。第1部「主体的な学びとは何かを問い直す」では，杉原真晃氏，橋爪孝夫氏，荒木奈美氏，清多英羽氏，青木滋之氏の授業実践を通して主体的な学びが問い直されている。第2部「地域連携とプロジェクト・ベースト・ラーニング」では，白井篤氏，松本健太郎氏と鈴木信子氏，薬袋奈美子氏，丸岡泰氏が地域と連携しプロジェクト遂行型のPBL（Project-Based-Learning）での苦闘の姿を描いている。第3部「理系科目における学生主体型授業」では，千代勝美氏，山田邦雅氏，栗山恭直氏，松澤衛氏が実験やPBLを取り入れた授業実践を論述している。第4部「さまざまな学生主体型授業」では，越村勲氏，田中真寿実氏，松坂暢浩氏，日野信行氏，時任隼平氏によってチャレンジングな授業実践が描かれている。

　アクティブ・ラーニングは，決して授業中に学生が動き回ったり，喋ったりする状況を作り出すことを目的とはしていない。アクティブなのは第一義に脳の中でなければならない。学生たちの脳が活性化され能動的に考えられるようにならなければならない。そして考えていることは表現されなければ他者には見えてこない。コミュニケーションやプレゼンテーション，レポート作成が必要になってくるのである。

　アクティブ・ラーニングの授業を通して，学生たちは生涯を通じて能動的でありかつ主体的で創造的である基盤を形成することが望まれている。この目的を達成するためには，道は一つではない。学生たちは大学時代に多彩な教員から創造性に富んだ魅力的な授業を受けることになる。この総体を浴びて，学生は大学を巣立っていく。

　アクティブ・ラーニングは教員と学生の双方向性を重視する。そうした空間では授業に対する自由な批評も飛び交うだろう。批評もできない学生がアクティブであるわけではないからだ。アクティブ・ラーニングはFDの新生面を生み出し，日本の高等教育は改革されていくかもしれない。

　最近，アクティブ・シニアという言葉を耳にした。そこでは元気な年寄りという意味で使われていた。アクティブ・ラーニングが元気な日本を生み出してくれることを願っている。

　本書は，ナカニシヤ出版から出ている『学生主体型授業の冒険』（1と2）の続編

でもある。これらの本を併せてお読みいただければ，日本の大学で行われているアクティブ・ラーニングの多様性と豊かさがわかり，みなさまの授業にアクティブ・ラーニングを導入する際にインスピレーションが湧くはずである。

本書はもう少し早く出版される予定であったが，遅れたのは編者の怠慢によるものである。著者のみなさまにはご心配やご迷惑をおかけしたが，なにとぞお許しを願いたい。

最後になったが，本書が世に出るのはひとえにナカニシヤ出版の米谷龍幸氏のおかげである。感謝申し上げる。自己生産による膨大な仕事に埋まり，私的にも多忙を極めた時期に，本書の企画から構成，そして校正にいたるまですべての面倒をみていただいた。米谷氏のここぞの集中力には改めて脱帽である。米谷夫妻が新居で少しはのんびりとした生活を送られることを願っている。

2016 年 10 月 10 日
アクティブ・シニアになれない私の誕生日に
小田隆治

【引用・参考文献】
文部科学省（2012）．「用語集」〈http://www.mext.go.jp/component/b_menu/shingi/toushin/__icsFiles/afieldfile/2012/10/04/1325048_3.pdf〉
文部科学省（2013）．『新たな未来を築くための大学教育の質的転換に向けて―生涯学び続け，主体的に考える力を育成する大学へ（答申）（抜粋）』〈http://www.mext.go.jp/b_menu/shingi/chousa/koutou/055/gijiroku/__icsFiles/afieldfile/2013/04/04/1331530_6.pdf〉

目　次

まえがき　i

01　生活環境科学入門
大学教員と企業を取材する初年次教育は大学時代を豊かにするか ―― 1
　　　　　　　　　　　　　　　　　　　　　　　　　　　　　　　小田隆治
1　はじめに　1
2　授業導入の経緯　2
3　「生活環境科学入門」とはどのような授業か　3
4　授業設計　5
5　授業の展開と学生の声　7
6　おわりに　12

第1部　主体的な学びとは何かを問い直す

02　教養実践演習
初年次からの論文作成と「学生の主体的な学び」にかかる問題意識 ―― 16
　　　　　　　　　　　　　　　　　　　　　　　　　　　　　　　杉原真晃
1　はじめに　16
2　授業の概要　17
3　学習にかかる問題点と教授・学習活動の工夫　18
4　学習の評価　20
5　「学生の主体的な学び」にかかる問題意識　21
6　学生の興味・関心の偏りへの対応　22
7　主体的な学びの評価　23
8　「教え」と「学び」の関係性　25
9　さいごに　26

03　あなたの中の大学：学生主体型授業への挑戦
学生主体型授業漂流記 ―― 28
　　　　　　　　　　　　　　　　　　　　　　　　　　　　　　　橋爪孝夫
1　はじめに　28
2　学生主体型授業とは何か　28
3　学生主体型授業漂流記　33
4　結びにかえて　36

04　臨床教育学入門　　　　　　　　　　　　　　　　　　　　　　　　　荒木奈美
続・自らの生き方を問い直す大学教育：真の〈主体性〉を育てる教師のあり方 ———— 39

1　はじめに　39
2　授業概要　40
3　授業の実際　43
4　考　察　50

05　保育者養成課程における講義系科目の実践　　　　　　　　　　　　　清多英羽
———— 52

1　はじめに　52
2　今どきの短期大学生の現実　53
3　学生が理論を学ぶことに無関心な理由　54
4　講義の反省とその後の工夫の方向性　57
5　主体性を引き出す授業実践の概要　58
6　おわりに　60

06　「総合基礎演習」の歩み　　　　　　　　　　　　　　　　　　　　　青木滋之
学生が問題を発見し，調査し，共に考えていく授業 ———————————— 62

1　はじめに　62
2　「総合基礎演習」で学生が取り上げたテーマ　63
3　[失敗談] 教員からの「押し付け」と，学生に「任せきり」の授業　64
4　学生の自主性と，教員の専門性をどう両立させるか　67
5　2011年度の「総合基礎演習」，主体的学習における教員の役割　68
6　今後の取り組み：「初年次ゼミ」への接続　71

第2部　地域連携とプロジェクト・ベースト・ラーニング

07　女子大生が選ぶファミリーファッション　　　　　　　　　　　　　　白井　篤
自主参加型地域連携プロジェクトにおける生活デザイン学科の挑戦 ———— 74

1　はじめに　74
2　地域連携プロジェクトの概要　75
3　プロジェクトの流れとふりかえり　76
4　学習効果（社会人基礎調査）　78
5　おわりに　81

08 学生映画コンテスト in 瀬底島　　　　　　　　　　　松本健太郎・鈴木信子
PBL と大学広報とを連携させる試み ─────────────── 83

1 学生が教育の枠組みをつくる教育　83
2 イベント準備：学生による議論とそのためのコミュニケーション・メディア　86
3 「学生映画コンテスト in 瀬底島」の概要　88
4 外部の人々とのかかわりのなかで　91
5 学生が作成するコンテンツと，それをもちいた広報活動の可能性　93
6 結語にかえて　94

09 住環境計画　　　　　　　　　　　　　　　　　　　　　　　　薬袋奈美子
空間の質を「言語化」する授業：雑司ヶ谷をフィールドにした「自発創成型教育活動」の展開の一歩として ──────────────────────── 96

1 はじめに　96
2 「住環境計画」について　97
3 授業の概要　98
4 大学近隣をフィールドにする教育の効果と発展　104
5 おわりに　106

10 東日本大震災からの復旧復興過程と学生の主体性　　　　　　丸岡　泰
2 事例からの経験則 ───────────────────────107

1 はじめに　107
2 「語り部」学生　107
3 「異議申し立て」学生　111
4 体験を教育に生かす　116
5 おわりに　118

第 3 部　理系科目における学生主体型授業

11 体感する科学　　　　　　　　　　　　　　　　　　　　　　千代勝実
学生主体型・プロジェクト解決型授業 ──────────────120

1 はじめに　120
2 物理教育研究での学生主体型講義　120
3 「体感する科学」の概要　122
4 「体感する科学」の授業内容　123

  5 授業「体感する科学」の考察 *129*
  6 まとめ *130*

12 北大に風車を建てようプロジェクト 山田邦雅
秘密工作員のミッションとは ───────────── *131*

  1 風プロを始めた背景 *131*
  2 風プロの概要 *132*
  3 理論の学習 *137*
  4 風車模型コンテスト *138*
  5 クラスマネジメント *139*
  6 シラバス *140*
  7 風車の見学 *142*
  8 風プロの展望 *143*

13 サイエンスコミュニケーション 栗山恭直
学生主体型授業の冒険は続く ───────────── *145*

  1 はじめに *145*
  2 SCI：オープンキャンパスでの説明 *146*
  3 サイエンスコミュニケーションの基本 *147*
  4 科学コミュニケーションⅡの企画①：出前実験 *149*
  5 その他の科学コミュニケーションⅡの企画 *150*
  6 学生の受講態度：スタートアップセミナーとの比較 *153*

14 ウェブサービスの授業活用は学生の主体的な学びの夢をみるか?! 松澤　衛
ICTを活用した授業実践 ───────────── *155*

  1 はじめに *155*
  2 サイボウズLiveとは *156*
  3 サイボウズLiveを用いた授業 *156*
  4 今後の課題 *162*

第4部　さまざまな学生主体型授業

15　ハイブリッド自主演習　　　　　　　　　　　　　　　　　越村 勲
学生が先生になる？ ——————————————————— 166
1　はじめに：学生主体型授業への本学の取組み　166
2　デザイン教育と PBL　166
3　CS-Lab とハイブリッド自主演習　167
4　二年目の「失敗」，三年目の「再試行」　170
5　結びにかえて　174

16　学術日本語 I　　　　　　　　　　　　　　　　　　　　　田中真寿美
留学生の発表活動における学生による評価項目の考案と自己評価・他者評価 ——— 176
1　はじめに　176
2　2013年度後期の授業の概要　178
3　学生の反応　182
4　実践の改善へ向けて　185
5　おわりに　186

17　「自己理解」と「社会理解」　　　　　　　　　　　　　　松坂暢浩
「キャリアデザイン」科目における学生主体型授業 ——————————— 188
1　はじめに　188
2　授業概要について　188
3　授業運営の工夫について　190
4　学生主体型グループ活動への取り組みについて　192
5　学生のグループ活動における気づきについての考察　195
6　今後の課題について　198

18　共通教育の英語教育　　　　　　　　　　　　　　　　　日野信行
「必然性」のある授業内容を心がける ——————————————— 200
1　はじめに　200
2　教員の留意事項（語学授業に限らない）　202
3　授業方針（英語教育に関して）　203
4　授業方法　206
5　メディアの比較の例　207

6　本授業の基本理念　*208*
　　7　むすび　*209*

19　グローバル社会を生き抜く　　　　　　　　　　　時任隼平
　　　遠隔地大学間連携によるICTを活用した学生主体型授業の冒険　——————— *211*

　　1　はじめに　*211*
　　2　本授業（冒険）の概要　*212*
　　3　三つの荒波　*215*
　　4　学生は満足したのか　*220*
　　5　まとめ：遠隔地大学間連携による学生主体型授業のススメ　*221*

01 生活環境科学入門
大学教員と企業を取材する初年次教育は大学時代を豊かにするか

小田隆治

1 はじめに

　十数年前，私は教育学部の就職委員であった。教育学部とはいえ，当時すでに教員採用の枠が減り，学生たちの就職先は教員のみならず，公務員から民間企業へと多彩になっていた。そんなある入学式の日，保護者に向かって学部の就職状況について説明する担当になったときのことである。

　私は保護者に向かい，「入学おめでとうございます。大学に入学したばかりで，子どもさんたちよりも皆さまの方がホッと肩をなで下ろされておられることと存じます。このタイミングに就職についてお話をするのは私としても心苦しい限りです。まるで赤ちゃんが生まれたばかりなのに，大学進学の心配をするようなものですから」と枕詞を述べると，保護者のみなさんも，もっともだという顔をして笑ってくれた。受験競争を勝ち抜いてせっかく大学に入学したのだから，学生たちには当面は大学生活を楽しんでもらいたい，という思いは私も保護者も同じだったのだろう。そして就職先選びの際は大学生として自立していく子どもたちの意志を尊重することだ，と多くの保護者も理解していたはずである。

　しかし，たった十数年でこの様相は大きく変化してしまった。私たちの教育学部は地域教育文化学部と名称を変え，全国の大学は入学時から就職について学生や保護者に説明するのが当然のこととなってしまった。大学でのキャリア教育の授業が大手を振ってまかり通るようになった。私も知らずしらずのうちに，新入生たちに「うちのコースは就職率が100％なので，安心して大学生活を過ごすように」と言うようになってしまった。先輩たちの就職率が100％だからといって，大学生活がスムーズにいくわけではないが，一年生は一様にホッとした表情をする。この予測不

可能な時代，彼らなりに将来が不安なのである。私の話に，「しゃらくさい」と思ってくれるような学生は残念ながら見受けられない。だが昔と同じで，多くの学生はしばらくすると就職のことはすっかり忘れ，大学生活を謳歌するようになる。これはまことに健全なことである。将来ばかりを考えて現在を楽しまない人生なんて馬鹿げているからだ。黙っていても，学生たちは3年生の後半になると，必死に自分の将来を考え，行動するようになる。

　それでも私は，授業の中で一年生に大学の四年間をみせ，現実社会をみてもらい，自分なりに大学生活と一生を考えてもらいたいと考えるようになった。私が時代に流されていることも否定しないが，若者である彼らも，とぼしい実体験から描く世界が狭くなりがちであるため，世界のイメージを豊かにし，選択肢と可能性を広げたいと強く望んでいるからである。こうしたことがベースとなって今回の授業を設計し実施したのである。それがここに紹介する，研究室と企業を訪問して教員や4年生，社長や会社員に取材をすることを柱とした授業「生活環境科学入門」である。

　では，この授業を通して彼らのイメージする世界は豊かになり，思考は深くなっていったのであろうか。

2　授業導入の経緯

　ある日のことである。コースの全教員から突然「えっ，この新規の「生活環境科学入門」っていう授業，いったい何をするの？　そもそもいったい誰が担当するの？」という声があがった。みんな自分が担当するのではないか，と不安が生じた。私も同様である。カリキュラム担当教員は，「ちょっと待って，書類を探してくるから」と言って確認に走る。「これは小田さんだ」と聞いて，私以外全員が安堵した。

　思わず私は「いったいいつ僕に決まったんだよ」と問い詰めていた。カリキュラム担当教員は「えっ，と。うーん。そう言えば，以前，廊下で小田さんと話したじゃない。一年生の後期にこうした授業が必要だと。コースの全員でオムニバス形式で受け持てばいいのだから，代表に小田さんの名前を入れておいたんだ」としどろもどろである。「二人での立ち話と，正式にカリキュラムに授業を載せるのとは訳が違うんじゃないの。今からこの授業を取り消すことはできないの」と私が言うと担当者はきっぱりと「もうできない」と言った。こうなると後には引けない。会議を長引かせることもできないし，事態を炎上させることも私の本意ではない。うまく収拾するしかない。

「仕方がないからこの授業の代表を引き受けるけど，学生たちに不満の多いオムニバス授業にはしないよ。だけど全員には何らかの協力を求めるから，あらかじめそれは全員覚悟しておいてね。僕が責任をもって授業を設計し，シラバスを書くから」。そのように私は言った。全員に異論のあろうはずがない。嵐は一瞬にして通り過ぎた。こうして「生活環境科学入門」がスタートラインについたのだった。

これは私が所属する山形大学地域教育文化学部の生活環境科学コースの教員会議の一コマである。2012年に学部の改組を行い，3学科制が1学科制となり，学科の下に入試単位のコースが存在している。入試から卒業まで，学生の教育や生活指導は主にコース単位で行っている。生活環境科学コースは一学年25名の学生定員で，12名の教員が所属している。コースの教員会議は不定期であるが，月1回程度開催している。個性的な教員の集団で，こうした困った話題には事欠かないが，それでも仲の良いメンバーである。

学部改組に伴って私たちのコースにはいくつかの新規授業が立ち上がったが，その最終確認を行った際，さまざまな不備がみつかった。上記もその一つである。履修要項を作成し，授業の時間割を作成する頃には，問題点を発見しその責任の所在を指摘しても，もう後戻りはできない。後の祭りである。なんとか授業を開講しなければならない。こうして授業「生活環境科学入門」が2012年から開講されることになった。

3 「生活環境科学入門」とはどのような授業か

山形大学は6学部すべての一年生が山形市の小白川キャンパスで一年間，全学共通教育の教養（基盤）教育を受講することになっている。1年生での教養教育は山形大学の学生としての基盤を形成させ，広い視野と自分の考えをもって行動する21世紀型市民を育成するという大きな意味をもっているが，一方で，学士課程教育として4年一貫の教育としてみるとその連続性に弱いところが生じることは否めない。

教養教育は，個々の学生の興味関心に基づいた科目選択を基本としているので，同じコースの学生であっても一週間の時間割は学生ごとに違い，週に数コマ割り当てられている専門教育の授業以外で全員が一堂に会することはない。

私は，教養教育と学部教育の不連続性が決して悪いことだとは思っていない。一生がすべて連続するものならば，それは予定調和となってしまい新鮮なものが立ち表われてこないからだ。実際，社会では良きにつけ悪きにつけ，自分にとって予想

外のことが出現するではないか。私たちはそれに対処していかなければならないのだ。だがこのことを学生たちに納得させるまでには至っていないのも確かだ。学生たちは多様性のある総合大学の利点を自分のものとできず，一方で学部やコースへのアイデンティティを低下させ，コースにおいてクラスとしてのまとまりが醸成されない状況が少なからず存在してきた。これは「自律的学習組織」の形成を目標としている私たちの生活環境科学コースとしては大きな課題であった。

　学生たちには個として自立して欲しい。自分が正しいと思うことについては，敵が幾百万いようと，自分の考えを述べて欲しいし，行動して欲しい。そして自分と違う他者を尊重して欲しい。しかしそんなに格好良くはいかないのも世の常である。どんな時代でもどんな社会でも出る杭は打たれる。このことを重々承知し，人間の弱さを認めた上で，個の自立を尊重し，伸ばしていきたいと思っている。

　個とはそれほど強いものではない。程度の差はあれ，そして意識的であれ無意識的であれ，個は集団に染まってしまう。大学でもそうである。クラスの雰囲気は毎年違う。しかし教員は授業を通してクラスの雰囲気作りを積極的に支援（関与）することはできる。私たちとしては，クラスが学生たちにとって向上心をもって切磋琢磨し勉強する自律的学習組織になって欲しいのである。こうしたクラスができると私たちも教えやすいし，高みを目指して教育できるし，時に手を抜けるのである。いやいや，学生の批判精神は高まり，彼らからの要求は高まっていくことになるのだが，それも結構なことである。このことを私たちは真に望んでいる。

　ともかくこの問題を解決するために，1年生の前期にコースの必修の専門の授業「生活環境学序論」や教養教育の「スタートアップセミナー」にグループワークを導入し，議論やプレゼンテーションなどを行うことを通してクラスのまとまりを形成していった。こうしたことの成果ははっきりと表れてきた。

　クラスのまとまりに及ぼすこの前期の授業の役割をコースの教員はみんな高く評価したが，一方で，私たちは後期にはこうした授業がないので，せっかくできあがったクラスのまとまりが弛緩していくことを憂慮していた。そこで2012年度の後期から，自律的学習組織を形成することを目的として，コースの1年生の必修授業として「生活環境科学入門」という学生主体型の授業を置くことになったのである。

　人は一般的に一緒に過ごす時間が多くなればなるほど親しさが増していく。だが，親しいからといって，人々が切磋琢磨して勉強するようになるわけではない。そうするためには，そこに，そうなるような教育上の仕掛けが必要である。

　このようなことから，「生活環境科学入門」の目的は自律的学習組織の形成にあ

るのだが，これは組織的な問題であり，学生個々人の到達目標は，①生活環境科学の基礎知識を身に付け，②主体的に問題発見をし，③それを集団で探求して，④解決し，⑤プレゼンテーションするための基本的な能力を身につけることにある。同時に，コミュニケーション能力やプレゼンテーション能力，協調性，能動性，社会性を培う雰囲気を醸成することを目標にしている。もう一つ大事な目標は，このコースの4年間でいったい何を学ぶのかということがイメージできるようになることにある。さらに，それは大学在籍期間だけではなく卒業後の就職のイメージもおぼろげながらでも抱いてもらうことを目標としている。

かたい話のように聞こえるかもしれないが，平たくいえば，この授業を通して，学生全員がコースや自分の将来に夢や希望を抱き続け，全員が仲良くなって，明るく楽しく切磋琢磨して大学4年間を過ごして欲しいのである。この基盤を築くのがこの授業の最大の目標である。

4 授業設計

この授業の目玉でもあるオープニングは，学生たちの研究室訪問と教員への取材である。学生たちは三人あるいは四人一組となって，あらかじめ割り当てられた教員に取材にいくのである。取材内容は2-3週間後に控えた授業の中で発表する。取材する最低限度のことは，①教員の経歴，②教員の研究内容，③研究室の過去の卒業研究内容，④ゼミや高学年の実習への参加，⑤教員が学生たちに望むことである。学生たちには取材やゼミに5時間は参加するように指示し，教員たちにも学生たちにきちんと対応するように依頼した。あとは個々の教員と学生たち任せである。生活環境科学コースの教員はこの方法に誰も異を唱えず，逆に学生が来ることを楽しみにしている。

授業全体は表1-1のように，2回の研究室訪問とそれに続く企業訪問，最後に自由課題の探究という構成になっている。こうしたことはすべてグループによる授業外の活動とその結果を授業で発表するというかたちで進んでいくことになる。

発表は，パワーポイントを使って1班10分行う。これは，1分前後の誤差しか認めない。学生たちは前期の私の授業でこの方式を身につけているので，どの班もきちんと時間を守っている。発表終了後に，学生による質疑応答を行う。質問一回につき1点を与えることを明示しているので，毎回活発な質疑応答が展開される。これをおよそ5分間行った後で，発表に対して私が良い点と悪い点を指摘し，100点

表 1-1 「生活環境科学入門」の授業設計

回数	授業の内容	レポートの提出
1	全体のガイダンス	①夏休み課題図書『137億年の物語』を読んで考えたこと
2	第1回研究室訪問のグループ分け	
3	第1回研究室訪問の発表…1	
4	第1回研究室訪問の発表…2	②第1回研究室訪問で興味をもったことの探究
5	第1回研究室訪問の反省 第2回研究室訪問のグループ分け	
6	第2回研究室訪問の発表…1	
7	第2回研究室訪問の発表…2	③第2回研究室訪問で興味を持ったことの探究
8	第2回研究室訪問の反省 企業訪問のグループ分け	
9	企業訪問の発表…1	
10	企業訪問の発表…2	④企業訪問で興味をもったことの探究
11	企業訪問の反省	
12	自由課題発表のグループ分け	⑤冬休みの自由課題図書を読んで考えたこと
13	自由課題発表…1	
14	自由課題発表…2	
15	まとめ	

満点で評価点を告げる．次回以降は，私の指摘した改善点を改めておかなければ，今回よりも10点減点すると明言しているので，発表は回を増すごとに上達していき，最後の頃にはどの班も質の高い発表を行えるようになる．

実施年度に研究室訪問を同じ班で2回行ったが，これは生活環境科学コースが建築・技術系と自然科学系に二大別でき，教員がそれぞれの系に6名ずつおり，同じ班は両方の系を必ず訪問するようにしたので，研究室訪問は①と②の二回となった．3名または4名一組の班なので8班できるが，半分ずつの班が各系の研究室訪問を行い，訪問したい研究室の希望を取るが重複する場合は，じゃんけんによって決めた．②では，前の系と違った系の研究室を訪問することになり，①でどの班も訪問しなかった研究室はいずれかの班が訪問することを義務づけた．これもじゃんけんで決めた．

研究室訪問に続く企業訪問は，訪問先の企業は山形大学の就職課の課長に協力を

依頼している。山形市近郊の中から，学生たちの訪問を受け入れてくれる環境や建築関連の企業にかけ合ってくれた。初年度の2012年度は六つの企業を訪問したが，2013年度は一つ減り五つの企業になった。この年度は研究室訪問の班のメンバー構成と異なるように五つの班のメンバーを私が決めた。

　自由課題は，学生たちが探求したいテーマを一人一つずつ考え，それを黒板にすべて書き出し，その中から興味のわくテーマに挙手してもらい決める。3名以上の手が上がったテーマをそのグループで探求する課題として決定し，2012年度は全部で八つの課題が決まり，学生たちは授業外で発表に向けて準備することになった。

　「生活環境科学入門」はこのようにグループによる調査・発表から構成されているが，もう一つ重要な要素にレポートの提出がある。表1-1に示すように，一人ひとりが5回レポートを提出しなければならない。

　1回目の授業で提出することになる最初のレポートは，夏休みの前に指定してある課題図書を読んでのものである。単に面白いなどの感想を書いてもらうのではなく，考えたことを書いてもらうことにしている。2,3,4回目のレポートは研究室や企業を訪問して自分が興味をもったテーマを深く探求するものである。訪問の感想文ではない。5回目は自分で本を選びそれを読んで考えたことをレポートにしてもらう。

　レポートの分量はA4, 3枚で，一枚は40字40行とした。こうしたことも前期の私の授業で経験しており，彼らが当惑することはない。前期の3回のレポートはすべて手書きとしたが，後期のこの授業ではPCを使ってプリントアウトしてよいことにした。2014年からはこのレポートも手書きにすることにした。手書きの方が頭に入るからだ。

5　授業の展開と学生の声

5-1　研究室訪問

　2012年度の実施の際，学生たちは私の簡単な説明を受けた後，私が指示したわけでもないのに，教室に残り，メールのアドレスや電話番号を交換し，グループのメンバーでいつ集まって何をするのか計画を立てていった。前期にグループ学習を行っていたので，彼らは何も戸惑うところがなかった。決してうまが合う者同士で編成されたグループではないが，このクラスの学生たちは，誰と一緒のメンバーになろうと協調して仕事をしていくことができる。これは前期の授業の成果である。

学生たちの中には，研究室を何度訪問しても先生は不在だと言ってくる学生もあったが，それに対しては訪問した時間と自分たちのアドレスを書いて研究室のドアに貼っておくように指導した。一方で，教員たちの中にはいくら待っても学生が来ないと言ってなげく者もあったが，「それはあなたが研究室にいないからだ。学生たちはあなたを探して右往左往していたよ」と言った。こうした行き違いが生じつつも，学生たちは教員たちとコンタクトを取り，取材を重ね，ゼミや土・日曜日にある高学年の実習に参加していった。

　1年生の訪問取材を受けた教員たちはとてもうれしそうだった。新任の教員は私に「山形大学の学生はみんな素直で誠実な若者たちばかりですね。彼らをきちんと伸ばしてやることが我々の使命ですね」と取材の感想を述べてくれた。学生たちのプレゼンテーションで，教員たちが素直に自分の青春時代をなんのてらいもなく学生たちに話していると聞いて，私は思わず噴き出してしまった。たとえばそれはオール5だった中学の成績だったり，あるタレントに似ているということだったりである。とにかく学生時代のことを赤裸々に話して聞かせているのである。たしかに誰も学生時代のことを聞いてくれることはないのだから，少し調子に乗ってしまうのかもしれない。

　こうしたことはインタビューをした学生にも好評で，ある学生は「授業ではよい印象をもてなかった先生と直接話をして，とてもよい印象をもつことができた」と私に言った。同様の印象を多くの学生がもったようで，私が聞く限り，インタビューをして教員の印象がよくなることはあっても，わるくなったことはないようである。

　さらには，学生たちは「ホームページやパンフレットではわからなかった研究や卒論，就職先の話が聞けて，これから過ごす大学生活をイメージしやすくなった」と高評価だった。

　この授業を通して，すべての班の発表がどの場に出しても恥ずかしくない高い質を誇っていた，と私は確信している。各班が調べたことを全員の前で発表することの目標は，プレゼンテーション能力を高めるためだけではない。情報を全員で共有することも目標の一つである。それぞれの学生はたった二人の教員にインタビューするだけであるが，発表を聞くことによってすべての研究室を知ることとなる。これは企業訪問や自由課題についても同様である。

・研究室訪問で学生が学んだこと

　学生たちは教員のインタビューを通して，①研究室の内容，②卒業研究，③大学に入学した実感，④研究者とはどういう人種か，⑤研究とはどういうものか，⑥先生の人柄を驚きをもって自分なりに理解したようだった．以下に学生の感想を掲載する．

> 研究室訪問をしていく中で，大学生になったんだなあと感じました．ある一つのことをずっと考えて，自分の知りたいことの答を追い求めていく……．とりあえず「大学生」になったことを実感した時間でした．

> 研究室を訪問して考えたことは興味の大切さ，偉大さである．一つのことを好きで極めるといった心があってこそ，学業においても一つを極めることにつながると思う．「好きこそものの上手なれ」．この言葉を体現している人が大学教授には多い気がした．

> 自分の興味をもった分野の研究を本気でやっている"プロ"を肌で感じた．私はどちらかというと広く浅くの知識しか得ていないし，すぐに忘れてしまう人間だが，研究室に自分が入ったら，少しでもプロに近づけるようになろうと思った．

> 先生たちが話している姿は自信に満ちていたし，笑顔で楽しそうに説明していただいてこちらまで楽しくなった．人を引き込ませるぐらい自分のやりたいことに没頭できるのはすばらしいことだし，目標にしている．

> 4年生のゼミの中間発表を実際に見せてもらったり，研究室の授業に参加させて頂いて，貴重な体験をさせてもらったと思う．授業だけではわからなかった先生の魅力もたくさん伝わってきて研究室に訪問できて本当に良かったと思う．二つの研究室を訪問して求める学生やどこに就職できるのか，何を研究できるのか，研究室の雰囲気など深くまで知ることができたのもよかった．

> 研究室で先輩の卒業論文を見せてもらい，その内容の濃さに驚いた．入る研究室でも変わってくると思うが，出来ることなら自分が本当に探求したいものを調べていきたい．

> 今まで広く浅くやっていた高校までの勉強とは違って，一つの「コレ！」という信念がなければ卒論をやり抜くことはできないなと思った．

> 苦手だと思っていた先生も実際にちゃんと話してみるとイメージが変わった．自分の視野に入っていなかった分野の研究にも興味がわいて，今後についてもう一度考えようと思った．

> 自分に基礎的な知識が非常に少ないのだと思い知った．話をお聞きしている間にも，周りがなるほどと聞いていることも，自分だけ「何それ？」みたいになっていることが多かったと感じた．

5-2　企業訪問

　企業から就職課に「会社はJRの最寄りの駅から遠いので，学生たちはどのような交通手段で来るのか」という問い合わせがあったが，それに対して私は「それも学生たちが考えるので心配はいりません」と答えた．学生たちには「駅から遠いこともあるので，バスの時間を調べたり，いざとなったら最寄りの駅からタクシーで行くように．割り勘にしたらそう高くはないだろう」と説明しておいた．彼らはそ

れなりに工夫をして出かけて行った。

　この授業での企業訪問は，訪問先の会社への就職を前提としたものではないので，会社にはそうしたメリットはない。それにも関わらず，長時間を学生たちのために割いてくださることに感謝している。学生たちには社会というものを知って欲しいし，企業というものを自分なりに考えて欲しいと思ってこうした授業を設計した。これは学外での他流試合であり，学生はそれなりの緊張感にさらされることになる。

　企業訪問をする際には，一般的には，先方に対して失礼のないように細かな指導をして送り出すようであるが，私は我がクラスの学生たちが企業の人たちの気分を害するようなことをするとは思っていない。前期の授業を通して，彼ら彼女らを信頼している。

　私たちの授業が成功しているからといって，企業訪問の授業をキャリア教育として一年生全員に必修化しようなどとは決して思わない。学生たちの中には訪問先で非礼を行う者がいたとしても不思議ではないからである。こうしたことは容易に想像できるのである。十分に準備できた1年生だけがこうした企業訪問ができるのである。もし無制限に開放すると学生にも企業にも大きな不満が生じるであろう。その後始末のためにどれほどの労力を割かなければならなくなるだろうか。

　学生たちは，「服装はスーツですか」と聞いてくるので「そうです」と答える。私の指示は「できるだけ早く企業の担当の人と訪問していい日を話し合うようにしてください。インターネットなどで会社の概要については下調べをしていくように。言葉遣いは気をつけるように。時間は厳守すること。会社の過去・現在・未来について聞いてくるように。担当の人に，いま大学生だったら何をしたいかを聞いてくるように」くらいである。こうした注意事項をA4の用紙1枚にまとめて学生に渡している。これまで企業からの苦情やトラブルになったことは何もなく，就職課を通して学生たちは立派だという評価を企業の担当者から聞いている。

・企業訪問で学生が学んだこと

　多くの学生たちは，それまで興味がなかった会社を訪問して視野が広がった，と述べている。社会に対して大きく眼が開いたようである。次に学生の感想を載せておく。

> 実際に会社を訪問するという経験は自分にとって衝撃だった。まして我々のコースの先輩が働いていらっしゃったので、より明確に将来のビジョンが見えた気がした。建築というものを学びたいという意志が強くなったようにも思う。企業訪問で一番胸に残った言葉は「大学生活で武器を身につけろ」というものだった。こんな自分でも、何か人と違うそういうものを身につけて、社会に出られるように努力していこうと思う。

> 私が企業を訪問して感じたことは固定観念を捨てることだ。今回、社長自らの話を伺ったことで、さまざまな道があり、その道でもそれぞれの生き方があるため、全力で取り組みたいと柔らかく考えられるようになった。自分が進んだ道が自分の運命だと思い、その道を進んだことを後悔しないように全力で過ごしたい。

> 採用はどの学部かよりやる気が大切という言葉がうれしかった。自分はやる気があるのはカッコ悪いと思ったこともあったが、これからはやる気を見せてガツガツやっていける人になりたい。人との出会いも大切にしないところが多々あったので、今後は身近なところから人を大切にしていきたい。

> 企業を訪問して、人との関わりが大切だと改めて気づかされた。すれ違う人があたりまえのように挨拶をして話が気軽にできること、コミュニケーション力を磨いていく必要があると感じた。分野によってはエキスパートも必要だが、オールマイティになんでもこなす能力がある場合の方がいろいろなものを結びつけて発想できるため、新しいアイデアが浮かぶと感じた。会社内でほぼすべての部門を回り、会社の経営をしっかり把握することで部下を育てることもできると感じた。社会に出て、年月を重ねてからでも日々成長でき生産性がある生活が過ごせる会社を見つけたいと感じた。

5-3 課題探求

発表内容は大学レベルのアカデミックな質を要求する。学生たちへの指示はこれだけである。これと同時に、発表の方法も高く評価するとしているので、学生たちは発表に工夫を凝らすことになる。こうして、発表会はみんなが楽しめるものにもなるのである。

表1-2 学生たちが設定した課題

オゾン層の現状と人間に与える影響
生物兵器
ドラえもんのひみつの道具
行動を操る遺伝子
風土と建築−北海道と沖縄−
眼から進化をみる
恐竜はなぜ絶滅したのか
インフルエンザ

2012年度の学生たちが設定した課題は表1-2の通りである。将来建築関係の仕事に就こうと考えている学生がコースの中で半数いるのに，関連した課題は一つしか上がらなかった。他は私の専門の生物学関連が多かった。

「ドラえもんのひみつの道具」のグループは，彼らはなけなしの小遣いでドラえもんの衣裳に見立てた衣裳を買い，それを着込んで猛吹雪の中，河原で化学の実験を繰り返し，そしてものの見事に失敗した。吹雪の中，日が暮れて実験がうまくいかずに心細くなっていったそうだ。こうして私のところに相談に来たので，私は友人の理学部の化学の教授を紹介した。教授から実験を交えてさまざまなことを教えてもらい，発表当日にこぎつけ，すばらしい発表をした。

「行動を操る遺伝子」のグループは，自発的に他大学の教授にメールで質問をし答をもらうなど，こちらとしても驚くような主体的な行動を示した学生やグループがあった。

・**課題探求で学生が学んだこと**

> 一年間プレゼンやレポートなどを何度も経験したが，そのたびに行き着くテーマは「人間」というところだった。大学に入った時は希望に満ち溢れていたが，大学生活を送るにつれて徐々にモチベーションが下がっていき，私は将来何がしたいのか，私には何ができるのか，疑心暗鬼に陥っていたが，最後にこのように振り替える機会を与えてもらい，少しだけ入学当初の初心を思い出させてもらったことで，もう一度頑張ろうと思った。私は人間という生き物についてより知識を深めていきたいと思う。人間についてより深く学ぶことで，私たちの「生活」や「環境」を変えていけるような人間になりたい。そう思った。

> 他の人のプレゼンを聞いて，論理的にものごとを考え発表するのはすごく説得力のあるものだと思った。自分は完全なる論理性というものに欠けていると思うのでそういう面を見習っていきたい。教授に聞きに行ったり，実験したりという行動力も見習いたい。

> 多くの成功している研究者は，「できない」ではなく，「できる」という信念の下，研究していた。これは我々の日常生活でも活きることだと思う。「不可能と証明されない限り実現する」のだ。

> 今までの事について学んで，これから新たなものをつくる発想が必要で，頭の柔軟性が必要だと思った。課題探求をするにあたっては，テーマを決める時点で，単にやりたいことだけをやるだけでは駄目だと学んだ。

6 おわりに

この授業の目標である，1年次の学生が大学4年間と卒業後を見据えるようになることは，本当に必要なことなのだろうか。私は大学に入学した時に大学4年間と卒業後を見据えていたのだろうか。私の大学時代については参考文献に譲ることに

するが，ある程度は見据えていたとしても，それはきわめておぼろげであった。基本的には，将来に対する漠然とした不安を抱きつつ，日々それなりに楽しく過ごせればよかった。私が入学した年にオイルショックが起こり，4年後の就職状況はきびしいものだったが，同級生は当時もそして今もそれを悲惨とは思っていないようだ。

　イソップ物語に有名なアリとキリギリスの話がある。一般的には堅実に生きるアリを讃え，刹那的に生きるキリギリスを戒めるエピソードとして解釈されている。私も子どもの頃からそう聞かされてきた。だがある時，アリのように節約して金を貯めても，老婆になっては若々しい衣裳は着れないし，宝飾品を身につけてもうれしくないという話を聞き，若いうちに楽しまなければならないことはあるのだ，と大いに納得させられた。確かに，先をみて老後の備えだけに生きても，それは素敵な人生とはいえないだろう。

　それでも私は自分の学生時代にここで紹介したような授業があったらよかったのにと思っている。一年生の時に教員の生の姿をみることができるからだ。楽しそうに研究の話を，学生時代のことを語ってくれる，そんな人間らしい教員と接する機会は，当時，あるようでなかった。それは今も変わらないだろう。私たちは単に教え－教えられるという単純な関係の中に閉じこもらずに，もっと開かれた関係性を築くことが，大学にとって大切なのではないだろうか。大学が開かれていくこと，人間が開かれていくこと，若者の可能性が広がっていくこと，こうした壮大な願いがこの授業にはあるのだ。この授業は大学時代が豊かになることを願って存在しているのである。

【引用・参考文献】
小田隆治（2013）.「大学時代」清水　亮・橋本　勝［編］『学生と楽しむ大学教育―大学の学びを本物にするFDを求めて』ナカニシヤ出版, pp.2-20

第1部
主体的な学びとは何かを問い直す

02 教養実践演習
初年次からの論文作成と「学生の主体的な学び」にかかる問題意識

杉原真晃

1 はじめに

> 「先生，探究テーマがなかなか定まらないんです」
> 「先行研究の文献がなかなか見つからないんです」
> 「探究を進めていくうちに，こんなこともあんなことも調べたいと興味がどんどん広がって，収拾がつかなくなってきました」
> 「なんか，ただ調べたことを書き写しているだけで終わってしまっていて，これじゃマズイなとは思っていますが……」

　私が山形大学勤務時に担当していた初年次教養科目の授業「秋からのキョウヨウ教育必勝法」の受講学生からよく耳にしていた言葉である。なんて素敵な言葉だろうか。

　本授業は，主に初年次の学生（全学部の学生を対象）が受講する選択科目である。毎年30名ほどの学生が受講する。授業内容は，個々人が自分の好きなテーマについて半年間をかけて探究するというものである。いわば，卒業論文制作の初年次版といったようなものである。そこでは，学生が「教えてもらう」学習ではない「自ら学ぶ」学習を展開すること，大学の学業の水準を実感し実践することを目指している。「教えてもらう」学習を主としてきた学生は，先述したような言葉をよく発する。しかし，同時に，次のようにも話す。

> 「探究がとてもおもしろいです」
> 「自分の探究テーマについて、ぜひ他の人にも知ってもらいたいんです」
> 「なんか、大学で勉強しているなあって感じがしています」

やはり素敵な言葉だなあと、いつも思うのである。

2 授業の概要

「秋からのキョウヨウ教育必勝法」は、学生が自ら探究テーマを決定し、探究を進め、発表および意見交換を行い、探究成果を論文（探究レポート）としてまとめる、いわば教養実践演習である。本授業の授業目標は、「「知りたい」「やりたい」ことを発見する・実現する」「学問活動・探究活動のおもしろさを味わう」「他の学生との議論をとおして、多様な価値観・生き方に触れ、自らの価値観・生き方を省察する」「主体性、責任性、批判的思考、リーダーシップ、問題解決力、自己決定力、他者への気づきの力などを身につける」「大学での能動的な学びのスタイルを作り出す」等である。

そして、その目標を達成するための授業内容として、「自由なテーマで知りたいことを探究し、論文（探究レポート）としてまとめる」「授業時間外で個人探究を進め、授業時間内ではそれぞれの探究成果を持ち寄り、学生同士で発表および意見交換を行う」「それに際して、文献・インターネット・実体験・取材等さまざまなメディアから知識・情報を収集し、それを批判的に考察し議論をおこなっていく」「中間期・最終期に全体発表会を行う」等の学習活動を設定している。

授業スケジュールは、およそ表 2-1 のように進める。

「探究計画書」には、探究テーマ、探究の目的・背景、探究方法、探究スケジュール、探究にかかる参照資料を書いてもらう。その後、探究がある程度進んだ段階で、章構成（目次）を加筆し、続く探究で明らかになった事実やそれをもとにした考察等、探究成果を書き加えていってもらう。

表 2-1 授業スケジュール

第1週：オリエンテーション，探究テーマの探索
第2週：探究テーマの決定（後日変更可），探究計画書の作成
第3-4週：探究活動
第5-7週：授業時間外で探究を行った成果（一部）の発表
第8-10週：探究成果中間発表会の実施
第11-12週：授業時間外で探究を行った成果（一部）の発表
第13-14週：最終探究成果発表会の実施
第15週：探究のまとめ，振り返り
（その後1週間ほどの期日を設け，最終探究レポートの作成・提出）

3 学習にかかる問題点と教授・学習活動の工夫

本授業では，学生の主体性を尊重しているため，教員による指導の加減が難しい。場合によっては，「活動の自己目的化」「学習目標の下方修正」といった問題が発生する。

「活動の自己目的化」とは，学生が「なぜ，それを知るのか」「知ってどうするのか」を問うことを忘れ，調べ活動自体に埋没してしまうことを指す。それにより，単にどこかの文献に書いてあったものを転記して終わる，考察が加えられない，本来「知りたい・やりたい」学習が「知らなければならない・やらなければならない」学習になるといった状況が生まれる。学生たちの様子を見たり，学生たちから話を聞いたりする中で，その要因を分析すると，活動すること自体が楽しい，逆に活動がうまく進まないといった状況が関係しているようである。

「学習目標の下方修正」とは，探究がうまく進まない場合に，目標基準を自ら低く再設定することで困難な課題から逃走しようとすることを指す。それにより，探究へのモチベーションが下がる，当初の「知りたい・やりたい」という意識から逸れて「知らなければならない・やらなければならない」に変容してしまうといった状況が生まれ，学生の探究活動は，学問や探究活動の醍醐味から離れていってしまう。その要因には，探究がうまく進まない，他の活動（他の授業課題，サークル，アルバイト等）が忙しいといった状況があるようである。

このような状況に対応するため，本授業では，「学生同士の相互研鑽」「個人面談の実施」「探究による学習成果の明示化」「「やりたいこと」「興味のあること」との連関の徹底」「探究成果の視覚化」「タイムマネジメントの徹底」「授業内学習と授業

外学習の比重の変化」等の工夫を行っている。

　「学生同士の相互研鑽」とは，授業内での学生同士の相互発表・意見交換を行わせ，互いに刺激を与え合う状況を作り出すことを指す。

　「個人面談の実施」とは，授業時間外に探究計画書をもとにした探究進捗状況の確認と探究のつまずきに対するアドバイスを行うことを指す。

　「探究による学習成果の明示化」とは，探究活動を通じて身に付く能力等をあらかじめ提示する，事前に評価基準を提示する，より良い探究のヒントを提示する等を行うことを指す。

　「「やりたいこと」「興味のあること」との連関の徹底」とは，授業内での説明や個人面談の際に，各自が探究しているものが本当に「知りたいこと・やりたいこと」「興味のあること」なのかどうか問いかけることを指す。また，探究計画書の中に，「探究の目的・背景」という項目を設定することで，常に「なぜ，それを知りたい・やりたいのか」を意識させることも含まれる。

　「探究成果の視覚化」とは，探究計画書に「探究構想・章構成」の欄を追加し，設定した各章にその都度，探究結果を記載してもらうことで，最終探究レポートになっていくことを実感させることを指す。

　「タイムマネジメントの徹底」とは，探究計画書の中に探究スケジュールを作成させることや，インターネット上での学習支援システムに，探究成果を更新した新しい探究計画書を毎週提出するという活動を行わせること等を指す。

　そして，「授業内学習と授業外学習の比重の変化」とは，自律的な探究に慣れていない学生に配慮して，まずは授業開始当初（第1～4週）に，今後進めていく授業時間外での探究活動を授業内で丁寧な指導を加えながら学生に経験してもらい，ある程度それが身に付いた段階で（第5週以降），それを授業時間外で行わせ，授業時間内では授業時間外での探究成果を学生間で発表させ，意見交換を行う活動へと切り替えていくというものである。たとえば，先行研究の文献を探す経験として，ウェブサイトでの検索や学内図書館のレファレンスサービスの利用等を授業内で実践してもらう。あるいは，探究計画書を作成し，そこに探究成果をその都度掲載し，授業で活用しているインターネット上での学習支援システムに提出するといった作業を実際に授業内で実践してもらう。また，学内で自学自習を行う方法や習慣の習得のきっかけとして，授業時間内でインターネット環境がある学習室（図書館や情報処理教室等）に自由に移動し，そこで探究作業を行うといった活動も行っている。

　以上のような工夫により，学生の探究活動の質を向上させている。さらには，授

業期間中に限らず，その後の学業全体において，授業時間内外で自律的に学習を進めていくことにつながるように授業をデザインしている。

4 学習の評価

本授業での学習の評価は，最終探究成果発表（全体でプレゼンテーションを行う）と最終探究レポート（個別に提出する）を対象としている。最終発表の具体的な評価の観点として，内容面（内容の独創性，テーマの意義，データ・主張の正確性，考察の適切さ等）と方法面（発表方法のメッセージ性・インパクト，論理性（要点の整理やわかりやすい構成等），表現力（視線，表情，ジェスチャー，声の大きさ，速さ等），タイムマネジメント等）を設けている。一方，最終探究レポートの具体的な評価の観点は表2-2のとおりである。

これらの評価の観点は，学生の探究が少し形になってきた前半から中間期頃に学生に提示する。それにより，この評価行為は，たんに教員が成績査定のために行う総括的評価としての機能だけでなく，学生に自ら自身の探究の質を評価（形成的評価）させ，向上させる機能をももつことになる。このプロセスを経て，学生は「評価される者」に終わることなく，「自らを評価・改善する者」に変容していく。

表2-2 最終探究レポート評価基準

	評価の観点
知識・理解	①主張・考察に対する根拠・理由に用いた知識の信頼性の高さが理解できている。 ②主張・考察に対する根拠・理由に用いた知識の理解が妥当である。 ③根拠・理由が成立する条件（限定的状況）を考慮に入れている。 ④複数の根拠・理由を総合した主張・考察，異なる根拠・理由への配慮・反証をもとにした主張・考察を行っている。
論理性	①課題（テーマ）にそった主張，考察がなされている。 ②主張，考察に対する根拠・理由（これまでの経験や知識，授業内容としての先行知見，新たに調べた事実等）が示されている。 ③根拠・理由と主張・考察とを明確に区別して論じている。 ④パラグラフライティングができている。 ※パラグラフライティング：一つの段落では一つのトピックだけを扱い，接続詞を適切に活用しながら各段落を組み合わせ，論理展開をしていくこと。
文章作法	①誤字脱字がない。「です・ます」「である」調が統一されている。 ②一文の文字数が多すぎず，簡潔な文章である。 ③引用・参照元を明記している。 ④主述関係，修飾語関係が適切・明確である。

また，私は，最終探究成果発表の場では，良かった点を誉め，学生の半年間の探究を労う。この「最終段階」では，批判的なコメントは言わない。探究の最終結果に対する課題は，それまでの授業内外での私の指導や学生同士の意見交換において，探究している学生自身がわかっているからである。学生の「知りたいこと・やりたいこと」は，とても力があって，希望に満ちていて，「でっかい」ことであることが多い。そのため，最終的に仕上げた作品が，自らの目標・ねがいに届くことはあまりない。かつ，中間期に提示する評価基準により知る学問活動としての水準と自らの探究との距離を授業内外でたびたび味わっている学生にとって，自らの作品が，自らの期待や大学授業としての水準に応えられていないことくらい，学生自身が一番理解している。このような状況で，最終段階に教員として私がやるべきことは，その上から塩を塗ることではなく，学生たちに探究の喜びを感じてもらい，自信をつけてもらうことである。課題の指摘は私の手の届く範囲，つまり，授業期間内・探究途中にしっかりと行えばいい。最終段階では学生たちの探究過程と成果を誉め，初年次の段階での水準は超えていることを伝え（「足るを知る」），今回できなかったこと・今後の課題を恥じることなく，それを大きなバネに今後の学業に精進していってほしいことを伝え（「知らざるを知らずと為す」），半年間の幕を閉じるのである。

5　「学生の主体的な学び」にかかる問題意識

　私がこれまで大学教育において常に意識してきたことは，「学生の主体的な学びを支援する」ことであった。養護学校（現特別支援学校）や幼稚園の教員としての勤務経験がある私は，大学というこれまでとは異なる環境で，教育の在り方にかかる独自性を一から学ぶ一方で，これまでの経験を大学教育に活かすことの可能性を探ってきた。その中で，次のような点について，大学教育においてこれまでの経験を活かすことができる，活かすことが重要であると考えるに至っている。それは，学習者（子ども・若者等）が「自ら学ぼうとすること」「学び・成長し，その喜びを感じること」「自分のため・自分たちのために活動すること」「学び合い，その喜びを感じること」等を支援することである。

　一方で，このような主体的な学び・協同的な学びに関しては，「教え」の世界と「学び」の世界との対話や，「教え」の世界の多様性への配慮が必要であった。それは，佐藤（1995）のいうところの，「対象世界や自己や他者との対話」とそれによる

それぞれの関係性の再構築を行う「対話的実践」としての授業における「他者としての教員」の役割ともいえるものへの配慮である。また，藤岡（1998）のいうところの，「ねがい，目標の明確化，学習者の実態，教材の研究，授業方針，学習環境・条件という六つの構成要素」の相互連関をはかりながら授業の全体を構想することを支援する「授業デザイン」ともいえるものへの配慮でもある。

このような配慮にもとづいて，「学生の主体的な学び」に対して具体的には，次のような問題意識をいつも念頭に置いている。

> a)「学生の主体的な学び」を重視する活動をすべての授業で行える・行うべきものなのか？
> b) 主体的な学び以前の「覚えなければならない知識」があるのではないか？
> c) 教えなければならない内容が多くて学生の主体的な学習活動を導入する余裕がない科目があるのではないか？
> d) 学生の興味・関心から出発する学習内容は，就職・就労や実生活に直接的に「役立つ」ものや「おもしろいもの」に偏ってしまうのではないか？
> e)「学生の主体的な学び」を重視する授業での「学びの評価」をいかにして行うのか？
> f)「学生の主体的な学び」と「教員の教え・介入」との間の関係性をどのようにつくるのか，いかにして大学の授業としての質を保証するのか？
> g)「学生の主体的な学び」を重視する授業により，学生がキャンパス内での学問活動（特に講義型授業）から逃走するのではないか？

これらの問題意識に対して，これまでさまざまな取り組みを試行し考察を重ねてきた。その詳細は杉原（2014a）をご参照いただきたいが，以下では，先述した授業「秋からのキョウヨウ教育必勝法」に大きくかかわるものとして，「d」「e」「f」について，あらためて述べたいと思う。

6　学生の興味・関心の偏りへの対応

「d) 学生の興味・関心から出発する学習内容は，就職・就労や実生活に直接的に「役立つ」ものや「おもしろいもの」に偏ってしまうのではないか？」という課題について，「秋からのキョウヨウ教育必勝法」では，「自分の知りたいことを出発点に

する」「「なぜ，それを知ろうとするのか」「それを知ってどうするのか」といった自分にとっての学びの根源を意識する」といったことを大切にしてもらっている。それは，学生がもつ興味・関心，学びの目的をとらえなおす・相対化する契機とするためである。

「自ら学ぶ」学習には，その目標を与えられたもの（たとえば，入試に向けた自学自習）と，目標自体を自ら発見・決定するもの（たとえば，学問・研究）がある。学生主体型授業において，前者と後者（さらには，講義型授業と演習・実技・実習型授業）との間に優劣は存在しないが，本授業は後者を志向している。

組織学習論の中で，アージリス（C. Argyris）とショーン（D. A. Schön）は，「シングル・ループ学習」と「ダブル・ループ学習」という二つの学習経路を区分する。シングル・ループ学習とは，ある目的を達成するために行使する戦略や仮説を変容させていく学習である。ダブル・ループ学習とは，ある目的を達成するために行使する戦略や仮説を変容させていくに留まらない，その背景にあって行使している理論をも変容させる成果を伴う学習である（Argyris & Schön, 1996）。

大学では教育の質保証において「PDCAサイクル」が議論になるが，この「P：Plan」を与えられた既存のものに留めるシングル・ループ的な学習と，「P：Plan」自体をも変容させ再構築するダブル・ループ的な学習とに区別した場合，本授業は，後者のダブル・ループ的な学習を志向し，その目的・興味・関心自体を開発することを目指している。

7 主体的な学びの評価

「e)「学生の主体的な学び」を重視する授業での「学びの評価」をいかにして行うのか？」という課題について，本授業では，①評価の画一化と多様化，②総括的評価と形成的評価，③学習者の個人的要因と環境的要因という3点について配慮するようにしている。

「①評価の画一化と多様化」とは，「ここまでは学習者全員に達成してもらいたい」画一的な達成内容・達成度と，「それぞれが特徴的に達成する」多様な達成内容・達成度を区別して，評価を行うことである。

本授業では先に紹介したような評価基準表（表2-2）を作成・配付し，全受講者共通の評価基準としている。一方で，「どのようなテーマを決定するのか」「どのような論理構造をとるのか」「どのような価値判断をしているか」等については，画一的

な基準は設けず，学習者それぞれの多様な成果そのものを多様に判断するようにしている。

「②総括的評価と形成的評価」とは，カリキュラム終了時に学習者の学習成果を測定し，学習到達度を査定し成績をつけるための「総括的評価」と，カリキュラム途中に学習者の学習状況を確認し，授業内容・方法・計画の修正や学習者への追加指導等を行うための「形成的評価」を区別して活用することである。

本授業では，学習者の主体的な探究活動に対し，評価基準表（表2-2）を開示し，学習者による形成的な自己評価や，授業担当者による形成的他者評価（および学習指導）に活用している。評価基準表に記載された項目は，最終的な成績評価（総括的評価）にも適用する。そして，主体的に学ぼうとしているかどうかという学習意欲・態度面については，評価基準表には記載せず，総括的評価には活用しない。形成的評価の観点として，授業担当者が学習者の状況を把握し，学習意欲・態度が積極的ではない状態がみられている場合は，授業時間内でのふとした場面で声をかけ，授業時間外の個人面談等において事情を尋ね，よりよい探究が進み，意欲や態度が前向きに発展していくよう支援を行うようにしている。

「③学習者の個人的要因と環境的要因」とは，形成的評価において，先述した評価基準の内容や学習意欲・態度の状況を確認し，期待される基準との距離を判断する際に，決して全てを学習者個人の責任に帰すことのないようにするための観点である。学習者のこれまでの経験から身についてきた既有知識・技能や，性格，生活リズム等，個人の問題として努力することが期待される「個人的要因」と，学習者の経済的状況や通学状況，他授業の学習状況等，個人の問題として努力するだけでは解決しづらい「環境的要因」との両方から学習者の学習状況を理解する必要がある。

本授業では，探究がうまく進まない学生が続出する。そのような状態では，「何をやっているんだ！」「しっかりやりなさい」と言ったところで，何も解決の道は開かれない。そこで，個人面談の機会を設け，探究がうまく進まない背景を聞き，一緒に解決方法を探り，探究が進みだす状況をつくるようにしている。その背景には，たとえば，「抽象的な言葉で検索するので先行研究文献がうまく探し出せない」「探究を進めていくうちに，こんなことも・あんなことも調べたいと興味がどんどん広がって，収拾がつかなくなってくる」「ただ調べたことを書き写しているだけであり，そこに考察が加えられていない」等の個人的要因や，「他の授業の課題がたくさんあって探究に充てる時間がない」「家の経済事情が苦しくてアルバイトをたくさんしなくてはならない」等の環境的要因が伺われる。個人的要因に対しては，「テ

ーマを具体的に絞る」「図書館のレファレンスサービスを利用する」「探究の骨組み（目次・章構成）を作る」「「なぜ，これを知りたいのか・知ってどうするのか」を問うことで，考察の観点を作る」「慣れない考察の作業を常に意識・実践させる」等の具体的な作業を提案し，時には一緒に行う。環境的要因に対しては，まずは「たいへんだね」と学習者の置かれた状況への理解の言葉をかける。そのうえで，探究にかける時間がつくれない状況の中でタイムマネジメントを行うこと自体も目標とし，マネジメントを一緒に進めていく。そして，そのようにマネジメントに挑戦しても，環境の克服には限界があるため，探究の成果があまりあがらないこともあるが，そのような場合でも，よくがんばったことを誉め，自分や，環境を責めず，今後の課題としてまたがんばればよいことを理解してもらう。

8 「教え」と「学び」の関係性

「f)「学生の主体的な学び」と「教員の教え・介入」との間の関係性をどのように作るのか，いかにして大学の授業としての質を保証するのか？」という課題について，本授業では，協同学習（Johnson et al., 1991）の機能を活用するため，学生同士で探究成果を発表し合い，その良さを伝え合い，さらなる発展のためのコメントを出し合うグループ活動を採用している。ここでは，発表者は聞き手の学生の多様な意見に触れながら，自身の探究を他方面から解釈し，探究の発展に活かすことができる。一方，聞き手は発表者の探究に触れ，自分の探究との差異や多様性を知り，自身の探究の発展に活かすことができる。このように学生同士の相互研鑽の機会を設けるようにしている。そして，学生の主体的な学習活動が深い理解（Biggs & Tang, 2007）をともなったものとなるように，第5節や第6節で紹介したような取り組みに加え，学生の探究する・知りつつあるものが歴史的・社会的にどのような位置にあるのか相対化させるために，先行研究を探し，手に入れ，読む作業を大切にするよう指導を行っている。さらには，それが学生自身による能動的な学びの深まりにつながるよう，個人面談において「なぜ，それを探究し知ろうとするのか」「それを知ってどうするのか」を問うている。それにより，探究者自身の問題としての意識や，探究と学習者の人生や生活，取り巻く社会との連関の醸成を行うのである。

9 さいごに

　以上のように，学生が自らテーマを設定し，それを探究し，仲間と意見を交換し，自らの探究をさらに深めると同時に，相手の探究の深まりにも貢献するといった協同的な学習を行う授業を紹介した。そして，学生の主体的な学びに関する問題意識と，それに対する授業での取り組みの事例を紹介した。

　学生は苦しみながらも，自らの判断で探究を深めていく。自分の好きなテーマで探究を行っている学生の目は真剣で，キラキラと輝いている。時に探究が予想していた以上に難しく，うまく進まなくなっても，「なぜ，このテーマを探究しているのか」という学びの根源を意識している学生は強い。つまずきの状態から逃げ出すことをせずに，しっかりと自己と対峙し，探究している対象世界と対話し，探究を同じく進めている仲間と支え合いながら，探究に取り組む。それは教員が「やりなさい」と課しているからやるのではなく，学生自らが「やりたい」と思うからやっているのである。学生間では「秋キョウ（本授業「秋からのキョウヨウ教育必勝法」の学生による略称）は，結構ハードだよ。でも，おもしろいよ」という評判が流れているようである。このハードさも，教員が強制しているものではない。学生たちが自らに課し，目指していくハードさなのである。「ハードだから挑戦する意義がある。ハードだからやりがいが生まれる。だから，自らのプライドにかけてこのハードさに挑戦しているみなさんはすばらしい」。学生にはいつも，そう伝えている。もっとも，ブラック企業のような理不尽で極端なハードさや，カルト集団のような根拠なき危険なハードさからは距離を置くようにも留意しているが。

　毎年，本授業を受講した学生を対象に，次年度以降に有志で自主ゼミを開いてきた。サークル，アルバイト，友達づきあい等に多忙な学生たちではあるが，受講学生数のうち5割以上が自主ゼミに参加したいと表明する。教員も決して暇なわけではないが，学生の能動性によってまた突き動かされるのである。

【付　記】
本章は，杉原（2014a, b）をもとに，編集したものである。

【引用・参考文献】

佐藤　学（1995）．「学びの対話的実践へ」佐伯　胖・藤田英典・佐藤　学［編］『学びへの誘い―シリーズ学びと文化1』東京大学出版会，pp.49-91.

杉原真晃（2014a）．「「学生の主体的学び」にかかる問題意識」山形大学高等教育研究年報，**8**，6-15.

杉原真晃（2014b）．「初年次からの論文作成「秋からのキョウヨウ教育必勝法」」「大学生の主体性を引き出す授業実践」編集委員会［編］『大学生の主体性を引き出す授業実践』FDネットワークつばさ，pp.41-46.

藤岡完治（1998）．「授業をデザインする」浅田　匡・生田孝至・藤岡完治［編］『成長する教師―教師学への誘い』金子書房，pp.8-23.

Argyris, C., & Schön, D. A. (1996). *Organizational learning II: Theory, method, and practice.*, Addison-Wesley.

Biggs, J., & Tang, C. (2007). *Teaching for quality learning at university: What the student does*. (3rd ed). Open University Press, McGraw-Hill.

Johnson, D. W., Johnson, R. T., & Smith, K. A. (1991). *Active learning: Cooperation in the college classroom, 1/E*. Interactive Book Company.

03 あなたの中の大学：学生主体型授業への挑戦

学生主体型授業漂流記

橋爪孝夫

1 はじめに

　2014（平成26）年度の春学期，山形大学基盤教育院（教養教育）において学生主体型授業を受け持つ機会を得た。筆者の専門は教育史でありこれまでに学生主体型授業の経験はなかったが，大学教育学会などにおける昨今の授業改善事例の中で，学生の主体性を喚起する必要が高まっていることには注目しており，また，日本全国で教員の努力によりさまざまな工夫を凝らした学生主体型の授業が展開される時代となっていることから，多くの実践事例に触れることもできた。

　以上のような状況の中で，後発の利として先達の努力の成果を十分に生かすことで経験の不足を補えると判断し，前年度の秋に「あなたの中の大学：学生主体型授業への挑戦」という学生主体型授業のシラバスを作成した。本章はこのような形で，学生主体型授業がある程度市民権を得て来た時代に行われた，後発者による挑戦の経緯を記録したものとなる。

　筆者もおおいに参考とした『学生主体型授業の冒険』という書籍もあるが，冒険の結末全てが必ずしも成果を上げての凱旋となるとは限らない。筆者は控えめに言っても難破後の漂流中であるが，今後新たに学生主体型授業に挑戦しようと試みる方々にとっての他山の石となればと思い，この挑戦の顛末を記録する。

2 学生主体型授業とは何か

2-1 授業設計の前に

　「学生主体型授業」といっても授業の中でどのように，どの程度学生の主体性を

喚起するのかというのは一様ではない。まずは自分なりに基準を定めなければということで，山形大学で2013（平成25）年度に展開されていた栗山恭直先生，杉原真晃先生の学生主体型授業をできる限り見学させて頂き，授業のイメージを作った。またお二人の実践例が掲載されていた『学生主体型授業の冒険2』（小田・杉原, 2012）及びその前刊である『学生主体型授業の冒険』（小田・杉原, 2010）を大いに参考とし，繰り返し再読することで豊富な実践事例の中から学生主体型授業の要点を掴もうと試みた。

その結果「学生に何か活動をさせれば学生主体型授業」「講義型，詰込み型授業『ではない』から学生主体型授業」といった抽象的なイメージではなく，具体的な拠り所を自分なりに見定めることができた。個別の重要事項については後に列記するが，全体として「時代に対応する（迎合するということでは決してない）授業法が模索されてしかるべきである」（小田・杉原（2010）の「はじめに」より）という言葉からは，従来の講義型授業に昨今の学生がついてこられないので何がしかの工夫をせざるを得ないが故の学生主体型授業，というようなネガティブなイメージを打破し，今の時代に求められる「良い授業」を模索する試みの一つとして，積極的に授業内で学生の主体性を喚起することの意義を教えられた。

2-2 学習目的・目標と達成の方法

『学生主体型授業の冒険』では冒頭において，世にいう学生主体型授業の共通項を二つ掲げている。それは 1. 学習目標の設定 2. 学生の主体性の育成を（副次的ではなく）主たる目的として掲げていることであり，特に学習目標については「学生が自ら問題発見をし，そのことについて自学自習し，深く考えて行動できるようになる」と端的に格調高い文言が述べられている。

問題発見，自己教育，深慮に基づく行動（そしてこの行動により問題解決に至る）が「できるようになる」ことを目的とした授業であり，また教養の形成や専門的知識の獲得に伴いこれらの意識・技能が副次的に伸長するのではなく「できるようになる」ことを最大の目的として授業を設計することが重要となる。

ではどのようにしてこれらの意識・技能を養うか。筆者は自らの専門である教育史の学び方以外には自信をもって学生に伝えられる学問的手法をもっていない。そのため一次資料の中へ飛び込み，比較の中で独自の視点から分析・考察を行い，結果を理論立てて他者に説明することができるようになる，という教育史的手法を講義の中で学生に身につけてもらおうと考えた。

また一年生を対象とした教養の授業という講義の状況に鑑み，初めて大学という機関に所属した学生たちが自らの所属する「山形大学」について調べ，理解を深めることで今後の大学生活をより有意義なものとし充実させることができるのではないかという考えから「あなたの中の大学：学生主体型授業への挑戦」という授業を考案した。そこでまず学習目標を明示するべく，シラバスに記述する「到達目標」を以下のように定めた。

【到達目標】
- 自ら課題を発見しこれに挑むという大学における新たな学びに気づく。
- 自分なりの大学観を確立し大学に学ぶという自覚，目的意識を明確にする。
- グループ活動の中で協働の力，省察の力，聞く力，主張する力などを身につける。

2-3 学習方法

次に，学生がどのようにして上記の目標に到達するか，学習の方法を考えた。

学生主体型授業である以上，目標に対して適切に学習が行われればどのような学習方法であっても肯定するのは当然であるが，大学に入学したばかりの，高校までの授業で講義型に慣れた学生たちには何らかの学習方法のモデルケースを示す必要があると思われた。

ここで筆者自らの経験から大学生時代に最も主体性を発揮した学習機会を考えると，ゼミ発表に関わる学習であったことと，見学させて頂いた栗山，杉原両先生の授業がともにグループ学習形式であり，学生によるグループ発表の機会を設け，この発表会を一つの画期として学生の成長を期していたことを手掛かりとして学習方法のモデルを考察した。

以上よりこの授業では学生のグループ分けを行い，グループごとに自らテーマを定め，調べ学習を続け，中間発表での修正の後，最終発表会でその成果を競うという授業15回の大枠を定めた。

2-4 評価

学習方法を定めた際にゼミの授業が念頭にあったことから，グループ学習に対して教員としての働きかけを行う方途は，筆者の専門である教育史的なアプローチが想定されていた。具体的には，課題発見に際しては一次資料にあたることで自らの

問題意識だけでなく客観的な課題の見定めを行えるようにする。また課題解決に向けては，グループ内での議論を経て成員の問題意識が共有・整理され，グループ内で解決に至るまでの活動目的の明確化を行えるようにする。グループ学習に質が伴うよう教員からの働きかけを行い，この質を一つの柱として学習目標の到達度合いを評価することも重要視することとした。

また評価のもう一方の柱として，到達目標の三つめに掲げた集団での活動に対する協力の度合いを適切に評価することが必要であったが，これはグループ内になるべく多くの役割を作ることで責任を分担して学習を進めていく体制を促すことを想定した。

なお以上のような評価の方針から，グループ活動のテーマとして学生が主体的に選択した内容自体の適・不適を社会的な意義等から判断することは控えることとした。

2-5 理念なき「学生主体型授業」

このようにして春学期の学生主体型授業「あなたの中の大学」のシラバスを完成させた。見た目上は整ったものとなり，シラバスを見て新たな形態の授業に期待してガイダンスに来た学生の反応からも，最低限の形式的要件は満たしていたと考えられる。

しかし現時点から見返せば自明なことだが，このシラバスは学生主体型授業の経験がない人間が，さまざまな先達の実践内容から切り貼りで作った，いわば「フランケンシュタインの怪物」であり，恐らく学生主体型授業にとって最も重要となる魂魄の「魂」の部分に欠けていた。

適切と思われる目標を定め，その達成のために質的な面から教員の専門性を活用し，評価についても形式的な知識の伝達を測る試験ではなく，学生の意欲や活動に質・協働への取り組みを基本とする，というシラバスの内容自体は（拙いながらも）間違っているとは思わないが「学生主体型授業」を展開するためにはこのような形式上の文言を整えるだけでは意味がなかった。これを痛感するのは実際の授業開始後になる。

2-6 適正規模の問題

開講後さっそく頭を悩ませることになったのがクラスの人数についてであった。漠然と少人数授業を想定していたが，ガイダンスに50人教室を8割埋める学生が集まってくれた。「40人は多すぎるが，ガイダンスを聞いて受講にかかる学習の手間から敬遠し，実際には受講しない学生も多かろう」と「勝手な判断」を行い，特に受講制限を設けずにいた。

翌週，ガイダンスに出席していなかったが受講の手続きをとっていた学生が合流したことでクラスの人数は50人となっていた。ベテランの教員であれば考えられないような初歩的な，しかし痛恨の判断ミスであり，これは授業15回を通じてずっと重くのしかかる結果となった。

この件に関しては自省を込めてここで結論を述べてしまうが，筆者が企画したような学生主体型・グループ学習授業を行うのであれば，現在の筆者の教育能力ではクラスの人数は30人を超えてはいけない。基本が講義型の授業で，さまざまな工夫によって学生の主体性を喚起する方式であれば全く話は別だが，今回のシラバスのような授業では教員が各グループの議論内容，学習の進行状況を詳細に把握し，場合によっては各班で活躍できている学生，できていない学生ごとに細かな働きかけを行うところまで必要になる。目の届かない学生が出てしまうような人数規模は完全に失敗であった。

2-7 公開授業

山形大学基盤教育院では「ミニ公開授業・検討会」というFDの仕組みがある。今回の筆者の授業がどうにか軟着陸できたのもこの公開授業のおかげであった。

開講当初は人数の多さもある種の勢いとなり，(杉原先生の授業をそのまま真似ただけであったが) 各授業の司会や進行までを全て学生のグループに任せるという徹底した「学生主体」のスタイルに目新しさを感じた学生たちの意欲的な活動にある種の手ごたえを感じるという勘違いを演じていた筆者であったが，人数規模への対応に忙殺され，シラバスを作成するときに自ら拘っていた教員の専門性を生かした学生への細かな働きかけについては完全に後手に回ってしまっていた。

結果，当初最も危惧していた，学生が教室にやって来て活動をしているだけの質を伴わない授業へ一直線となってしまっていたことを，この公開授業で客観的にご指摘いただいた。学生の学習の質が浅いものとなっている件，教員が学生のグループ活動の様相を把握できていない様子など，第三者の視点から指摘されて初めて気づくことができた。わが身の未熟ながら，この機会がなかったらと思うと心胆寒からしめるものがある。

恥を忍んで告白すると，この時検討会に参加してくださった栗山先生から「前半と後半でグループを組み替える予定らしいけれど，本当にやるかどうかは良く考えて」というコメントを頂いたことがこの授業の一つの転換点となっている。筆者は15回の前半と後半でグループメンバーは入れ替えるつもりでいたのだが，これは

「栗山先生の授業ではそうやっていたから」という理由であった。「栗山先生の授業のフォーマット通りにやっているのになぜこんなコメントが？」と一瞬でも考えた当時の自分を想起すると今でも顔から火が出る思いである。

『学生主体型授業の冒険』各執筆者の授業にも，栗山先生の授業にも，杉原先生の授業にも，その授業ごとの学習目標，学習方法，評価を必然的に定めるための，ある理念が貫徹していたことに気づいたのは情けなくもこの時であった。形式をいくら整えてシラバスに書き記した所で，まさに「仏作って魂入れず」であった。

今にして思うと，この公開授業が5月の早い段階にスケジューリングされていたことは本当にありがたかった。まだ三分の二以上の講義期間が残っていたことで，急ぎ授業の立て直しに取り組むことができた。

3 学生主体型授業漂流記

3-1 序ノ巻

筆者は学生主体型授業の冒険に出ようにも，船だけ仕立てて羅針盤をもっていなかったのである。そこから正常の航路に戻るにはまず，現在位置を確認する必要があった。公開授業では反則的に衛星回線から情報を貰ったわけだが，基本である学生の意見からの状況確認も行った。この授業では毎回ミニッツペーパーを提出してもらっていたのだが，これをもう一度読み込んでみると，授業の活気を評価する裏で，一部の学生からは既に「忙しさ」への憂慮が出ていたことに気づいた。大学での学びの基本的なレクチャー，グループ学習，発表といった一連の流れが一時間半の中で怒涛のように過ぎてしまい「こなす」だけになっている，と感じた学生からの不安の声である。

この時点では毎回，全ての班が進捗を報告することにしていたが，学生たちは，まだ大学での学習に不慣れなため，場合によってはたいへん雑な報告が行われていた。このような事態を「毎回報告することが大切なのだ」という形式主義に安住した視点から見ていたのだが，この機会に大いに改め，一部指定の班に限って輪番制で報告を行うこととし，授業時間内の雰囲気をゆったりしたものへ改善する措置を取った。

3-2 破ノ巻

改善措置の結果，グループ学習の時間が落ち着いたものになったことにより，今度はグループ内での取り組みの差異が非常に目立つこととなった。これまでは忙し

いスケジュールの中，毎回がある種イベントのように過ぎていたことで目立たなかったが，各グループ内で学習に貢献している学生，あまり積極的でない学生にはやはり差がみられ，時間をかけた議論になると一言も発言できなかったり，スマホをいじっている学生が散見されるようになっていた。

　このことについて各グループでリーダーシップを取っているいわゆる「まじめな」学生からミニッツペーパーに苦情も寄せられるようになってくる。このようなグループ間での役割の調整もグループ学習の要点であるとは思うのだが，今回に関していえば授業に取り組めるだけの基礎知識が足りないのか，お互いの意識のすり合わせについていけていないのか，いずれにせよ「学生主体型授業をやっている」という自己満足に堕していた教員の責任であり，遅まきながら各グループの議論に積極的に介入し，主にうまくパフォーマンスを発揮できていない学生への働きかけを行っていった。

　この時，死命を制するほどのネックとなったのが人数規模であった。各グループで元々リーダーシップを取っている学生の主体性を阻害せず，知識や方法の面でサポートを行う立場を心がけた適切な各グループへの働きかけを意識すると，筆者の能力では一時間に一グループか二グループ程度への参入が限界であり，当時の49人を七人班に分けての7グループでの活動への働きかけは非常に遅々たるものとなった。

　これはアイスブレーキングや各班での人間関係づくりに時間をかけ，丁寧に行っていればある程度防げた事態であり，このあたりの初動を機械的・形式的に行ってしまったことは非常に悔やまれたが，後の祭りであった。

3-3　急ノ巻

　またこのあたりから，ミニッツペーパーの記述内容を参考に授業の「改善」をはかって矢継ぎ早に改良を進めること自体に対し，意欲の高い＝現状の進め方でも十分に学生主体型の学習を進めている学生から「先生の授業の進め方がブレている」というきびしい指摘を受けることも多くなった。迷走状態に陥っていたともいえる。

　何をしても何処からか不満が出る，という状況に直面して思ったことは，最初に提示し，また15回の講義を貫徹するべき確立した理念の重要性であった。残り講義回数も半数を切ったところで，改めて原点に立ち返り学生の主体的な学習をサポートする，細かな働きかけがどうしてもこの授業には重要であるとの思いに立ち返った。

　最も大きな問題点，人数規模の問題に対して，ある種の開き直りから以下のような対策を取ることとした。

1) これまで7グループの班長を務めた学生を「ファシリテーター」として各班から引き抜く。
2) 残った六人班七つ（42人）を七人班六つに再編成し，グループ数を減らす。
3) 授業の運営等をファシリテーターに任せ，教員は各グループへの働きかけに注力する。

「学生主体型授業」という看板を考えれば，教員が運営に専念しファシリテーターに各班への働きかけを委ね，学生相互の学びを促すことが最良であったことは疑いもないが，この授業においてはそこまでファシリテーターが育っているとはいえず，また非常にまじめで優秀な各班元班長により構成されたファシリテーターには，各学生の特性を伸ばすアプローチよりは自らと同じ学習意欲の高さを他者に求める傾向もあり，これは一般学生からある種の独善として敬遠されている様子も見受けられたため，このような措置を取ることとした。

後手からの開き直りの捨て身の対応であり，これがどのような効果を生むかは不明であったが，この「改善」を最後に大きな干渉はしないと決め，後の授業はフォーマットを変えずに最後まで進行した。

3-4　発表会を終えて

その後，授業はなんとか当初予定の発表会まで漕ぎ着け，当日は5月の公開授業に参加してくださった先生方もお招きし，粛々と進行した。先生方からは当然のように「全体的に内容が浅い」というようなコメントも出たが，これは漠然と教員が働きかけを行えば内容が深まる，というような意識しかもっていなかった筆者の手落ちが学生の不利益を招いてしまったことであり，学生諸氏にはわびるよりほかはない。

またこの発表会において，学生たちはテーマを定めて学習する，役割分担を行い準備をする，時間内に発表を行う技術や話術，資料のまとめ等々のさまざまな能力を発揮してくれたが，これらは前期の他の授業において学生自身が大学での学びを深める中で身につけた能力である可能性も高いことから，この授業で身につけた力であるとはいいがたい。

入試で発揮したパフォーマンスを考えれば，元来山形大学の学生たちにはこのくらいのプレゼンテーションを行う実力はあったとも考えられる。大学でこの授業を

受けたことにより明らかに能力が進展した，という部分がみられる発表会とはならなかった点に非常な力不足を感じ，改めてシラバスに明示すべき「この授業によって身につく力」について考えさせられる次第であった。

3-5 基盤教育授業改善アンケート調査の結果から

ここまで記してきた迷走の様子は，授業改善アンケートにも確実に現れている。

アンケート質問16項目のうち，実に13項目が全体平均より低い。自由記述欄には肯定的な評価が多くなぐさめられるが，数字は無常であり現実は常にきびしい。

平均より評価の高かった3項目は「教員に熱意は感じられましたか」「教員の一方的な授業ではなく，コミュニケーションはとれていましたか」「教員の話し方は聞き取りやすかったですか」であり，ほとんど「努力賞」というか「おまけしてもらっている」というレベルであろう。ミニッツペーパーの学生意見を元に次々に授業改善を行っていたある種のダイナミズムが評価された側面はあるのかもしれないが，この視点からは「授業はよく準備されていましたか」に「いいえ」と答えた学生が一割近く（8.33%）いたことを忘れられない。お世辞にも重厚に構えた授業にはみえなかったということだろう。

自由記述欄の肯定的な評価としては自主性，責任感，協働の力，プレゼンテーション力，コミュニケーション能力などが身についた，と記述してくれている学生がほとんどであったが，これも上記の数値データと併せて考えると，多分に努力への評価と理解できる。学生たちは，経験の不足はともかく，元々の素質としてこの授業で取り組んだ程度の活動はできるメンバーであった。この授業から何か一つ彼らに学びをもたせることができたかどうか，確言はできない。

なお公開授業とあわせてこの授業改善アンケートも今後の授業改善のために非常にありがたいツールとなった。学生からすればふだんのミニッツペーパーではいいづらいことも，講義中一度きりの機会となれば，と大いに吐き出してくれるケースもある。顔を合わせては言いづらいこともある，ということに今さらながら気づかされる機会となった。

4 結びにかえて

4-1 「学生主体型授業」という言葉のもつ強さ

この授業では迷走を続ける中でも，全体を通して学生の主体性を尊重することだけ

は意識したつもりであったが，アンケート結果の改善希望事項をみてみると，そのほとんどが「学生の主体性を尊重していない」という内容でありこれには非常に驚いた。

授業の初回から運営自体を学生に任せる，またシラバスの記述を元に「この授業では学生の主体性を大切にします」と折に触れ宣言する，グループに働きかける際主体的な活動を大きく評価している旨を伝える等，筆者としては大学の授業でなければ不安になるほどに学生の主体性尊重を明示しており，アンケート自由記述でその新鮮さを評価する学生も多くあったが，逆に少しでも教員の強権を感じると普段の発言とのギャップから（尊重しているといっている）学生の主体性を踏みにじった，という強い反発を示す学生がいることがわかった。

具体的には，グループ活動に水が合わず一人で発表したいという学生に，シラバスを示しこの授業ではグループ学習を重視していると言った際，あるいはファシリテーターを引き抜いて班を再編成すると宣言した際，またプレゼンテーションの根拠とする資料に孫引きなどではなく原資料を用いるように指導した際などにこのような非常に強い反発を招いていたことがアンケートから判明した。

これらはいずれも，筆者の立場からすれば質を伴った学生の主体的な学びを保証するために必要と思われた改善であり，必要性の根拠を主張できる内容ではあるのだが，学生の主体的に活動したい，という気分に横槍を差したと判断された事例である。思うに「学生主体型授業」という言葉のもつイメージは非常に強い。それは現在の大学において多くの教員が志している「（講義型であっても）学生の主体性を大いに喚起する授業」とは一線を画し，一部の非常に意欲的な学生にとっては，自らの主体的な活動を大学が応援してくれる，単位にもなる，という誤解を招いてしまう。

これはもちろん，筆者の力不足が最大の原因である。授業であり，単位がつく，という理由から学生の学びも大きな枠組みを堅守しその要件を満たす必要がある，ということをきちんと伝え，学生諸氏の理解を得た上で，その枠組みの中では徹底して主体的な学びを尊重し，その学びの内容・質が大学の授業にふさわしいものとなるよう援助を行う，という「学生主体型授業」の青写真を最初に示すことに失敗し，プレハブ建築に屋上屋を架し続けて行った失敗が学生意志万能という大きな誤解を招いてしまった。やはり最初に理念を示すことが肝要となる。

4-2　一年を振り返って

以上，春学期の学生主体型授業の迷走の様子を回顧してきた。学生主体型授業の「冒険」という意味ではこの航海はいまだどこにも辿り着いてはいない。後期の授

業で万全の巻き返しを図るべく，気炎だけは吐きながら漂流の途上にある。

　こんな状況からではあるが，一つだけいえることがあるとすれば，このような形式の授業を選択した以上は，学生の主体性育成を最大の目標として掲げることは確実に正しい，ということである。失敗だらけの私の授業からでも，既存の知識の活用，あるいはいまだみぬ知識の獲得，自分の人生への主体的取り組み，社会成す同胞との協働というような側面で「新しい学びを得た」と評価してくれる学生が多くあり，またこれらの能力を彼らが今後の人生において必要とすることは間違いない。主体的に活動し，言い訳のできない部分で悩んだり失敗したり成果を上げたりする機会を大学の授業の中で確保することの意義は非常に大きい。

　そしてこのような学生の主体的な学びを教員の自己満足ではなく，学生がある能力を身につける機会とするためには，やはり教員の専門性が非常に重要であることを痛感した。答のない問いの前に立ち止まり，戸惑い，悩む学生にいくつかの選択できる道を示し，あるいは具体的な作業の一歩目を手助けするに際し，教員自らがかつて同じような状況をどのように突破してきたのかの根拠として，ディシプリンがものをいう場面は数多い。この授業は先達の学生主体型授業を合成した得体の知れない鵺のような授業であったが「一次資料を丹念に見て原点から自らの思考を構築する」という指導だけは貫徹した。鵺でさえ「鳴き声の怪」という一貫性は保持されている。これがなければ本当に形無しであろう。

4-3　まとめ

　学生主体型授業が単なる学生主体型「活動」の集積に終わらずある教育目標を達成するためには，一貫した理念を学生と共有し，信頼関係を構築した中で彼らの創意と発問に根差した活動を展開することが必要となる。これを支えるのが教員の専門性であると自覚し，今後も授業改善に取り組んでいきたい。

【引用・参考文献】
小田隆治・杉原真晃［編］（2010）．『学生主体型授業の冒険―自ら学び，考える大学生を育む』ナカニシヤ出版
小田隆治・杉原真晃［編］（2012）．『学生主体型授業の冒険―予測困難な時代に挑む大学教育』ナカニシヤ出版

04 臨床教育学入門
続・自らの生き方を問い直す大学教育：
真の〈主体性〉を育てる教師のあり方

荒木奈美

1 はじめに

1-1 新たな気づきと深まりの芽生えた，「臨床教育学入門」

2013年に開講した授業「臨床教育学入門」は，2014年度に2回目の授業を終えた。立ち上げ年はとかく試行錯誤の連続であったが，2014年度は前年の数々の気づきや反省を基に，また新たな展開があった[1]。

本章は，2014年度に得た気づきの実際とその意味について，授業リフレクションの方法[2]にもとづき考察していく。教師の働きかけが学生たちの〈主体性〉に資するためには，教師もまた自らを問い直さなければならないこと，傷つきやすさも矛盾もすべてわが身に引き受けながら，彼らの痛みの世界に降りていくことが何より大切ということに気づかされた。結果として，2013年度の授業実践は「教師と子どもの距離感」という話題が中心となったが，2014年度はいわば「そもそもこの教師と子どもの距離感はなぜ生まれるか」という前年度のテーマをさらに深く掘り下げた問題に対する，筆者なりの解答になったのではないかと考えている。

---

1) 2013年度の授業実践と考察の実際については，荒木（2014：47-54）を参照。
2) 授業リフレクションの方法について，本章では目黒（2010）が明らかにした「授業の中で起きていることを振り返って確かめる」「自分のことばで自分の授業を語る」「授業の中での経験を自分で意味づける」という三点の考えにもとづき，毎回の授業で学生から得たリフレクション（記述式シートによる）をもとに，これに対して筆者の気づいたことや意味付けを加えていくリ・リフレクションをその方法としている（目黒，2010：14）。

1-2　一人ひとりの内面に〈主体性〉の種を蒔く

　筆者は，学校教育を通して〈主体性〉を育てるとは，教師が学習者にその方法を与え，教え導くことで身につけるものでなく，一人ひとりの内面に「もっと学びたい」「もっと関わりたい」「もっと深めたい」という意欲を促すことではじめて実現しうるものという考えをもっている。そのことに身をもって気づかされたのは，筆者が高校教師として学校現場に身を置いていた時のことである。どんなに教師が綿密に授業を組み立て，生徒たちの教材理解を確かなものにするための仕掛けを準備したとしても，彼ら自身にその教材理解を通してもっと学びたいという意欲がなければ，その50分の学びは一過性のものに終わってしまう。授業を生徒の成長の一つの「種」であると考える。この種が芽となり膨らみ，花を咲かせていく過程に必要なのは，何よりその本人の「よい花を咲かせよう」という意欲であり，花が咲くまで諦めず継続する力である。教師が生徒にすべきはまず，この意欲をかき立てることであり，継続の原動力となるエネルギーの蓄積に根気づよく関与し続けることではないか。そしてそれこそが彼らの将来に持続的に働き続け，自らを動かし続ける真の〈主体性〉を育てるきっかけたりうるのではないか。

2　授業概要

2-1　授業づくりの信条

　筆者が日頃の授業づくりで大切にしている考えが3点ある。

> 1) 授業計画は「出発点とすること」
> 2) 一人ひとりとの「間接的な対話」を取り入れること（具体的には，毎回の授業にA4サイズ1枚のミニレポート（リフレクションシート）を課す）
> 3) 授業計画を超えて授業が「拓かれていく」ことを授業者が妨げないこと

　出発点として綿密な計画は立てるが，学生たちの生の声を受け止めながら計画が変わっていくことを恐れず，むしろ授業者はそれを楽しむという姿勢を貫く。それによって学生たちが戸惑いながらも次第に心の鎧を外すのをじっと待つ。この一見すると非効率的でアナログ的なやりとりが，何より彼ら学生の身に生涯働き続ける〈主体性〉の育成につながるものと考えている。

04 臨床教育学入門　*41*

表 4-1　授業テーマと到達目標（臨床教育学入門 2014）

授業科目名	臨床教育学入門	履修対象	1，2 年生	履修登録者	1 年生　116 名 2 年生　　72 名
テーマ	将来「学校教育」あるいは「子育て」などを通して積極的に子ども教育に携わりたいと考える学習者に向け，学習者自身の学校教育体験，家庭教育体験を振り返り，これからの社会に必要な教育とは何かについて考える。				
到達目標	1　現在の学校教育の問題点を探り，自発的に学ぶ子供を育てるための教育に必要な要素について，学習者自身の考えを深める。 2　学習者自身の気づきを今後の大学における学びへと生かすための方策について，学習者自身の言葉で具体的に語る。				

2-2　授業テーマと到達目標

　本章で紹介する「臨床教育学入門」は，筆者の発案で 2013 年度に立ち上げたオリジナルな科目である（表 4-1）。主に大学 1 年生を対象とし，大学入学直後の学生たちが自らの教育体験を振り返りながら，教師にせよ親にせよ，人育てに携わる際の教育者としての心得について，参加者みなで考えるということをそのコンセプトとしている。後期近代とも呼ばれる時代に入り，すでに教育者は青年期の若者たちにとって絶対的な権力者たりえなくなった。にもかかわらず現在の教育界にはびこっている教育モデルには，相変わらず旧世代の一方向的な「教育者→被教育者」の構図が残っている。将来的な視点からこの旧世代の構図を批判的に見つめ直し，これからの社会に必要な教育とは何かについて考える契機を提供したい。そのような思いがこの科目には込められている。

2-3　履修対象として想定された学生像

　臨床教育学という学問の意味付けについては諸説あるが，筆者はこれを「一人ひとりの学びを保障する教育とは何かについて考える学問」であると説明している。援助者としての教師や親をはじめとする年長者たちが，かけがえのない一回限りの生（ライフ）を生きる存在としての子どもたちに，彼らの生をどう生かし，どう育てていくかについて考えるというのがその根本概念としてある。授業では繰り返し「あなたは本当に，教育体験の中で自分を生かされてきたか」という問いを投げかけた。学校あるいは家庭における教育の中で「ありのままの自分」を受け入れられてこなかった体験をもつ学生がいる。彼らの多くは自分自身が抱える問題を相対化できないため，青年期以降も人間関係において苦しみ続け，生きづらさを引き続き抱えたまま，大学生活を送ろうとしている。そのような学生に対し筆者は，「あなたの人生

の主人公はあなた自身」であることを伝えたいと思った。「自分を生かすことからすべての学びは始まる」という信念にもとづき，授業の中でじっくりと自分と向き合う時間をつくりたいと思った。そしてこの「自分が生かされる」という体験こそが，かけがえのないわが身の生をもっと充実させようという主体的な意欲につながり，自身の内側から湧いてくる〈主体性〉を引き出すのではないかと考えている。

表4-2 授業内容と扱った教材（2013年度と2014年度の比較）

回	2013年度	2014年度
①	「これまでの教育に満足しているか」 J-POP『青い春』（back number）の歌詞から	「これまでの教育に満足しているか」 J-POP『青い春』（back number）の歌詞から
②	生徒と向き合おうとしない教師について TVドラマ『幽かな彼女』に描かれる教師像	自分の「気持ち」はどこから来るのか リクルートポイントのCMから
③	「よい子」とは何か ドラマ『家族ゲーム』とマンガ『坂道のアポロン』に描かれた優等生を中心に	コントロールする人の心理 支配‐被支配の関係にある親子の問題 ダン・ニューハース『不幸にする親』から
④	「フツーの子」の闇 二つの事例から	言葉のまえにある気持ちについて考える ドラえもん「ことばきんしマーカー」から
⑤	「悪い子」が「悪い子」になる原因 ドラマ「積木くずし」から	自己承認欲求不満―なぜ「イヤだ」と言えないのか マンガ『坂道のアポロン』に描かれた優等生を中心に
⑥	「よい教師」のあり方について 守屋淳先生（北海道大学）を迎えて	自己承認欲求不満―秋葉原事件・加藤智大の事例から 中島岳志『秋葉原事件―加藤智大の軌跡』から
⑦⑧	教師と生徒の「距離感」―そのメリット・デメリット 二つのケーススタディーより（グループ討議）	この社会を支えている「構造」について考える 哲学的な考察から問題に迫る
⑨	「いじめ」問題について考える―ネットいじめの現状より 事例からの考察	「スクールカースト」という学校社会の〈現実〉 映画『桐島，部活やめるってよ』に描かれた「実例」をめぐって
⑩⑪⑫	「スクールカースト」という社会構造上の問題 『桐島，部活やめるってよ』に描かれた「実例」をめぐって	教育現場のリアルな今 授業者の体験をめぐる参加者との間接的な対話から
⑬	ここまでの振り返り （最終レポートに向けて問題点の整理）	
⑭	今学校で起こっていること 『家族ゲーム』『35歳の高校生』をめぐって	授業全体のまとめ 本当の強さ・優しさとは　J-POP『風が吹いている』（いきものがかり）からの考察
⑮	最終レポートの執筆	最終レポートの執筆

2-4　授業で扱う教材について

「臨床教育学入門」で扱う教材選定の基準は「学生たちの学ぶ意欲をかき立てる」ことに結びつくかどうかの一点に尽きる。そのために取り上げる教材はなるべく学生たちが日頃身近に接しているテレビドラマや映画の1シーンなど，読みやすく取り組みやすいものを選ぶこととなる。スタート時点では2013年度と同内容の教材を選定していたが，学生の要望や状況を観察しながら，テーマも教材も大きく変化していった。以下，その様子を明らかにするために，2013年度との比較表を示す（表4-2）。

こうしてみると，出発点は同じであるにも関わらず，2014年度の授業は2013年度とはまったく異なるベクトルをもった展開になっていることに気づかされる。2013年度の前半は，「あたりまえを疑う」というテーマのもと，家庭および学校の中の人間関係を見つめ直した。「よい子」「悪い子」「普通の子」と称される子どもたちは，それぞれこの外側から貼り付けられたレッテルに絡めとられ，苦しめられているという一面を明らかにするというのがその中心であった[3]。

ところが2014年度も当初の進行計画としてはそのつもりだったにも関わらず，結果的に別の展開となっていった。その最も大きな要因は，「教材一人読み」の導入であったと考察している。

3　授業の実際

3-1　自己の「深いところ」に入っていく「一人読み」

2014年度は初回において，J-POP歌詞を教材として取り上げ，一人ひとりが歌詞の言葉をどう読んだかを可視化するという授業進行上の仕掛けを試みた。歌詞について思うところがあれば「まず書きとめ」，できれば「なぜ自分がそう感じたのかを自己省察する」という作業を学生たちに促した。その方法によって，それぞれの参

---

3)「よい子」とされる子どもは，えてして親や教師の期待を背負ってよい子であり続けることが自己アイデンティティを保つ唯一の頼みの綱になってしまっており，自分の本当の生を生きられていない。また「悪い子」は，本当は親や教師に愛されたいのに，それが叶わないから反発することで大人たちの愛情を測ろうとしている。「普通の子」などというカテゴリーもそもそも存在しない。むしろその平均的な人物像に押し込められることで個性が剥奪され，個を生かされないもっとも悲劇的な子ども像なのではないか。そのような問いかけから授業を展開していった。

加学生が自己の思考の深みへと入っていけるよう配慮してのことだった。

　参加上のルールとしては，「書いても書かなくてもよい」「苦しい気持ちになったら書くのを止めてよい」「集中して自分の中に降りていこうとする学生もいるから，作業中は話をしない」を課した。思いつくままに，ふだん見過ごしている「自分の感じ方」や「気づかないふりをしてやり過ごしていた思い」を言葉に起こすことは思いのほか発見も多いが，真剣に取り組めば取り組むほど，苦しい作業となる。自分が隠蔽していた後ろめたい部分も含めて思考の奥から引っぱり出してしまうことになるからである。

　このルールは前年度から定めており，授業形態に変更はないのだが，2014年度は初回から2013年度以上に彼らを苦しいところへ連れて行ってしまったという印象をもった。それはおそらく「一人読み」という方法がもつ牽引力に寄るところが大きいと考える。この方法が特異であるのは，自分が出した最初の考えに対し「なぜ私はそのように考えたか」と，さらに踏みこんだ考察を加えていくという点にある。「なぜその言葉に目が止まったのか」と自問自答したとき，その理由をたどると，自分自身の「消したい記憶」や「自分だけが特別にこだわっている思い」と結びついていることがある。そのような無意識に働きかける行いは，この行為そのものがその人を傷つけてしまうことにもなりかねないだろう。しかしながらだからこそ，彼らと「深いところで」出会えるきっかけともなりうる。

　『青い春』の歌詞には，「あなたのために」という名のもとに子どもたちをコントロールしようとする大人とおぼしき人が出て来る。歌詞の主たるテーマはこの「大人」に対する反抗心であるが，このフレーズから読み取れるのは，「踊らされているとわかっていて必死で生きている」子どもたちの姿である。このフレーズについては多くの学生から反応があったが，「這いつくばる」という言葉に着目した学生の意見に筆者自身は真っ先に目が止まった。

> 「這いつくばる」が印象に残る。立っていられないくらい苦しいのに羽ばたくことを求めてくる。だから「踊る」じゃなくて「踊らされている」と自分の意志でないものとなる。それに気づいてはいるけど，そうしないと生きて行けない。

　筆者はどちらかというと踊らされていると認識したらその場で怒り，相手と闘うことができるタイプである。だからこそ，この学生の「気づいてはいるけど，そう

しないと生きて行けない」という言葉が新鮮に映った。もの言わずに権力に従い続ける人たちのとまどいや苦しみに、「深いところで」触れた気がした。

　学生たちは「言葉によって浮かんだ言葉を自由に書き留める」。正解があるわけではないから、すべては自己との対話となる。そしてこの結果を並べてみると、見事に人それぞれ違っている。それは育ってきた環境も影響を受けてきたものも違うから当然のことである。しかし改めて、そのことをはっきりと見せつけられる思いがした。

　上記の例にみるような、前年度とは異なる反応の「深さ」に、初回から筆者自身が圧倒された。そしてこの段階においてすでに、前年度のようにただ社会現象をさらって「自分とは違う誰かのこの現状についてあなたはどう思うか」というような評論的な立場からではなく、学生たちがもっと当事者意識をもって授業の教材と向き合えるような工夫をしなければならないという思いを抱いた。

3-2　言葉で表現しきれない世界（内面世界）への関心を煽る

　もう一つの転機となったのは、TV放映されたドラえもんから一つの短編を紹介した第4回であった。のび太が「ことばきんしマーカー」というひみつ道具に翻弄される話である[4]。辞書にこのマーカーペンで印をつけた言葉は、その直後から使えなくなり、その言葉を使った人には恐ろしい勢いで雷が落ちる。

　物語では、のび太がだんだんと調子に乗り、自分にとって耳障りな言葉をすべて「使用禁止」にしてしまったとき、ドラえもんは怒りと共に「大事なのは、言葉じゃなくて気持ちなんだよ」という言葉を浴びせる。一見荒々しい言葉でも、そのベースに「相手を何とか成長させたい」という温かい気持ちさえ通っていれば、どんなに汚い言葉であっても愛情を感じて受け止められる。反対にどんなに優しげな言葉でも、その根本に相手に対する思いやりを欠くような姿勢がみられれば、その言葉は空しい。語られた言葉が問題なのではない。その言葉のまえにある「生きている言葉」[5]、まだ言葉になる前の、発信者の心に渦巻く気持ちのほうが問われるべきなのではないか。

　この回の授業にはかなりの反響があった[6]。そしてこの授業を境として、2013年度と2014年度の扱うフィールドの相違が明白となる。語られた言葉よりも大切なのは、その人が言外においてみせる思いやりや強い思い。発せられた言葉は借り物

4）TV朝日系列『ドラえもん』で、2014年1月31日に放映されたもの。

にすぎず,「本物」は目にみえない空気感の領域にある。この主張が授業の中で渦巻くことによって,教室全体にはもう後戻りできない「深さ」が生まれてしまった。そしてこれが教室を大きく二分する結果となる[7]。

3-3 授業に乗ってこない「想定外の」学生たち

この段階で,授業者自身がこうした「深さ」に敏感に反応する方の学生に気持ちが行ってしまっていたことは,翌週の授業で紹介する学生の意見に毎回偏りがあったことからも伺える。この教室にはさまざまな考えをもつ学生が集っていた。リフレクションシートに毎回「難しすぎてわからない」「そこまで求めていない」というような意見を寄せてくる学生は決して少なくなかった。「一人ひとりの学びを保障する教育」について考えるのが臨床教育学であるという理念を標榜しながら,自分自身がそれに対応しきれていないということにはうすうす気づいてはいたが,結果的にはこの「深さ」を求めて授業に「のめりこんでいく」ようなタイプの学生の方に歩みを寄せることしかしなかった。

「難しくてわからない」と考える学生の中には,抽象的な話題になるとすぐに机

---

5)「生きている言葉」については,メルロー゠ポンティ（Merleau-Ponty, M.）が『知覚の現象学』（Merleau-Ponty, 1945）で明らかにした二種類の言葉（「語られた言葉 parole parlée」「語っている言葉 parole parlante」）の分類で考えると,後者の今まさに語っている生き生きとした言葉を踏まえて使用している。このメルロー゠ポンティの概念を踏まえ,まだ言語化されない,言語化以前の領域にある「ことば」には,語るものの気持ちが渦巻いているものとして筆者はとらえている。

6) この授業の二ヶ月後,すべての授業を終了し最後に書いてもらった「最終レポート」を読むと,「(ドラえもんの授業をしたときに) 私はこんな言葉なんてなくなればいいのにと思ったことがあったけれども,言葉は愛と一緒に使われることで変わっていくのだとわかりました」という感想に出会った。この学生の最終レポートには,別の解答欄に「子どもが精神的に苦しんでいるときに手を差し伸べられる親になりたい」と書いてあった。「ことば」が「言葉」として形を帯びる姿を目のあたりにした。

7) 教室を二分した学生の反応の違いは,注6)に同じく,すべての授業を終えた後の「最終レポート」を読むと,歴然とみてとれた。「自分自身の深い部分にある考えを知っていくうちに,どんどん新しい自分に出会っているような気がしていたし,実際にこの授業を受ける前と今の自分では「心」のようなものが大きく成長しているのを感じています。この授業を通して得たモノは,これからさまざまな場面で自分の考えになると思います」という感想のレポートがあった一方で,「文章を書くのが苦痛だった」「自分の好きな音楽が聴けたのはよかった」「内容を理解するのが難しかった」というような内容が目立つレポートも散見された。

に突っ伏してしまう者が少なからず含まれている。未知の領域を「わからない」という言葉ですべて遠ざけて避けようとする学生もいる。「臨床教育学」の理念に照らせば，実はこの「難しくてよくわからない」と考える学生の不満の方を真摯に受け止め，回り道をしてでも彼らが理解できるような言葉と教材で語りかける役割があったはずだ。ところが授業者である筆者は，自分自身の興味関心を優先してしまった。「難しい」と嘆き，リフレクションシートにも 2, 3 行しか書いて来ない学生に対して「怠惰な学生」というレッテルを貼り，評価を下げることしかしなかった。授業者にとって足手まといな「想定外の学生」くらいにしか考えていなかったと言わざるを得ない。

3-4　ある学生からの痛烈な授業批判による気づき

　その後授業は，2013 年度の中心テーマとなった「教師と生徒の距離感」の問題とはまったく違う形で，むしろその「距離感」を生み出す根本にある，それぞれの人間の心の問題の方に迫っていく。第 5, 6 回の「自己承認欲求不満」をテーマとした際に使った教材は 2013 年度も使用した教材を含んでいるが，その扱い方はかなり異なったものとなった。2013 年度は学生たちが授業によって受ける心のストレスを配慮して極めて抽象的に語った「自己承認欲求不満」の問題を，2014 年度は一人ひとりの心の「深み」に降りていった授業の流れの中で，はっきりと「その一つの要因は幼少期の親子関係にある」という識者の見解もあるということを示すことにもなった。

　こうした授業の深まりが頂点に達し，学生の心の問題にも配慮してこれ以上「深く」は進めないと判断して方向転換を学生たちに告げたちょうどその回（第 8 回）に，ある学生から無記名できびしい内容の批判が寄せられる。内容は，「筆者の授業が「臨床教育学」という理念に照らして満足の行くものではない。授業全体が筆者の自己満足で展開しているにすぎない。そもそも授業者である私は自分のことを何も語らず高みの見物をしているだけ。偉そうに評論家ぶった偽善的な見解を与えるだけで不快。参加者として授業に出る意味をこれ以上見い出せない──」。学生が書いたそのままの言葉をここに載せてはいないが，上記のような不満がかなり強い筆致で書かれた内容であった。

　確かに 2014 年度の授業の展開は，そのように批判されても仕方がない要素を含んでいた。この学生の意見は重く受け止めるべきであると感じた。何よりも大きかったのは，これは授業者の言葉自体が自分の内側から発した「生きている言葉」

として参加者に受け止められていない何よりの証拠である，という気づきであった。「大切なのは語られた言葉の先にある，生きている言葉だ」と語る授業者自身が，本人は自分自身の「生きている言葉」を語ることもなく，誰かと置き換え可能な「語られた言葉」を発しているに過ぎないということになる。

そもそも授業者が私として授業に参加していない。なぜこの私が，この教室で，これから大人になる学生たちに向けて，この内容を伝えたいと思っているのか，そのことをきちんと伝えていない。それをまずしなければ，筆者の「生きている言葉」としての気持ちは，どんなに言葉を重ねても最後まで伝わらないのではないか。そのようなことを考えるに至った。幸いまだ数回授業は残っていた。自分の経験を語ってみたい。そういう強い思いが湧いてきた。

3-5　教師自身が「生きている言葉」を取り戻す
1) 筆者自身の体験を語る

ここから，2014年度の授業はクライマックスに向けて，さらに大きく展開することになる。映画『桐島，部活やめるってよ』[8]を通して学校の社会構造的な問題に触れた上で，「教育現場のリアルな今」と題し，筆者自身が過去に高校教師として出会った生徒や保護者たちを例に挙げながら，その体験を語ることになった。

その際に配慮したことは，一人の教師が失敗を重ねながら少しずつ成長していく姿をみせること，今ここで授業をしている私が，なぜこの「臨床教育学入門」という授業をこの教室に集う人たちに向けて発信したいと願ったかが伝わるように言葉を尽くすこと，であった。将来人の親となり教師となる彼らには自分自身と同じ「過ち」を犯してほしくないから，もっと真剣に人との関わり方を見つめ直してほしい。みなが「生きている言葉」で語り合えば，きっと世代のギャップを超えて親と子，教師と生徒はもっとわかりあえるはず。そのようなことを伝えたいと思い，自身の三つの失敗例やいまだ答えのみつからない事例を紹介し，そのつど学生たちの意見を募った。

紙幅の都合もありここでは学生たちとのやり取りの詳細は省かざるを得ない。本章では最初の事例を通して筆者自身が出会えた大きな気づきにのみ触れたい。

---

8) 映画『桐島，部活やめるってよ』(吉田大八監督) 2012年8月公開作品。その後DVDが2013年2月に発売された。

2）学生たちの意見によって気づかされたこと

　最初に話したのは，新米教師時代のエピソードであった。担任として関わった一人の女子生徒が言葉に示さない SOS を何度も私に発してきたが，筆者はそのことに半ば気づいていながら，忙しさにかまけて結局時間に流されるまま，何も手当てをせずに終わってしまったという，忌むべき失敗例である。この授業では，学生たちから「先生を見損なった」「あなたは教師をする資格のない人だ」というかなり手きびしい声が上がる結果となった。エピソードを披露したことで，予想を上回るきびしい意見を学生からもらい，そのリフレクションシートと向き合うのはたいへん苦しい作業であった。心臓が激しく波うち，足元がふらつくような思いがした。授業を終えた直後は，ただひたすらこのような授業を思いついたことを後悔するばかりであった。

　しかしこれが筆者にとって思いがけない転機となる。筆者はこの授業リフレクションを通して何度も「なぜ私はここで生徒に働きかけなかったのか」という問いを繰り返した。そして結果として「生徒たち以上に自分自身の自己実現を優先させていた」自分像がはっきりと浮かび上がってきた。また「なぜ自分のことを二の次にして生徒を見つめることができなかったのか」という更なる問いに対して，「生徒に拒まれることが怖かったのかもしれない」ということに気づいた。「そもそも自分の出した答えに自信をもてない私がいる」「自信をもてないから，関わるのが怖い」「私の殻に閉じこもっていれば，自分も傷つかなくて済むし，楽」これがその根本にある思いであることに気づいた。

　当時の自分自身の姿は，今でもはっきりと覚えている。繰り返し「忙しかったのだから仕方なかったのだ」「生徒はこの子だけではない」「あの時はもっと問題を抱えている生徒がいたし」と言い訳ばかりしていた。その一方では教師としてのキャリア計画の中で「生徒の個に応じる指導」について取り組もうとしていた。理想として生徒一人ひとりに応じる教育を求めながら，実際の目の前の生徒には向き合おうとしていなかった。上手く行かないことをすべて環境のせいにして，問題を棚上げしてしまっていた。これは筆者が自分自身の「今」から逃げていた何よりの証拠である。当時から「なぜ生徒に向き合わないのか」「忙しいからと面倒なことから目を背けるのか」ということの根本にある，自分の弱さ，傷つきたくないという負の気持ちにしっかりと向き合うことができていたならば，その後も含め，生徒に対する対応は確実に変わっていただろう。

3-5-3 語る主体が「生きている言葉」を語るということ

そのことに気づいたとき，今ここで大学教員として学生たちに「臨床教育学入門」を教えている筆者自身にいまだわだかまっている問題の根も，実はここにあるのだということに気づかされた。ある学生から寄せられた筆者に対する批判の目は，筆者自身が非常に壊れやすい自分を抱えて生きていることから目を背けて，これ以上傷つかないようにそれを上手に隠しながら学生たちに語りかけているに過ぎず，自分自身も同じ壊れやすい人間であるという立場から「生きている言葉」で語ろうとはしていないことに向けられていたのではないか。自分自身が弱みを隠したまま，本当の意味で心を開かないまま，学生に向けて理想論を振りかざしていれば，それはまさに「偽善」である。本気で学生の内から湧き起こる学びの意欲を引き出し，本物の〈主体性〉を育てるつもりならば，誰よりもそれを導く教師自身が，心を開き，時に弱さをもさらけ出しながら，一人の人間として学生，生徒，すべての子どもたちと接しなくてはならないのではないか。そのことにはっきりと気づかされる契機となった。

4 考　察

　人間は矛盾に満ちた生き物である。夏目漱石『こころ』の「先生」は，「私」に遺書を託し，多くの謎を残したまま自死の道を選んだ。この姿を丹念に追えば追うほど，人間は矛盾や罪の意識の中でしか生きられないということ，本気で理想を追求しようとしたら，その先には自己を偽る「偽善」かその果てに「死」しか待ってないのではないかということを考えさせられる。この矛盾に満ちた現実社会の中で誠実に生き続けるために大切なことは，せめてこの「矛盾」から目を背けないこと，そして目を背けないことで見えてくる人間の「両義性」，人に対する「寛容さ」に意識的であり続けることなのではないだろうか。教師が学生，生徒，子どもたちに対して心を開かず，言葉を発する際の身体も硬直させたまま自分を守り続けていては，学生が柔らかい心で学ぶ意欲を引き出し，一人ひとりの内側に働きかける形で真の〈主体性〉を育てる場など育つわけがない。

　教師の絶対的な立ち位置が信じられ，またそれを求められていた時代であれば，教師は子どもたちにとって「ブレない人」「揺るがない人」でありさえすればよかったかもしれない。しかし現代は，この絶対的な価値基準そのものが揺らいでいる時代である。絶対的な目標として存在すること以外の役割が教師に求められている。

そしてこの新たな役割こそが，学生たちにとっての真の〈主体性〉，誰に期待されているからという理由でもない，物理的な恩恵を狙ってという理由でもない，自らを学びへと駆り立てる原動力としての，真の〈主体性〉を育てる契機となるのではないか。

【引用・参考文献】
荒木奈美（2014）.「自らの生き方を問い直す大学教育―学生との『間接的対話』から，主体的な学びの意欲を引き出す」『学生の主体性を引き出す授業実践』FD ネットワークつばさ, pp.47-54
目黒　悟（2010）.『看護教育を拓く授業リフレクション―教える人の学びと成長』メジカルフレンド社, p.14

05 保育者養成課程における講義系科目の実践

清多英羽

1 はじめに

　私は短期大学幼児保育学科の講義形式の科目を主に担当している。これまで，保育原理，保育内容総論，保育課程論，教師論，教育総論などの，保育や幼児教育の基礎理論に関する科目を担ってきた。いずれも在学一年目の前学期に受講が義務づけられた，資格・免許取得（保育士，幼稚園教諭二種）のための必修科目である。

　これらの講義に共通しているのは，保育や幼児教育の専門家になるための，知識注入をある程度余儀なくされる座学であるという点である。また，一斉教授の形式をとる「講義」なので，講義時間の大半を学生に向かってほぼ一方的に教員が話しかけ続けることになり，彼らにとってはつらい時間が流れていることだろう。幼児保育学科には比較的，活発で明朗な学生が集まりやすい。彼らが，幼児体育の時間に躍動的に汗を流し，造形表現法の時間に忍耐強く粘土をこね，音楽表現法でピアノをかき鳴らしているときの表情・活気にはいつも圧倒される。それは，私の講義時における彼らの沈滞ムードとは雲泥の差だ。できることであれば，彼らが生き生きと目を輝かすような講義を私もしてみたいとは思うが，実力的にも講義科目の性格からいっても，かなり難易度が高いようだ。

　私が思うに，講義科目は彼らにとって退屈な授業である。なぜなら，彼らは短大の幼児保育学科に，保育実践・方法を学ぼうとして入学したかもしれないが，必ずしも保育理論を学びたいと思って入学したのではないからである。学生にとって保育実践・方法を短大で学ぶことは，学習意欲を満たす楽しい作業だろう。新生児への愛情あふれる授乳方法，マット運動の合理的な指導方法，打楽器を使ったリズム教育やリトミック，発達段階に応じた折り紙の折り方指導，どれをとっても，将来

の保育活動に役立つことが誰の目から見ても明らかだ。

　卒業後の進路事情についていえば，新卒の採用を検討している保育園や幼稚園も，よもや保育理論に長けている学生を優先的に採用しようとは思うまい。即戦力とまではいわないが，保護者とのつき合いをそつなくこなせて，目の前の子どもたちを適度に統率でき，彼らからなつかれるくらいの能力は要求されることはあったとしても，このように，学生の就職活動における現実的な問題として，理論軽視，実践重視の風潮があることは否めない。両方とも大切なことなので，本来，どちらも重視すべきなのだが，結局のところ，彼らは短大の入り口（詳しくは第3節で述べる）でも出口でも，さまざまな形で実践重視を刷り込まれるシステムの中に取り込まれているのだ。

2　今どきの短期大学生の現実

　繰り返しになるが，短大生にとって講義系科目を聴講するのは，やはり，つらいのだろう。短大生に限らず，4年制大学の学生であっても，講義系科目で何らかの基礎理論を扱うような分野においては，学生のモチベーションの程度にかなり個人差が生じているはずだ。

　例えば「それでは『保育所保育指針』の第1章総則を開いてみましょう」から始まる講義は，はじめの10分くらいは私の語りかけに耳を傾けていただけるかもしれないが，それ以降の集中力の持続は保証のかぎりではない。私の話が，「それでは総則の2の保育所の役割について説明します」へと移る頃には，ほとんどの学生が魂のこもっていない目の色になっている。学生の心はどこか別世界に飛び立っているのだろうか。私が講義で扱うような，保育や教育の基本に関する学習内容は保育者養成の必修領域なので，どんなに学生が関心をもたないといっても，こちらが態度を軟化させて安易に学習範囲を割愛するわけにはいかない。

　私としてもそんな学生の姿を見たくはない。だから，それなりに講義のためによかれと思うことを試してきた。例えば，何の準備もなくただ私の講義だけ受けていても講義内容が頭の中に十分に入らないだろうから，「ここからここまで事前にテキストを読んできてください」と学生に丁寧に事前学習をお願いしたこともある。ところが，読んできていただけない。それに，講義中に，事前にしっかり読んできたかチェックする時間などない。当然，予習の遂行は学生の自由意志に左右される（＝読んでこない）。シラバスには予習ページを毎時間指定してあるのだが，読んで

くるような学生はいない（と思う）。それに講義における私の解説なしで，学習効果が得られたと断言できるようなレベルまで学生が理解できる能力をもっているとも思えない。とにかく，うまくいかないことが多い。

　教える立場からすると非常に残念なのだが，すくなくとも，私の限られた教育経験上，大半の学生は保育理論に興味をもっていないし，興味をもとうともしない。かりに学生がなにがしかの保育理論に惹かれたとしても，ほとんどの学生が保育理論を構造的に理解することができない（もしくはその理解が浅いままである）。

　あるとき，教育の基礎理論を扱った古典的な事例として，ルソーの『エミール』に出てくる「事物の教育」を講義で解説したことがある。私なりに噛み砕いて，わかりやすく，図や絵を板書して説明を試みた。すると，首尾よく数人の学生の興味を引き，ぜひ『エミール』を読んでみたいと授業後に申し出てきた。私は手持ちの岩波文庫版『エミール』の上巻をおずおずと貸し出した。勘のいい読者のみなさまはもうおわかりかと思うが，貸し出した文庫本は，あわれ，3日も経たずに私の手元にもどってきた。その学生によれば，難しくて読めないのだそうだ。「読めない」にもさまざまなレベルがある。専門用語の意味がわからない，段落のつながりがわからない，扱われている例示の歴史的な背景がわからない……等々。その学生のわからなさは，すべてわからない，だった。つまり，どこがわからないのかもわからない，とのこと。一昔前の，教職を目指した人間ならだれでも『エミール』くらいは基本的な教養の書として薦められ，読んだものだと思う。だが，時代は大きく変わった。『エミール』はここへきて急激に時代遅れになったのか，とにかく「読めない本」へと格下げになっている現実があるのだ。私が講義内で『エミール』を平易な言葉を多用して解説してしまったがゆえか，簡単な書物にちがいないというような期待を学生に抱かせてしまったのかもしれない（いまやこの点を学生から責められかねないような，教員にとっては因果な時代だ）。

3　学生が理論を学ぶことに無関心な理由

　学生が保育理論に関心をもたない理由は，①保育のイメージが実践中心に支配されている，②理論が実践に先んじるという思考パターンに慣れていない，③理論を理解するための基礎学力が欠けている，④講義科目を受講するための忍耐力が欠如している，等が挙げられる。

　①の「保育のイメージが実践中心に支配されている」ということが現実に起こる

のは，学生のこれまでおかれてきた学習・生活環境も大きく関わっているだろうが，彼らが高校生だった頃に触れた大学による学生募集活動にもヒントがありそうだ。例えば，幼児保育学科で学生募集をかける場合，パンフレットのうたい文句にしても，オープンキャンパスの学科説明のパワーポイント資料にしても，高校生の心にダイレクトに響くキャッチフレーズを多用する。保育の魅力を伝えるために，子どもとの触れ合いの楽しさ，すなわち保育実践の妙を優先的にアピールする。実際に，保育の現場では，子どもと触れ合うことは第一義的に重要としても，その触れ合いに至るまでの細部にわたる計画や事務的なやりとり，同僚との交渉，上司からの指示，保護者とのおつき合いなど，表にはみえにくい部分で，若者にとってはきわめて地味にみえるかもしれない雑事がどっさりある。保育理論は，本来，子どもとの触れ合いからはじまり，同僚との協力，保護者との折衝などを統合する骨格のようなものである。ただ，大学側としては，少子化を迎え，学生獲得に死力を尽くす昨今，高校生にこうした現実をまっさきに提示することはなかなか勇気のいることなのだ。

　②の「理論が実践に先んじるという思考パターンに慣れていない」についてだが，こうした思考パターンを身につけている短大生に会ったことがない（どこかにいるのだとは思うが，その存在を確認できていない）。一つの前提からはじまって具体的な方法へと演繹していくやり方は，おそらく彼らの人生の中で体験しづらい出来事なのだと思う。そもそも成功体験がないので，その前提で講義をしても，実感として彼らに伝わらないことがたびたび起こるのだろう。

　③の「理論を理解するための基礎学力が欠けている」についてだが，これはさまざまな意味でもう手の打ちようがないことだと思う。少子化で，子どもの数が減り，一方で大学数は増えている。かつてなら大学に進学しなかった層も進学する。そうすれば，地方の短大のような学びの場では，同じ学年のなかで縦長の学力分布が生じるのは当然である。短大では，学生のレベルに合った言葉で，スピードで，内容で講義を行わなければ，つまり，教員が学生のいる所まで降りていく授業をしなければ，彼らの理解欲を満たすことはできない。反対に，教員のいる高台まで学生を導こうとするのは至難の業である。

　④の「講義科目を受講するための忍耐力が欠如している」についてだが，基礎学力と忍耐力は相関関係にあると思う。基礎学力の一定の部分は暗記で成り立っている。したがって，すぅっと頭に記憶が整理される特別な人間を除いて，暗記作業は忍耐力が重要である。その点，実に，短大生は考える忍耐力に欠けている。

この四つの問題点はすべて，短大生活の2年間での大幅な改善が期待できない。責任を転嫁するような言い方しかできなくて恐縮だが，彼らが小学校から始まる義務教育を経てきた結果がこの状態なのであるから，たったの2年ですべてが大幅に良好に転換するわけもない（ただし，短大ではこうした学生に対応するために四苦八苦して支援体制を整えている）。

　私はこれまで，こうした現状に対応するために，どうしたら彼らが主体性をもって講義を受けてくれるだろうかと，いくつか試行したことがある。その一つが，講義科目内でグループワークを取り入れるという試みだ。この試みは，ふだん，話を聞くばかりで受け身になり続ける講義に主体的な姿勢を芽生えさせるという意図があり，思いついた時には学生のモチベーション向上に資すると考えた。

　しかし，この試みはいくつかの点で失敗した，と少なくとも私は感じた。当初この案を学生にもちかけたとき，講義中に私の話を聞き続けなくてよいことに対して学生が喜んだのは確かだが（たいていの場合，学生が歓迎するようなことは教員にとって敗北を意味する），実際にグループワークを導入しても，私の目には教育効果が上がっているようには露ほども感じられなかった。むしろ，各グループの話し合いの内容に耳を傾ければ傾けるほど，その議論内容と私の期待していたこととの断絶に愕然とするのだった。こんなにもうまく運ばないのは，私によるグループワークの運営方法が不適切だったからかもしれないと考え，書を読み，相談をし，学生への説明の仕方を見直したり，話し合いのテーマを何パターンか設定したり，スモールステップを意識して段階的に議論が深まるような仕掛けを凝らしたりして，何回も試行を重ねた。しかしながら，工夫を凝らせば凝らすほどに，私は，堪え難いほどの困難さがにじみ浮き出てくる醜い現実から目を逸らすことができなかった。

　それは，知識のない者は話すべき内容をもたないという現実である。ありふれた例えで恐縮だが，英語を話せる人は英単語を知っている人だ。英単語の種類を一定数以上習得していなければ，英語を話すことはできない。これは保育に関する講義で保育をテーマとしたグループ討論を課す際にも同じことがいえるのだ。もし保育について語るのであれば，ある程度保育について知らなければならない。ところが，彼らは，たったこの前，短大に入学したばかりで，保育について一定の知識を受け取ろうとしているそのさなかにいるので，話し合いをさせてもたいていはやらない方がましな結果になるのである。彼らの話す内容は，私からすれば，極めて退屈で，それこそその時間は『保育所保育指針』の一節でも丸暗記させた方がはるかに有益であり，議論の末に彼らのはじきだす結論は，月並みで，ステレオタイプで，没個

性的で，私の期待する何かとは月とスッポンほどの差があるのだ。

4 講義の反省とその後の工夫の方向性

　屈辱的な数回の試行を経て，講義中にグループワークをすることを私は放棄した。それ以後，いわゆる，グループワークのような参加型の授業形態をとらないことにした。参加型の授業を成立させるための条件としては，少なくともその学ぶべき内容の何割かの知識が前もって注入されており，グループワークを円滑に遂行するための素養が一定程度備わっており，かつ好意的に授業運営に参画する意思のある学生が存在することが必要だとの確信をもった。参加型授業に未練がないでもなかったが，さまざまな点で限界を知り，思い切って別方向に進もうと決意した瞬間でもあった（私が限界だと感じただけであり，世にはこうした現実があってもグループワークをうまく切り盛りできる教員がいるのかもしれないが）。

　いったい私には何ができるのだろう。学生に主体的に講義に取り組んでいただけるためにはどんな方法があるのだろう。

　私は模索した。参加型の授業形態をとらなくとも，通常の講義形式の授業をする中で，学生の主体性を引き出すような授業を行えないか。その際，手がかりとなったのが，『確かな学力の向上のための2002アピール「学びのすすめ」』（文部科学省，2002）だった。中でも，最も心に残ったのが，子どもたちに常に「小さな目標」をもたせるという考え方だった。子どもたちが，学校生活を送る際には，「学期」という長い期間を一単位として過ごすので，どうしても日々の授業が冗長になってしまう。だから，「小さな目標」を設けることでこどもたちの学習意欲を維持し続けるというところにその利点がある。これは学習動機の持続のための古典的な考え方で，一般に小学校や中学校でも日常的に取り入れられていることだと思う。例えば，小学校2年生の算数の授業で九九を覚える際，覚えた段の数に応じてシールをもらえるという取り組みや，毎朝校庭をマラソンして走った距離に応じて横浜まで到達した，名古屋まで到達したなどと表彰される等の取り組みがある。多少幼稚なようにも感じたが，幼稚だとかそういった固定観念に縛られていては，一人でも多くの学生から主体性を引き出すことは不可能だとの思いが勝った。

　短大の半期15コマはきわめて冗長である（すくなくとも私の講義は）。15コマを消化した後に総括評価である学期末テストを行う頃には，一番始めに学習したことなどとうに忘れている。だから，長い半期の途中に目標となるような課題をいくつ

か挿入することによって，もともと主体性の入る余地のなかったところに，すこしでも学生の意欲を引き出す主体性の中継地点をつくろうと考えたのである。

5 主体性を引き出す授業実践の概要

さしあたって「小さな目標」を二つ設定することにした。一つは，冗長な半期15コマの講義の途中に課す3回の小テストであり，もう一つは，冗長な90分の講義の最後に課す作文だった。

最初の講義時に，5回目，10回目，15回目の講義で小テストを実施することを学生に告知した。そして，試験範囲は，それまでの5講義分の内容から出題することとし，自筆のノートのみ持ち込み可とした。5講義分の内容からの出題範囲は狭いかと心配もしたが，学生は講義でとったノートを見ながら自分の考えをまとめるので，その点は問題なかった。ノートの持ち込みを自由にすることには，授業中にノートを取ることを学生に習慣づけるねらいがあった。どの短大でも似たような事情にあると思うが，学生は聞き書きが苦手である。教員の話をメモ書きしている間に次の話題に移っていて講義進度についてこられなかったり，板書を写すだけ写して残りの時間はぼうっとしていたりする。だから，板書の取り方，話を聞きながらメモをとる方法など，ガイダンスには力を入れた。

ノートをとることに必然性をもたせることには，いくつかの効果が期待された。まず，ノートを取らない学生は，十中八九，睡眠へと誘われるのでそれを防ぐという効果がある。また，講義でぼんやり話を聞いているだけではまっとうな理解ができない層が，文字として講義内容を再確認する機会をえることで，理解が深まる効果も期待された。そこで，講義中に学生に見せる板書は，私が話している内容をノート上に忠実に再現できるように心がけた。いずれも現在の地方短大が置かれている，学生の現状に即した対応だといえる。

小テストの翌週には，受講者全員に個人成績表（3科目分の評価を1枚のシートにまとめたもの）を返却した。個人成績表には，小テストの得点（1回につき20点満点で合計60点満点），平常点（20点満点），作文点（20点満点）の欄を設けた。そして，学期末に獲得できるかもしれない評価を，現得点から推測して，SからD（S，A+，A，B+，B，C+，C，Dの8段階評価）まで明示し，次の小テストで何点以上とるとどの評価に到達するかを，学生が自分の課題として把握できるようにした。

いわゆる形成的評価を利用した取り組みだが，講義系科目では知識の定着が第一

目標となると考えているで，このやり方は有効だと考えている。個人成績表が返却された学生の反応は上々で，小テストを実施しなかったときのモチベーションとの違いは一目瞭然だった。今どきの学生は……ということでもないのだが，結局のところ，どれくらい手をかけてやるかというその具合で，地方短大のようなところでは学習意欲の差が生じてくるように思う。

個人成績表には，学年順位を付けている。前期3科目を一枚の成績表にまとめて打ち出しているので，科目ごとの順位と3科目の総合順位が出る。順位を出すことが一部の学生の励みになっているのは確かだと思う。順位を上げることに闘志を燃やす学生もおり，その意味では効果があるのだと考える。ただ，成績低位層については，もとより順位には関心がないので，こちらのねらい通りに事が運んではくれない。推し量るに，彼らの学校人生において，おおよそ順位づけは，特段，大きな意味をもたなかったにちがいない。その結果，高校卒業後の行き先はどこでもよく，とりあえず進学できそうな短大にきた，と公言する学生すらいる。そうした学生に，学年順位を突きつけたところで，暖簾に腕押しである。

ただし，成績低位層の内実もピンキリで，勉学全般に対して無気力であったり，諦念をもっていたりというよりは，どのようにして学習してよいのかわからない，という迷子のような学生も実は多い。だから，個人成績表を返却するだけではなく，講義後に声をかけたり（たいていは嫌な顔をされるが），個別に呼び出したりすることもある。そのままだと単位を修得できそうもない学生が，学習指導をすることによって奮起し，成績が劇的に変化することもある。

小学校から綿々と続く，勉学への拒否反応，嫌悪感の連鎖を断ち切るのは困難である。長い学校生活の中で教師に見放され，学習集団から浮き，あてもなく漂っていた高校生も一定数，地方の短大に進学してくるのだ。そんな学生であっても，無事に卒業までこぎ着ければ，幼稚園教諭と保育士の資格を得る可能性が高い。もし教師や学校に対して不信感や絶望感をもったまま卒業させれば，そうした学生はどのような保育者になるというのだろうか。たかだか授業のやり方にすぎないのだが，ついつい心配になってしまう。

次に，講義ごとに「小さな目標」としての作文を課して，モチベーションの維持を図っている。短大生にとって90分の授業は冗長である。個人的には，45分授業を2コマ分実施するスタイルの方が，地方の短大ではあっているように感じている。小学校45分，中学校・高等学校50分の一単位時間で過ごしてきた若者にとって，90分への飛躍は，それなりに勉強が好きでなければ無理なのではないだろうか。

地方の短大には勉学が好きな若者はほとんど進学してこない。だからなおさら，この長い90分をただひたすら受け身に徹して，教員の話を聞き続けるのはきびしいであろう。

　作文のテーマは授業に関連することがらを講義ごとに私が指定する。したがって，講義中に居眠りせずにノートを取っていなければ，まともな作文は書けない。作文のテーマは，なるべく学生の身近な経験からイメージできそうな内容を心がけている。彼らにとって難しい専門用語は極力使わないようにしている。この作文も毎回評価に加点されていくので手を抜くことはできない。

　書かせた作文は翌週の講義のはじめ，スクリーンに匿名で映し出して紹介し，私から簡単なコメントをつけることにした。良く書けているものだけではなく，ユーモラスな内容まで幅広く取り扱い，紹介されるのを学生が楽しみにするような配慮をした。例えば，「幼児期に昆虫に対して行った残虐な行為を思い出して書きなさい」というテーマでは，さすがに幼児保育学科に進学してくる学生だけあり，幼児期のさまざまな経験の印象が鮮明で，こちらがおびえるほどの残虐行為を書いてくる。中には，がんばって書いたのにも関わらず紹介されないのはなぜか，と苦情までくることもあるが，そうした声に応えていくのも学生との双方向の授業作りの一環だと考えている。

　作文は，自己との対話である。保育への予備知識の少ない学生が議論するにはちょうどいい練習相手であり，2年生になるころには知識もある程度蓄えられるだろうから，他者との議論も多少は成り立つようになるだろう。作文能力ということに関しては，目を覆いたくなるできのものにしばしば出合うが，あまりにもひどい場合には，学習支援センター主催のリメディアル作文講座を勧めるなどして対応している。

　作文は1回提出しないと成績から1点引かれるので，1回の欠席は自動的に1点減点を意味する。欠席した時に実施された作文は1週間以内の提出を認めている。したがって，欠席した時の授業内容を調べて作文を書くことが可能である。これも学生の学習への動機に一役買っているようである。

6　おわりに

　このように，小テストと作文という「小さな目標」を挿入することで講義系の科目を運営している。このやり方で，大半の学生は静謐な環境に主体的に参加し，授

業中の居眠り，私語はほぼ根絶されている。私が担当する科目はほとんどが1年生の前期に集中しているので，このやり方でひとまず是としているが，2年生の科目を受けもつとなれば，また別の工夫が必要になると思う。

　短大の1年生の前期は，保育についてはほとんど何も知らない。彼らの知識は，世間一般のステレオタイプ的な見方が関の山で，保育の歴史や本質，教育の意味，制度，将来の展望など，保育士，幼稚園教諭の資質に利する情報はもちえない。だからこそ，ある程度の注入教育は覚悟しなければならない。

　本来の，効果的な教育のあり方を考慮に入れれば，自ら学び，自ら考えるといった学生の主体性を重視するスタイルの方がよいことは，私とて自覚しているつもりだ。ただし，それはある程度の学力や専門知識があることが前提となって初めて可能なことのはずなので，地方短大がおかれている学生の現状を考えれば，不本意でありつつも知識の注入に力を入れざるをえない。そこで，教え込みながらも，できる範囲で学生の主体性を引き出そうという努力をしていきたい。

　大学教育には，初等中等教育とは違う何か別のものが求められているのは確かだが，現状に即して考えれば，学力不足，知識不足の学生を相手にしている以上，そこを補いつつ，「主体性」というキーワードと格闘すべきだと考えている。

【引用・参考文献】
文部科学省（2002）．『確かな学力の向上のための2002アピール「学びのすすめ」』
　〈http://www.mext.go.jp/a_menu/shotou/actionplan/03071101/008.pdf〉

06 「総合基礎演習」の歩み
学生が問題を発見し，調査し，共に考えていく授業

青木滋之

1 はじめに

　会津大学では，2002年度から2012年度まで，文化研究センター（教養科目担当）の教員が担当する，「総合基礎演習」という名前の教職向けの演習授業があった。「総合」という名前からも想像できると思うが，この授業は小学生の総合学習の時間での教育方法の獲得を目指した，いわば「先生になるための調べ学習」だった。つまり，調べ学習を小学生に教える前に，教員を目指す学生自身が「調べ学習」に相当することを前もって学んでおこう，というのが主旨である。

　会津大学はコンピュータ理工学部のみの専門大学である。コンピュータ関連の授業が多い中で，文化研究センターが提供するこうした調べ学習を主旨とした演習形態は珍しく，教員免許取得に向けて学生たちはおおむね楽しんで取り組んでくれていたようだった。中には，教員免許を必要としないのに，わざわざこの演習を履修していた学生もいた。調べ学習の演習であるため，テーマは学生が各自で選んで，発表やディスカッションを通じてそのリサーチを深めていき，最終的な成果をプレゼンテーションとレポートによって評価を行う。こうした授業形態であったため，本書のテーマである「学生主体型の授業実践」として取り上げるものとして適しているものと思う。そこで，本章ではこの「総合基礎演習」の取り組みを紹介し，それを通じて，学生がどのように主体的に調べ学習をしていったのかを報告していきたい。

　この「総合基礎演習」は，2002年から始まった演習である。私は2009年に会津大学に赴任したので，2002年からの全ての行程に携わったわけではない。しかし，特に2011年度の「総合基礎演習」は，学生が選んだテーマが3.11関連の事故と密接なものであったため，学生と過ごしたこの「総合基礎演習」の時間は，この授業

実践集が掲げるような「学生主体型」授業実践として，とても印象深いものとなった。以下では，私が担当した「総合基礎演習」で学生が取り上げたテーマを紹介しながら，「総合基礎演習」の中で失敗したケース，成功した（ように思える）ケースを取り上げ，学生の主体性を引き出すためにはどのような授業計画を行えばよいのか，どんな点に留意しながら実際に進めていけばよいのか，どのようにして年々授業内容を改善していくことができそうか，などを考えていきたい。

2 「総合基礎演習」で学生が取り上げたテーマ

上で述べたように，会津大学はコンピュータ理工学のみの単科大学である。私の所属する文化研究センターは，哲学，論理学，文学，心理学，経済学，法学，日本国憲法，社会学，科学史といった文系系統の「教養科目」を教える教員からなる部署で，「総合基礎演習」でも，各教員の専門性ないし志向性が反映されたテーマが取り上げられる傾向があった。また，研究するテーマ（表6-1）は基本的に学生が自由に選ぶことができるので，その年で話題になった事項が選ばれることも多かったようである[1]。いくつかの例を表6-1に示す。

表6-1　研究するテーマ

年度	テーマ
2012年度	コンビニスイーツ
	コンビニ野菜・生鮮
2011年度	震災後の福島県産農産物の現状と課題
	原発は必要か不要か
	福島県における地震の防災対策の現状と課題について
	原発の必要性そして代わるエネルギー
	内部被曝から自分を守ろう
	風評被害はどのようにして起こるのか――放射線における風評を中心に
2010年度	Twitterが流行ったワケ
	「K-POP」について
	中国とアメリカの関係と日本
	なぜ中国はパクリとわかっていながらそういうことを容認するのか
	なぜ韓国の携帯電話は世界で売れるのか？

1) 2002年度から2012年度までに取り上げられたテーマは，菊地（2013）を参照。

わかりやすいのは，2011年度の学生が選んだテーマであろう。会津大学は福島県にあり，福島県出身の学生が多かったため，震災およびその影響に対して学生たちは非常に敏感であったし，問題そのものが自分たちの生活とダイレクトに関わってくるものであったために，学生たちはそれこそ「主体的に」，熱心に調べてくれた。とりわけ，外部／内部被曝を通じた放射線による健康被害（あるいは風評被害）については，2011年の時点ではその後の被害が未知数であったため，学生たちも，それこそ自分の身の回りの安全を本当に知りたい，自分で納得するまで確認したい，という動機に駆られて，教員が驚くくらい真剣に勉強してくれた。後で触れるように，主体的学習が上手くいくためにはいくつかの条件があるように思えるが，その中にはもちろん「学生による主体的なテーマ設定」というものが含まれるように思える。半期の授業を通じて学生が夢中になって取り組むことのできる問いや問題がなければ，学生が主体的に進んで当該テーマについて掘り下げて調査して，考え，周りの人と論じていくという作業を継続していくのは難しいだろうからだ。そうした意味において，2011年の3.11に関連した事故は，学生には「本当に知りたい」ことがあること，そうしたテーマ設定が主体的学習にとって大事であること，を教えてくれた点で，教員としての私個人にとっても大きな転換点となった。こうした気づきが得られるまで，どのような試行錯誤があったのか，2009年度と2010年度の失敗談について書いてみたい。

3 ［失敗談］教員からの「押し付け」と，学生に「任せきり」の授業

「総合基礎演習」では，教員の専門分野（哲学，文学，心理学，……）に合わせて，学生が第一から第三希望まで指導教員の名前を書き，その後に教員一人当たりの学生数が同じくらいになるよう希望を調整して，最終的に四人程度の学生を各教員に割り当てる，という方法を採っていた。私は教養科目として科学史，論理学を教えているが，もともとは西洋哲学や科学哲学の畑の人間なので，学生の教員への割り振りを行う初回授業では，「テツガク的に文化・社会を眺める」というテーマを設定した。テツガク的，とカタカナにしたのは，哲学的と聞くと何だか難しそうで構えられてしまいそうだから親しみやすいように表記したい，という配慮からだった。幸い，（担当教員の中で一番若かったということもあっただろうと思うが）何人かが第一希望として私を指導教員として選んでくれたようで，調整の上，私のところに三人の学部3年生が割り当てられることになった。

そうした流れで，初めて担当した 2009 年度に指導した学生は，教員の専門的な関心に引きずられて，純粋に「哲学的」なテーマを選ぶことになってしまった。これは後から思うと，コンピュータ理工学を専門にする会津大学生にとってみれば，極めてまずい選択だったのではないかと思う。「哲学の領域から問題を一つ選んでね」という注文を受けて学部生の一人が選んだのは，フランスの哲学者デカルトだった。彼の有名な言葉，「我思うゆえに我あり」，が生まれた社会的背景が知りたい，というのがその学部生の狙いだった。赴任して間もなかった私は，学生のこのテーマ設定にストップをかけることもせず，じゃあ調べてみたらどうだい，と気軽に乗っかってしまった。しかし正直なところ，「我思うゆえに我あり」が，当時のどんな社会的状況から出てきたのかを本当に調べようとするなら，学部生でも読めそうな『方法序説』だけではなく，もっと難しい『省察』などをきちんと読んで理解した上で，さらに専門書，下手をすると洋書にまで当たっていかなければ，満足いく回答など出るはずがないことは，うすうすながら当時の私もわかっていた。にもかかわらず，スタートの時点で教員側で色々と歯止めをかけて方向修正をしていく，というステップを踏まないまま，その学生は大海へと出航（！）していってしまった。結局のところ，デカルトが参加していた 30 年戦争の記述と，その最中でデカルトが暖炉の傍で考えたこととは何だったのか，という本来の狙いからは外れたレポートしか，その半期の成果として出すことができなかった。一言でいうと，テーマ設定がマニアックすぎた。

もう一人の学生については，アルバイトで数学を教えていることや，数学の教師になりたいという関心から，数学に関連した哲学的問題を探そう，という流れになった。そこで私が提案したのは，ポスドク研究員の頃に大学院レベル（！）のゼミを通して見知ることになった，「数とは何か」というテーマだった。数というのは自然物のように世界の中にあるのか，それとも我々の頭の中だけにあるのか，といった深淵で純粋に哲学的なテーマである（なぜこのような大きすぎるテーマを，学部 3 年生の半期の演習ですすめたのか。今では信じられない）。私が研究室にもっていた数学の哲学にかんする入門書（翻訳）を何冊かすすめて読んでもらったが，最初の一歩あたりからつまづき始めた。毎週の演習で，問題の背景やテクニカルタームを板書して解説するはめになった。ぴったりの良い日本語の解説がないので，仕舞いには英語の解説論文を一緒に読み始めたが，これも難易度や英語というハードルの高さからして，消化不良をさらに促進させてしまった。このテーマ設定も，今から思えば，大失敗だった（ちなみに，残りの一人の学部生は，血液型と性格判断との関係という，

もっとサイズが小さく取り組みやすいテーマだったので，自主的に問いを設定し，質問紙調査も自分から行うなど，「総合基礎演習」として妥当な過程を踏みながら成果を生み出すことに成功した）。

このように，理工学部の学部生という背景的制約と，また学部3年生後期のみの演習という時間的制約から，純粋に哲学的な問題をいきなり論じさせるのは会津大学生の素養や関心の観点から難しい，といったことが実際にやってみたところでの実感だった。教員がある領域に専門的知識や強い関心があり，多くの書籍を有しているという理由だけで，それと同じテーマを学生にやらせることには，いくつもの問題をともなう。しかも，「主体的に調べ，考察し，発表する」ことが目的となればなおのこと，教員からのテーマの押し付けは慎まなければならないだろう。2009年度の「総合基礎演習」を終えたあとの率直な感想というのは，このようなものだった。

そこで，次の2010年度では2009年での失敗経験を踏まえ，「自由にどんな領域からでも，テーマに選んでよい」と学生に伝えた。これは，学生による主体的なテーマ設定という観点からは前進だったが，他方で深刻な問題を生じさせた。というのは，指導した四人のうち二人が音楽サークルに属していたため，私の全く知らない領域（音楽の歴史，音楽と心理との関係というテーマ）に手を出したからだ。一人のテーマは，「これからの音楽はどのように変わっていくのか」，もう一人は「人と音楽の関わりについて」というものだった。その折に，以下のような問題が並行して，頻繁に発生してきた。

- 学生自身，趣味や好みで調べているだけなので，大学での「研究」（とは呼べなくても，それに準ずるような）レベルにまで達していない
- 指導教官の私にも指導するだけの知識や見識がない
- 大学図書館にも私の研究室にも，音楽関連の本が極端に少なく，特定の著者の見解に引きずられすぎたり，場合によってはネットからの情報ですませてしまったりした

こうした次第で，この2010年度の「総合基礎演習」は，今から思うと惨憺たる結果に終わった。調べ学習の質・深みからしても，学生間および教員との切磋琢磨という観点からしても，たいへん不満の残る内容となった。

4 学生の自主性と，教員の専門性をどう両立させるか

　こうした経緯を踏まえ，2011年度は，(1) 学生の自主性と，(2) テーマ学習の深さ・専門性（教員の守備範囲）とのバランスをミックスし，両者の良いところができるだけ活かせるような方策を取ることにした。イメージとしては，「教員が担当可能な範囲の中で，自由に学生を泳がせる」といったものだろうか。つまり，「教員の狭い専門的関心で学生をしばりすぎない。主体的に学んでもらうためには，学生にとって真剣に取り組むに値するテーマが選べるだけのテーマの幅をもたせる。しかし同時に，あくまで大学レベルでの研究に準じるような学問的営みになるよう，教員の専門性が活かされるようにする」というのが，頭に浮かんだ方針だった。実際の授業では，「総合基礎演習」のオリエンテーションで，以下のような，ある程度幅のあるトピックをまず提示した。いずれも，私の専門の範囲とまではいかなくとも，勤務大学での講義や他大学での集中講義などで教えている，「総合基礎演習」のレベルであれば学生に学問的なアドバイスのできる範囲内の話題である。

- 哲学史，哲学全般（人生の意義とは，正義とは，など）
- 科学史，科学哲学全般（疑似科学とは，科学の目的とは，など）
- 科学技術社会論，とりわけ原発関連の諸問題（風評被害とは，低放射能による被害リスクのコミュニケーションの問題，脱原発に関する社会的問題，など）

　考えてみると，テーマの範囲を無制限に広げてしまった2010年度の指導は，失敗してあたりまえで，やはり教員からの指導ができる範囲内で，テーマを選んでもらわなければいけない。これはいかに学生の「主体的」な学習であれ，それが大学レベルの演習として成功するための，必須の条件だと思う。ただし，2009年度のように，教員が専門性にこだわるあまりに，学生にとって関心の薄い，学生にとってみれば自主的に調べていくに値しない，狭い範囲からテーマを選ばせてしまっても問題だ。そこで，2011年度では，(1) と (2) の両立を図り，かつ学生にとって真剣に調べたくなるようなテーマを選んでもらおう，という戦略でのぞむことにした。

　2011年3月には，周知のように福島で原発事故が起こり，エネルギー問題や低線量の放射線被爆による健康被害（あるいは風評被害）が，会津地方でも身近な問題としてよく議論されるに至っていた。こうした社会的情勢を背景に，2011年度では，福島に住む学生にとって身近な社会問題について，自主的に調べ，グループの中で

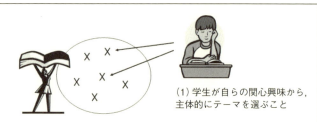

図 6-1　主体的な調べ学習が成功するための二つの条件

発表してもらい，みんなで議論をすることを通じて「総合基礎演習」を進めていくことにした。そうした中，私のところに割り当てられた四人の学部生のうち，三人の学生が以下のようなテーマを選んだ。

- 原発の必要性そして代わるエネルギー
- 内部被爆から自分を守ろう
- 風評被害はどのようにして起こるのか——放射線における風評を中心に

　これらのテーマは，学生にとって，福島県における現実的な問題として，つまり自分自身の問題として非常に関心の高いものであったし，私も副専門の科学論（科学技術社会論）の立場からちょうど調べ始めていたところだったので，非常にバランスのよいテーマとなった。
　以下，実際の授業実践について報告していきたい。

5　2011年度の「総合基礎演習」，主体的学習における教員の役割

　まず，全体のスケジュールから提示すると，半期 15 コマを表 6-2 のように設計した。半期のスケジューリングも含めて，「何から何まで」学生に主体的にさせることも可能だろうが，あくまで（教職志望の学部生向けの）「総合基礎演習」という枠内での授業だったので，外的な事柄（調べ学習の中身ではない，スケジュールや評価方法

表 6-2　半期 15 コマの設計

（1）全体オリエンテーション，担当教員の希望届
（2）顔合わせ，互いの関心の紹介
（3）テーマの決定
（4）〜（7）調べ学習，発表，討論
（8）中間発表
（9）〜（12）調べ学習，発表，討論
（13）全体発表会に向けた予行練習
※発表概要，レポートの提出
（14）〜（15）全体発表会

など）は，教員が事前に準備した枠に沿って進めていった。実際の演習では，学生が「自分たちでテーマを決め，調べ，考え，討論し，発表する」ことを促進することに，細かい注意を払った。

「総合基礎演習」は後期のみの授業で，15 コマ分の時間がある。そのうち，第 1 回授業は全体オリエンテーション，第 14 回・第 15 回授業は全体発表会なので，実質的に各教官ごとのグループで動くのは 12 コマである。まず，「主体的な調べ学習」とするためには，テーマそのものを学生が選ぶ必要があり，かつ，テーマの選択において教員からの働きかけも必要である。そこで，最初の 3 週間ほどは，当たりを付けるための簡単な調査を行ってもらった。ここで，大きすぎたり小さすぎたりするテーマを学生が選んでしまうと，残りのコマ数で十分に調べて議論することができなかったり，逆に，早く結論が出てしまって尻切れトンボのようになってしまうことがある。卒論指導と同じように，まずはテーマの選定に多くの時間を使い，学生がどこに強い関心を抱いているのか，その関心に合わせるとどのようなテーマ学習が 13 コマの授業時間内で上首尾に達成できそうかを相談するような形で進めていった。

各学生がテーマを決定した後は，次回授業の「先生」役を順番交代で決めてもらい，教員はできるだけ口を挟まないよう留意した。といっても，初回から全くガイダンスなく進めるのでは，学生も戸惑ってしまうし，方向性を見失ってしまうので，初回のみ教員が「先生」役を努めた。机を動かして円卓状にして，一人ひとりの学生に 10 分ほどの報告をしてもらい，学生間で討論を行ってもらう。教員は，あくまで進行役として，学生に質問をふったり，討論が終わった後に疑問を解決するよう次回までの課題を出すなどし，学生を忙しくすることに特に重点を置いた。よく

いわれることだが，主体的学習においては，教員はあれこれ「正解」を与えないことが重要だと思う。大事なのは結果ではなく，結果に辿りつくまでのプロセスであって，それを学生が主体的に創造していくのが重要である。学生間で討論を行ってもらううちに，問題を深く掘り下げていくようになり，質問する力や応答する力も徐々に向上していくのがわかる。討論の間に出てきた質問のうち，最終的なレポートに役立つだろうと思われるものは宿題として，さらなるリサーチを行ってもらうよう促したりする。もし宿題が学生の予備知識やアクセス可能な情報源からして難しそうであれば，教員は本や論文などを読むように指導し，1週間かけてまとめてもらうことにする。こうして，学生間の討論を軸として，その間に出てきた課題や問題などを解決していくことを通じて，演習が進行していくよう心掛けた。

　授業の最終成果は，「総合基礎演習」に参加する学生全体での「全体プレゼンテーション会」における発表と，それに基づく最終レポートにまとめられ，それが授業の評価対象となるが，私の担当グループでは中だるみを防ぐため，15コマ分の授業のうち9回目あたりで中間発表会を開いた。そこで，最終プレゼンテーションを意識した調べ学習を続けていくよう，さまざまな修正を行った。遅れている学生は，この中間発表におけるでき具合がプレッシャーとなり，強いインセンティブが働くことになるし，進んでいる学生からすれば，さまざまなコメントがより深いリサーチを行っていくための試金石にもなる。また，中間発表会は，四人の学生が互いの発表を聞くことになるので，発表方法や質問方法についてのよい勉強の機会にもなった。

　この2011年度の「総合基礎演習」は，前の二つの年度とは異なり，自分の中でかなりの手ごたえがあり「成功」といえそうなものだった。学生が自発的に原発関連の問題を調査しているということから，話題性があると思い，二つの地方新聞（福島民友，福島民報）に打診して取材に来てもらえるよう手配した。結果，福島民報に学生四人と私の写真つきで，「風評被害，内部被曝研究」という小見出しで掲載されるに至った[2]。また，内部被爆について詳細に調べてくれた学生には，文化研究センターの一般市民向けの公開セミナーでの発表をお願いして，その後同センターの研究年報に寄稿までしてもらった[3]。

---

2) 福島民報，2012年1月26日付。
3) その発表に基づく原稿（谷川, 2013）が，前掲の『研究年報』に掲載されているので，もし関心があればご参照いただきたい。

06 「総合基礎演習」の歩み　71

実際に調べて，考え，討論を行い，まとめていくのは学生自身

主体的学習においては，教員は良きコーチであるべき。悪いフォームを修正したり，ヒントを与えたりするのが役割。

・学問レベルの維持（先行研究など）
・スケジュールや課題の管理
・協同作業のための雰囲気作り

図 6-2　主体的学習における教員の役割

　これらの成功体験から考える，主体的学習における教員の役割というのは，あくまで「コーチ」に徹することだ，というものである。野球の素振りなどがよい例だと思うが，実際に球を打てるようにならなければいけないのは，選手（学生）である。コーチ（教員）が上手く球を打てたところで，選手（学生）が上手くならなければ意味がない。ただし「主体的」ということで我流のやり方を学生が続けてしまっては，むしろ悪いフォームを身につけてしまいマイナスにもなる。そこでコーチ（教員）は，適切なフォームを身につけてもらうよう，あれこれ修正してあげることが大切なのだと思う。テーマとして大きすぎる問題を選んでしまうなど，調べ学習が発散してしまうようなことは未然に防がなければならないし，リサーチの質についても，すでにある先行研究などを念頭に置きながら，学生の考えを新しく創り出し展開していってもらうことが理想だろう。学生間で主体的な協同学習がスムーズに進んでいくよう，スケジュールを組んだり，環境を整えたり，そもそも学生が気軽に発言できるような雰囲気作りもしていかなければならない。こうした小さな事柄の積み重ね（堀を埋めていくこと）が，「主体的学習」の成功には不可欠なのではないか，というのが，「総合基礎演習」を担当して私が痛感したことだった。

6　今後の取り組み：「初年次ゼミ」への接続

　会津大学では，文化研究センターの提案により，「初年次ゼミ」という名称の，スタディ・スキルの獲得のためのテーマ型協同学習演習とホームルームとを組み合わせた初年次教育の計画が一時期立ち上がっていたが，コンピュータ理工学部内での理解が得られず，現在のところ頓挫している。「総合基礎演習」は，2012年度で演習そのものが閉鎖してしまったが，10年間ほどの授業実践の経験は，今後の初年次ゼミ，あるいは教養科目カリキュラムの改革へとつながっていくと思う。というのも，担当した文化研究センターの教員の多くが，「総合基礎演習」での学生の学びが，

主体的で創造的な問題発見・問題解決のための学習として，ある種，理想的なものであったと考えているからである。現在のところ，会津大学には講義形式の授業が多く，学生が主体的に協同学習を行い，共に成長していくことを実感してもらえるような場が少ない。全国的に見ても「主体的な学び」というのは一つの重要なコンセプトであるので，初年次ゼミの立ち上げを含め，ぜひともいろいろな試みを行っていきたいと考えている。

【引用・参考文献】
菊地則行（2013）．「問題を発見・探求する教養の形成を目指して―総合基礎演習 11 年間の取り組みを踏まえて」『会津大学文化研究センター研究年報第 19 号（2012）』会津大学
谷川知子（2013）．「大学生にとって必要な教養とは―総合基礎演習での体験から」『会津大学文化研究センター研究年報第 19 号（2012）』会津大学

第2部

地域連携とプロジェクト・ベースト・ラーニング

07 女子大生が選ぶファミリーファッション

自主参加型地域連携プロジェクトにおける生活デザイン学科の挑戦

白井　篤

1 はじめに

　2010年4月，東京家政学院大学現代生活学部の5学科の一つとして生活デザイン学科（定員120名）が誕生した。人が生活する上での原点ともいえる「衣・食・住」の三つの領域と，ものづくりの領域からなる学科である。生活デザイン学科の最も大きな特徴は，これらの四つの領域を自由に選択して学べることである。すなわち，人が生活する空間を構成している全ての要素について，専門的かつ総合的に学べる学科といえる。日本全国を捜しても，この四つの領域全てがそろっている学科は珍しい。そのような新しい学科である。したがって，前例がどう，伝統がどうといわれることもほとんどなく，さまざまなことに挑戦することができた。

　それらの挑戦を行う際に，学生に主体的な学びを身につけさせることを念頭において2本の柱を立てている。1本目は，初年次教育の正課の授業（四つの領域の学生が一緒に履修する授業）において，年次の壁を越えたプロジェクト型授業の導入である。具体的には，1，2年次の学生が協力しながら自ら考え学ぶ習慣を身につけさせることを目的とし，KVA[1]祭（学園祭）参加プロジェクトや，教員があらかじめテーマ設定した演習・実習系授業を行うものである。KVA祭参加プロジェクトでは，「学園祭を盛り上げよう」をコンセプトとし，パフォーマンス（ダンス，コンサートなど），模擬店（飲食，アクセサリーなど），展示（ピクチャーアート，モザイクアート，ステンドグラス，オブジェなど），ゲームなど，学生が自分たちで考えてまとめた成果を

---

[1] Knowledge（知識の啓発）・Virtue（徳性の涵養）・Art（技術の錬磨）の頭文字「KVA」を組み合わせたもので，東京家政学院大学の建学の精神を示している。

07 女子大生が選ぶファミリーファッション　75

表7-1　教員が設定したテーマ（例）

・円，正方形，長方形に穴をあけ，切り込みを入れて，服をデザインする
・学生食堂の新メニューの企画・開発
・調理実習で出たゴミを調べて，利用の可能性を考えて提案
・学生ラウンジのインテリアの提案
・オープンキャンパス用バックのデザイン
・商業施設正面入口のイルミネーションの企画
・大学の裏山探検宝探し
・可愛いものや状態を知り，科学的に可愛いものを創ってみよう
・昭和30・40年代の生活を探り，現代と対比したら何が発見できるだろう

学園祭で披露する。演習・実習系授業では，教員が表7-1のようなテーマ（約20）を設定し，学生が自由に選択して，グループに分かれ6，7週間の期間に作業を行い，最後に発表会を実施する。

　もう1本の柱は，本章で紹介する地域連携活動である。正課の授業の延長線上にあるもの，正課の授業とは全く関係ないものなどさまざまなものがある。新学科なので，広報宣伝の効果もねらって，教育研究成果を常に外へ発信し「見える化」するようにした。本章では，その中から学科主催の地域連携活動として行った自主参加型の地域連携プロジェクトについて紹介する。このプロジェクトは，インターンシップや産学共同授業とは異なり，学生の自主参加による学内プロジェクトとして実施した。すなわち，授業を履修した学生が参加するのではなく，自主参加であるため，単位の取得につながらないということが大きな特徴である。

2　地域連携プロジェクトの概要

　地域連携プロジェクトは，生活デザイン学科開設2年目に実施したものである。したがって，学生は1，2年生だけで行っている。プロジェクトの内容としては，学生が大学近隣の商業施設内のアパレルショップ（約40店舗）から商品を選び，年齢層の異なる3世代に向けたスタイルを提案するファッションショーを行うというものである。学生が世代ごとに生活の中にあるいくつかのシーンを設定し，演出を考え，スタイリングを行っている。ショーのモデルとして，学生，教職員，地域の方々が参加している。大学，商業施設，地域の3者連携による「提案参加型」のファッ

表7-2 学生が設定したテーマ及びシーン

①自分たち（大学生）世代
テーマ：デートファッション
シーン：ドライブデート，女子会などの6シーン
②20歳後半から30歳代のNew Family世代
テーマ：あこがれのNew Family
シーン：ピクニック，ママ友ショッピングなどの5シーン
③親世代
テーマ：父や母に着てほしいファッションスタイル
シーン：父とゴルフ，クリスマスディナーなどの3シーン

表7-3 プロジェクトのタイトル及び開催日時・会場

(1) タイトル
・KVAコレクション—女子大生が選ぶファミリーファッション
「リアルな暮らし」に溶け込む新しいファッションスタイルを提案する
(2) 開催日時・会場
・2011年12月3日13時からと15時からの2回公演（公演時間：30分）
・商業施設内のイベントホール

ションショーといえる。学生が設定したテーマ及びシーンは，表7-2の通りである。プロジェクトのタイトル及び開催日時・会場は表7-3の通りである。

3 プロジェクトの流れとふりかえり

　プロジェクトの流れについて表7-4に示す。学生主体ということは，企画立案，チーム運営，パンフレット制作など，あらゆることを学生が行うことである。商業施設やイベント会社との折衝や調整で学生たちの思い通りにいかないこともあっただろうし，グループ内での意見の食い違いなども取りまとめていかなければならなかったと思う。そうした困難に対して，企画リーダーは「良いものを創りたい。とにかくやるしかない」という気持ちで向かったと言う。シーンや衣装，演出，モデルなど全てが決定し，ファッションショー前日には荷物の搬入を終え，いよいよ当日を迎えることとなる。当日はモデルとして協力頂いた方への対応，来場者への対応，商業施設との調整，更には撮影など，それぞれに役割が求められた。こうして

表7-4 プロジェクトの流れ

時期	内容
2011年 5月	生活デザイン学科の衣領域の2年生数名を集めてプロジェクトの概要を説明し，参加を依頼した。参加を希望する学生も加わり，総勢15名でプロジェクトを開始した。この15名がプロジェクトの運営の核となる「企画リーダー」となる。 企画リーダーの学生は，「今までにない形のショーで，自分たちでゼロから作り上げられるのはおもしろそう」「新しい取り組みに挑戦してみたい」との思いで参加したと話している。
2011年 6月	授業のない毎週木曜日1限目に企画リーダーでミーティングを行い，プロジェクトの運営方法，ショーの構成，シーンの設定，学生モデルの選出方法などについて検討を始めた。この期間にプロジェクトの意義，さらには，チームとしてプロジェクトに取り組む際の組織運営における問題の解決法，コミュニケーション能力やリーダー力の重要性などについて担当教員より説明を行った。
2011年 9月	上旬：東京家政学院大学の担当教職員と商業施設（イベント会社を含む）の関係者とによる第1回合同ミーティングを企画リーダーの学生15名も出席して開催した。ここでは，学生の企画案に基づき，ショーの全体像，タイムスケジュールなどについて検討した。このミーティングで，プロジェクトの名称と内容を決定した。 中旬：プロジェクトのスタッフを生活デザイン学科1，2年生より公募した。
2011年 10月	上旬：第2回合同ミーティングを開催し，学生が考えた世代ごとのシーンの構成，演出などについての意見交換を行った。 中旬：企画リーダーを補佐する運営スタッフ8名と，本プロジェクトの活動状況を記録する撮影スタッフ4名，学生モデル10名が決定した。運営・撮影スタッフ及び学生モデルとして，衣領域以外の，食・住・ものづくり領域の学生も参加した。総勢37名の学生スタッフで本プロジェクトに取組むことが決定した。これ以降，ファッションショー実施までの毎週火曜日と木曜日の昼休みに学生スタッフのミーティングを行った。ミーティングは，できるだけ全員が参加できるように授業時間外とし，また，学生を拘束する時間の短縮及び学生の負担軽減も考慮して，報告・確認事項についてはメールを活用することとした。 下旬：スタイリング作業，パンフレット制作，ヘアメイク，ウォーキング，スタッフユニフォーム制作などの運営組織を形成した。
2011年 11月	上旬：学生スタッフのミーティングにおいてスタイリング案をプレゼンテーション形式で発表して決定した。パンフレット制作やスタッフユニフォーム担当の組織は，イラスト制作やデザイン案などの作業を進めた。ウォーキング練習も開始し，モデル経験者の学生スタッフが学生モデルを指導した。 中旬：全学生スタッフが出席した第3回合同ミーティングを開催した。ファッションショー当日へ向けて，より具体的な構成・演出，会場レイアウト，タイムスケジュール，フィッティング作業，物品管理，ショー終了後の展示報告の方法などについて検討した。 外部から講師を招いてのメイク講習会を開催した。 下旬：学内でヘアメイクを含めた全体練習を行い，演出や当日の時間配分などについて確認した。商業施設にて，予算内でスタイリング案に近いコーディネートを，全てのモデルについて実施した。
2011年 12月	開催日前日：商業施設のイベントホールでリハーサルを実施した。撮影スタッフは，ビデオカメラやデジタルカメラを用いての撮影を練習した。 開催日当日：午前中に，地域からの公募した一般モデルを含めた全てのモデルによる最終のリハーサルを実施した。午後にファッションショーを2回開催した。 下旬：ファッションショーの記録の編集と商業施設での展示報告を行って，本プロジェクトを終了した。

プロジェクト「KVAコレクション―女子大生が選ぶファミリーファッション」が開催され，多くの来場者を得て，盛況のうちに終えることができた。

4 学習効果（社会人基礎力調査）

ファッションショー終了後，企画リーダー，運営スタッフ及び撮影スタッフの学生に対して「社会人基礎力評価表」によって，プロジェクトの学習効果について検証した。社会人基礎力は三つの能力とそれらを構成する12の能力要素からなる。12の能力要素について，「5：十分に発揮できた，4：発揮できた，3：まあまあ発揮できた，2：あまり発揮できなかった，1：発揮できなかった」の5段階で評価した。図7-1には，12の能力要素について，プロジェクトの事前（開始前）と事後（開始後）の点数の差を，学生自身が評価した「自己成長値」とした結果を示す。ほぼ全ての能力要素において，企画リーダー，運営スタッフ及び撮影スタッフの自己成長値はプラスの値を示している。このことは，このプロジェクトに参加することで，学生それぞれに，「前に踏み出す力（アクション）」「考え抜く力（シンキング）」及び「チームで働く力（チームワーク）」が身についたことを示している。すなわち，「実践力の獲得」が達成されたといえる。特に，12の能力要素のほぼ全てにおいて，企

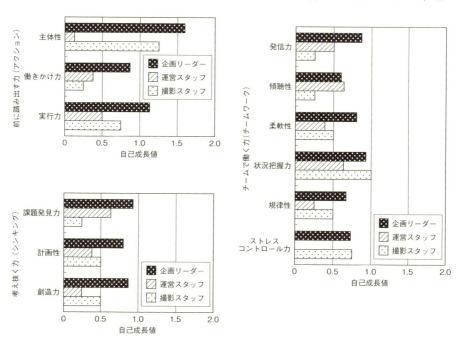

図7-1　学生が評価した自己成長値

画リーダーの自己成長値は，運営スタッフ及び撮影スタッフに比べて顕著に高い値を示している。このように，同じ作業を担当したにもかかわらず，企画リーダーと運営スタッフの自己成長値に明らかな差が生じている。これは，プロジェクトの一員であると自覚した時期や取り組んできた作業内容などの体験の差，すなわち，アイデンティティの形成過程に大きな差異があることが原因と考えられる。企画リーダーは，プロジェクトに長期間かかわることで，組織運営における問題解決法としてのコミュニケーション能力及びリーダー力の重要性について認識するための十分な時間がもてたこと，また，企画の細部にわたり議論を重ねながら積み上げる過程で，一からイベントをつくり上げる過程を体験し，早期に商業施設やイベント会社などの学外の担当者とかかわったことで，自分たちのイベントであるという思いが生まれたからではないかと思われる。

　これに対して，運営スタッフの値は，企画が立案されてからの参加であり，プロジェクトの意義などについて，しっかり認識できないままに作業が始まったことが原因ではないかと思われる。一般に，大学生が企業などと行う長期共同プロジェクトにおいては，共同体に正統的周辺参加[2]を行い，共同体の一員としてのアイデンティティの形成が進む過程を経ることが，その後の知識や実践力の獲得においては重要であるといわれている。本プロジェクトにおいても同様の傾向が認められる。

　表7-5には，自己評価アンケートの自由記述の中から，学習効果に関係する主な記述を示す。この表から明らかなように，このプロジェクトにおいては，「前に踏み出す力（アクション）」と「チームで働く力（チームワーク）」に関する記述が多く認められる。「アクション」については，プロジェクトの主体はあくまでも学生であり教職員や商業施設の担当者はそのサポートを行う，という形で進めたことから，学生自らが動かなければプロジェクトが進まないということを感じ取った結果が反映されている。また，「チームワーク」については，「いろいろな方に支えられて，私たちは企画を進めてこられたと思う」「意見の食い違いがあっても冷静な対応に気をつけた」といった記述から，自分とは考え方や性質の異なる人たちとかかわることが影響を及ぼしたものと思われる。チームで働くことができるようになるために

---

2) 徒弟制における学習過程の研究から導き出されたもので，徒弟は，当初は，実践的共同体に周辺的に参加するが，やがて，ゆるやかな条件のもとで実際の仕事の過程に従事することによって，十全的な実践者，すなわち一人前の職人になっていく。学習とは，この実践的共同体への参加そのものであり，そのような参加を通じて実践的共同体の一員としてのアイデンティティを形成していくことと密接不可分であるとする考え方である。

表7-5 自己評価アンケートの自由記述と学習効果の関係

自由記述 / 学習効果	仕事に関する理解	知識の獲得	実践力の獲得 アクション	実践力の獲得 シンキング	実践力の獲得 チームワーク	アイデンティティ形成
質問1:担当した仕事を行うために努力した点,工夫した点,自分なりに頑張ったと思う点は。						
・周りがどのような進行状況なのかなど,自分の仕事だけでなく,全体を見るように努力した。				○	○	
・自分だけでなく,みんなが働けるように仕事を割り振って進めた。			○		○	
・いらだつことがあっても,意見の食い違いがあっても冷静に対応することに気をつけた。					○	
・周囲を見て,誰かが困っていたり,問題が起こったりしていないか,自分から声をかけた。			○			
・一般モデルの方と接した時や商業施設の方とかかわるときは,自分なりに言葉遣い,態度などに気を遣った。					○	
・自分からやることを見つけて,行動することを心がけた。			○			○
・ヘア担当として,雑誌などで情報収集し,髪型のイメージを提案し,練習した。			○			
・「楽しく歩いてもらえるように,自分に自信がもてるように」を目標にして,モデルさん達とコミュニケーションを取りながら取り組んだ。			○	○		
・自宅でもウォーキングやポージングの練習を何度も行った。			○			
質問2:このプロジェクトに参加してどう思ったか。						
・失敗した所は次回とは言わず,これから立ち向かう物事に活かしたいと思う。			○			
・ウォーキング指導を任せてもらえて良かった。私自身の勉強にもなったし,モデルの仕事が好きな自分を再確認できた。	○	○				
・普段体験できないようなファッションショーの裏側まで体験でき,勉強になり,楽しかった。	○	○				
質問3:このプロジェクトに参加して印象に残っていることは。						
・学生だけでなく,教職員の方,商業施設の方,印刷会社の方,いろいろな方々に支えられて,私たちは企画を進めてこられたと思う。					○	○
・自分が責任をもって作業に取り組まなくては,事が進まないということがよくわかった。	○					○
・視野が狭く,気配りができなかったので,指示を待つのではなく,自分で考え行動することが必要だと感じた。			○	○		
・プロジェクト当日に向けて,メイク講習会やウォーキング練習したことと先輩方と仲良くなれたこと。				○		○
・表に出る人はごく一部の人で,その裏で支えてくれている人がとても多いということ,その裏方の人達のおかげで物事が成り立っているということ。	○					

備考:自由記述から獲得したことが推察される学習効果に○印を付けている。

は，自分の責任や役割を見い出すことやプロジェクトのメンバーと良好な関係を構築することが必要であり，アイデンティティの形成と密接に関係している。学習効果と関係する記述は，運営スタッフや学生モデルに比べて，企画リーダーに多くみられる。これは，社会人基礎力の自己成長値の結果と同じ傾向を示す。

社会人基礎力評価及び自己評価アンケートの結果から，企画リーダーとそれ以外のスタッフでは，アイデンティティの形成過程に違いがあり，そのことが，学生の自己成長値に差を生じさせている。このことから，アイデンティティの形成過程と，学習効果とは密接に関係しているといえる。一方，自由記述からは，学外をはじめ，自分とは異なる他者とかかわることが，アイデンティティの形成やチームで働く力の向上に結びついていることが明らかである。

以上の結果から，このプロジェクトを通じた学習効果の獲得は，次の段階を経て進むものと考えられる。

①異なる他者とのかかわり
②プロジェクトメンバーとしてのアイデンティティの形成
③実践力を中心とした学習効果の獲得

したがって，学習効果を得るためには，最初の段階で異なる他者とのかかわりが必須であり，このプロジェクトにおいては，学外とのかかわりの中で実施することやプロジェクトにさまざまなメンバーがいることが重要であったと考えられる。

5 おわりに

自主参加型の地域連携プロジェクトにおいても，インターンシップや産学共同授業と同様，あるいはそれ以上の学習効果が得られた。本章で紹介したプロジェクトの企画リーダーの学生は，「ゼロから何かを創るのはたいへんだけど，達成感がある。働くことの楽しさが少しわかったような気がする」「地域の人や後輩，先生達と交流したことにより視野が広がった」とコメントしている。このような形態のプロジェクトを大学の地域連携活動の一つとして取り入れることは，教育活動の充実や社会貢献の観点からも興味深い。このプロジェクトが成功裡に終了できた最も大きな要因は，学生の予想以上の成長（頑張り）だったが，それに加えて次の四つの条件がそろっていたことも挙げられる。

・プロジェクトの開始前に最終到達点（ショーの開催）の明示が可能であった。
・プロジェクトの内容が女子大生の興味・関心の高いものであった。
・担当教員の教育力・指導力が高かった。
・商業施設からの支援が充実していた。

　本章で紹介したプロジェクトは，少しずつバージョンアップ（シーンの数を増やしたり，ショーで流れる音楽を編集したりするなど）しながら，毎年開催してきた。衣・食・住・ものづくりの4領域の学生が年次の壁を越えて協力して開催する学科主催のイベントとして，重要な地位を確立している。

　今後も地域連携活動やプロジェクト型授業などを通して，学生の隠れた可能性を引き出し，卒業成長値の高い学生を育てていきたいと思う。そして，生活デザイン学科に入学した学生一人ひとりが自らの未来をデザインし，社会に羽ばたけるような魅力ある学科にするための挑戦を続けていきたい。

【付　記】
本章で紹介したプロジェクトは，2011年度から2013年度まで3回開催されたが，費用面での課題から，2014年度の開催は見送られている。

【引用・参考文献】
東京家政学院大学地域連携・研究（町田）センター（2013）．「地域で学び，地域で育つ。」『地域連携事例集2013』p.30.
花田朋美・山岡義卓・白井　篤（2012）．「自主参加型の地域連携プロジェクトによる大学生の学習効果―社会人基礎力評価からの考察」『東京家政学院大学紀要』**52**, 159-169.
山岡義卓（2010）．「企業との長期共同プロジェクトが大学生にもたらす学習効果」上西充子・川喜多喬［編著］『就職活動から一人前の組織人まで―初期キャリアの事例研究』同友館, pp.82-128.

08 学生映画コンテスト in 瀬底島
PBL と大学広報とを連携させる試み

松本健太郎・鈴木信子

1 学生が教育の枠組みをつくる教育

　昨今，たとえばオープンキャンパスを含め，各大学の広報活動における取り組みをみるにつけ，学生たちが生き生きと輝いている姿を提示できている大学は魅力的であると感じる。学生たちの活動を可視化する，あるいは，それを魅力的に表象することは，それぞれの大学のもつ固有の文化を社会に発信するうえで，きわめて重要な課題であることは言を俟たない。

　2014年当時，二松學舍大学では渡辺和則学長のもとで，オープンキャンパスを「広報」のみならず「教育」の場としても捉えなおし，学生をその企画・運営へと積極的に動員してきた。そのなかで学生たちを「スタッフ」としてだけではなく，活躍するその姿を広報における「宣材」としても位置づけながら，あるいは学生たちを教員・事務と連携させることでさまざまなスキルやノウハウを習得させながら，当該イベントを活性化させてきたという（そのような機会そのものが，学生たちにとっては他者との協調を前提に所与の目的を達成していくチーム学習の場であり，また，自らの所属する大学を能動的な関わりを通じて見つめ直す自校教育の場になりえていた，と筆者たちは捉えている）。さらに2017年度からは，文学部のなかに都市文化デザイン学科が新設され，学生によるソフト・パワー[1]形成という流れは以前よりも加速しつつある。

　本章では二松學舍大学の教育改革プロジェクトの一環として，2014年9月に沖縄県本部町で実施された「学生映画コンテスト in 瀬底島―想像を創造する場所」を事例としてとりあげ，それを PBL（Project-Based Learning）と大学広報とを連動させる実験的な試みとして紹介する。その背景にあった基本的なコンセプトは，次の

とおりである——学生たちがニュースバリューのあるコンテンツをつくり，それを大学広報の資源として転用する。

　ちなみに今回のプロジェクトは筆者（松本）の主催するゼミナールがベースとなったが，そこに所属する学生の主体性を前提としながらも，多様な立場の人物[2]との連携があってはじめて実現したものといえる。まさに，さまざまな人物や文化がまじわる交差点を「学生映画コンテスト」という企画をとおして，手作りかつ小規模ながらもうみだすことで，学生にとっては「座学」では不可能なさまざまな知識や経験を得ることができる，いわば大学教育に「社会」を導入する——この明確な目標は，この企画を実行委員長として牽引した山﨑裕行君をはじめ，ほとんどの学生たちの間で共有されていた認識であったと思う。

　筆者（松本）がこれまでゼミ教育の機会を通じて目指してきたのは，「学生が教育

---

1) ジョセフ・ナイはその著書『ソフト・パワー——21世紀国際政治を制する見えざる力』のなかで，「ハード・パワー」（すなわち軍事力や経済力のように，強制力をもって他国の政策を変えるように促す力）との対比のなかで「ソフト・パワー」（すなわち「自国が望む結果を他国も望むようにする力であり，他国を無理やり従わせるのではなく，味方につける力」もしくは「他人を引きつける魅力」）を定義している（ナイ，2004：26-27）。むろん氏はこれを国際政治の文脈において使用するわけであるが，大学がうみだすソフトをめぐる魅力を語る際にも，それを隠喩的に使うことができるかもしれない。なお清水亮は「これからをリードする大学も，大学に求められるソフトパワー，学士課程教育のパラダイム・シフトに対応できる人的環境そして大学および学生の教育ニーズに合った教育環境を整備できる大学のはずである。大学は進化し，個性を輝かせられる大学へと変わらなければならない」（清水，2012：10）と述べている。
2) 学内では教員としては松本が，事務職員としては広報課長の鈴木が中心となり，学生主導の本企画をバックアップするために幾度も議論を交わした。渡辺学長（当時）からは事前の現地調査の許可を与えられ，沖縄での必要な準備にあたることができた。また大学における教育改革という主題に関連しては，山崎正伸副学長（当時）からさまざまな助言を受けることができた。他方で学外，とくに現地の方々としては大底昇源氏（瀬底区長），屋冨祖良美氏（本部町役場・瀬底島在住），さらには瀬底青年会の若者たちにご理解・ご協力をいただいた。また安藤直樹氏（スポーツ雑誌編集長）と諸喜田政勝氏（テラワークス代表・ガイド）にはコーディネーターとして，事前のイベント準備や地域社会との折衝に関して多大なご尽力をいただいた。それに加えて，外部の企業や団体の方々としては大塚泰造氏（bjリーグ琉球ゴールデンキングス・オーナー），伊藤秀隆氏（PKシアター総合監督）のご協力を仰ぎながら，彼らがそれぞれもつプロの視点を踏まえて，学生たちが自らの企画をブラッシュアップする仕組みを整えていった。またイベント期間中には，ワークショップの講師として大部恭平氏（俳優），SABU氏（映画監督），福田安美氏（カメラマン）に御登壇いただいた。

の枠組みをつくる教育」の実現である。教員が「正答」を提示し，それを学生が盲目的に受け入れるのではなく，与えられた課題を学生が批判的に討議し，それを解決していく集団的な過程を通じて自らを成長へと導いていく——その「他者とのコミュニケーション」をともなう問題解決のプロセスこそが重要であるとつねづね考えてきた。

　筆者の専門は記号論・メディア論・映像論であり，したがってゼミの学生にはそれらの理論的研究のみならず，何らかのメディアを使った，あるいは何らかの映像を素材とする作品の制作に興味を抱く者は多い。ただ，その際に指導教員として学生たちに要求するのは，個々人が（論文にせよ，作品にせよ）よいコンテンツをうみだす，ということはもとより，それらのコンテンツを収納するための枠組みを集団での議論を通じて作りだす，ということである。たとえば各自の研究をより適切に評価するためにどのような仕組みがありうるのか，という観点から学生たちが構築したシステムが——紙幅の関係で詳述することは避けるが——毎週木曜日放課後の研究構想発表会（通称「サブゼミ」）で使用される「評価シート」[3]であったり，卒業論文の審査のための公聴会における「査読制度」[4]であったりする。

　与えられた枠組みのなかで何らかのコンテンツを作りだす教育よりも，そのコンテンツとそれを組込み評価するためのフレームとを同時に学生が作りだす教育。言い換えれば，既存のシステムに盲従するのではなく，そのなかで機能しつつもそれを組み替えうる人材の育成——それこそが私の目指してきた「学生が教育の枠組みをつくる教育」であり，その発想が前提となって「学生映画コンテスト」は成立しえたのだといえよう。以下では，はじめての試みであったがゆえに失敗も少なからずあったこのイベントの概要を紹介しながら，大学という現場における「プロジェクト」と「広報」との間隙を考えたい。

---

3) 発表者によるプレゼンの形式面（口頭発表・配布資料・スライド）に関する，あるいは内容面（テーマ設定・構成・論理性・独創性・分析概念や調査方法の明確性など）に関する段階評価欄に加えて，改善点などを記入する自由筆記欄をそなえたA4の様式。ゼミ生が各自の発表をどう効果的に評価し伝達すべきか，という観点から議論のなかでデザインしたもの。

4) 1本の卒業論文につき，教員である松本と，執筆者以外の学生2名が査読を担当し，公聴会で査読報告をおこなうという形式を採用している。

2 イベント準備：学生による議論とそのための コミュニケーション・メディア

　もともと沖縄県本部町にある瀬底島では，松本ゼミナールが2012年と2013年，2度にわたり映画撮影を目的とする合宿を実施してきたが，その過程で培われた地域社会とのつながりを基盤として，2014年にその体裁を一新して開催されたのが「学生映画コンテスト in 瀬底島」であった。その方向転換のきっかけとなったのは，二松學舍大学で非常勤講師として教鞭をとる大塚泰造氏によるある提案であった。彼はプロバスケットボールリーグ・bjリーグの「琉球ゴールデンキングス」（2012年度の観客収容率である104％は阪神タイガースを超え，国内スポーツチームで最高の観客収容率を誇る）のオーナーであると同時に，「東北復興新聞」（東日本大震災からの復興に携わる関係者間でのベストプラクティス共有を目的に発刊）や「東北食べる通信」（2014年度にはグッドデザイン金賞／経済産業大臣賞を獲得）を立ちあげるなど，まさに数々の現場で，紙，デジタル，イベントまで幅広いメディアを横断しながら「メディアを創る」活動を推進しているその道のプロフェッショナルでもある。彼は，そもそもは例年どおりに想定されていた合宿プランを学生からひととおり聞いた後に，次のように言い放った。

　　「ただ映画を撮るだけなら，あまり面白くないよね。せっかく沖縄まで行くんだから，そこで地元と交流しながら「創る・学ぶ・考える」という回路をもった体験型のイベントをやったほうが，大学生にとっては有意義なんじゃないの？」

　大塚氏は自らが視察したカンヌ国際広告祭などを事例としてあげながら，それらのイベントがどのような趣旨・タイムテーブル・入場料を前提に企画され，いかにして複合的な学習の場になりえているのか，その概要を簡単に説明した。そしてそのうえで，せっかく沖縄までいくなら，そこで地域社会を巻き込むかたちでイベントを企画し，現地にプロの映画監督やカメラマンを招いてワークショップをひらいたほうが大学生の「学びたい」という要求をみたしうるのではないか，という趣旨の提案をした。この大塚氏の実体験をともなう提案は，学生たちには十分すぎるほど刺激的な内容であり，さっそくゼミ全体でその実現可能性を討議することになった。

　とつぜん降って湧いたような大塚氏の提案をききながら私の脳裏に浮かんだのは，

『学生・職員と創る大学教育』(清水・橋本, 2012) でも紹介されていた PBL のイメージであった[5]。近年, 大学教育の現場で学生主体のプロジェクト型の教育プログラムをめぐるさまざまな試みが展開されていることは私も知っていたし, それに興味を抱く筆者自身も導入のタイミングを見計らってもいた。また, PBL のなかには社会との連携, 地域への貢献を目的とする事例も多いようで, その意味で大塚氏の提案は格好の機会を提供してくれるようにも思えた。もちろん, われわれの企画は学部や学科レベルで組織的に実施されるものではなく, ゼミ教育を基盤としてあくまでも「ゲリラ的」に実施されるものにしかなりえないかもしれないが, それでも学内である種のモデルを生みだすことができるかもしれない。そのような意図のもとで, 学生たちが企画の準備へと動きだすタイミングとほぼ同時に, 筆者は二松學舍大学の「教育改革プロジェクト」に応募し, 最終的に 80 万円の予算を確保することができた。そして学生たちも大塚氏の提案を受け入れ, ゼミ生を中心としながらも, より広く学内で人材を募集するために「メディア祭実行委員会」を立ちあげた。

　イベントの日程が 9 月上旬に決まり, そのために使える予算が一定額ありそうな──逆にいえば 5 月の段階でそれしか決まっていない状態のなか, 学生たちが直面したのは「暗中模索」ともいえるような議論の日々であった。イベントのタイトルは, ポスターのデザインはどうするべきか。映画撮影に興味をもつ他校の学生にもエントリーしてもらうには, どのようにターゲットを設定し, どのような媒体をもちいて企画を魅力的に伝達すればよいのか。あるいは 4 日間にわたるイベント中どのようなコンテンツを盛り込めば, 来場者を満足させることができるのか。どのようにスケジュールを組んで各コンテンツを準備していけば, イベント当日に間に合わせることができるのか。そもそも 80 万円の予算で何が可能で何が不可能なのか等々。イベントの立案など経験したことのない学生たちにとって, ほとんど全てが手さぐりの体験だったはずである。もちろん, その議論は学生たちのみでは精度の点で限界があり, そのために「外部の視点」が必要になってくる。学生たちは大塚氏が取締役をつとめる株式会社フラッグ (映像コンテンツの企画・制作・配信をおこなうプロダクション) を数回にわたり訪問し, その会議室を借りて専門家からイベント企画の面での, さらには広報の面での助言をえながら, 自分たちのイメージを具

---

[5] 山田和人は同志社大学の初年次教育を説明するなかで,「プロジェクト型のチーム学習は, 学生のアクティブな学びを誘発するための協調共感学習であり, 学生相互の学び合う関係を学生自身が育てていくことによってチームの教育力が発揮される, 学生の自律的な課題探求型の学びのスタイルである」(山田, 2012:103) と述べている。

体化させていくことができた。

　付言しておくと，授業やバイトなどで忙しい昨今の若者たちにとって，話し合いのための時間と場所を確保することは至難の業である。とりあえず今回，学生たちは30名ほどの実行委員を「イベント班」「勉強会班」「広報班」「会計班」へと割り振り，それぞれの代表者が各班の決定事項を「本部会」に報告して全体として共有する，という情報共有・意思決定の図式を仮設したのだが，実際に各メンバーが対面できる機会は限られている。そこで活躍することになったのが「LINE」[6]と「Googleドライブ」[7]というコミュニケーション・メディアである。前者に関しては，学生たちは班ごとに「グループ」を作成し，それによる即応性の高い「トーク」（メッセージのやりとり）によって各コンテンツを制作していった。後者に関しては，学生たちは予算案・タイムテーブル案・免責事項などの原案をクラウドストレージにアップロードし，それをLINEによるグループトークでの討議と組み合わせながら情報共有・意思疎通をはかり，コミュニケーションにかかわる制約を乗り越えていったのである。

3　「学生映画コンテスト in 瀬底島」の概要

　大塚氏は『空間とメディア―場所の記憶・移動・リアリティ』のなかで，東日本大震災によって生じた情報空間の混乱に論及している。むろん東北でも被災者が当時どの地域にいて，どのようなメディアにアクセスできたかによって，状況に対してもちうるリアリティは違っていたはずである。そのことを前提に大塚は，被災地でマスメディアが通常の機能を喪失したあと，いかにして人々が使用可能なメディア――壁新聞・災害FM・Twitterなど――を組み合わせながらブリコラージュ的に情報空間の空白を埋めていったのか，その経緯を説明するのである。

　複数のメディアを組み合わせて情報空間を再構成し，新たなコンテンツや文化を創造・発信していく力。大塚氏はそれを考えるために，水越伸の「メディア・ビオトープ」概念――メディア環境を立体的に可視化しデザインするための隠喩――を援用し，マスメディアが支配していた人工的な杉林のような20世紀的世界との対比のなかで現代の錯綜したメディア環境を語ろうとする。その対比のイメージは，鈴

---

6) LINE株式会社が提供するインスタントメッセンジャー。
7) Googleが提供するオンラインストレージサービス。

木典比古が提示するパラダイム転換——「20世紀の人工植林型教育」から,「学生たちの個性と多様な能力・行動力を涵養するような教育」(鈴木, 2012：18) を指して語られる「21世紀の雑木林型教育」への移行——にも通底するように感じられる。

さて,学生たちは7月中旬までにイベントのタイトルを「学生映画コンテストin瀬底島」に決め,学外向け/学内向けのチラシをそれぞれデザインしていった。前者は,映画撮影へのチームとしての参加を学外にひろく呼びかけるためのものであり,それを印刷して沖縄県下100校あまりの大学,高校へと発送した。後者は,学内向けにスタッフ,および参加者を集めるためのものであり,最終的には総勢で60名を超える学生・職員が東京から参加することになった(鈴木も広報スタッフとしてこのイベントの取材のために同行した)。また,チラシの作成と並行して特設ホームページ (http://www.movie-sesoko.com/) やTwitterによる情報発信もおこなわれ,さらにチケット販売に関してはPeatixを用いたシステムが導入された。

他方,イベントのタイムテーブルのほうは,8月に入ってからようやくその全容が固まった。まず初日,9月7日には「「楽」—オープニングフェスティバル」と銘打って,北部生涯学習推進センターでの①江藤茂博文学部長による特別講演会 (12：15-13：15, タイトルは『観光で変わる空間,観光が変える空間—映画・観光・物語・

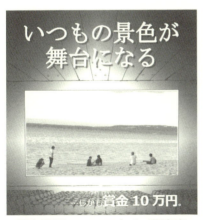

図 8-1　学外向けチラシ

図 8-2　チラシの発送作業

都市』),②体感型推理ゲーム『名探偵 刑部大輔の事件簿―桜桃の季節』(13:45-15:30),および瀬底ビーチでの③BBQ & DJ イベント『Beat Night』(18:00-20:30)の三つのコンテンツが組まれることになった。このうち②に関しては学生たちが台本を書いたうえで,それを PK シアターの総合監督,伊藤秀隆氏に監修していただいた。また③の『Beat Night』に関しては,瀬底青年会の若者たちによる伝統芸能,エイサーの公演も披露された。

つづく9月8日から10日までの3日間は「「学」―撮影大会」と銘打ち,各日ともに午前にはフィルミングワークショップ「プロから学ぶ映像のイロハ」(10:30-12:00) を,午後には幾つかの撮影班にわかれての映画撮影を島内で実施することになった。なお,3日間にわたりおこなわれたワークショップのうち,8日には俳優の大部恭平氏が,9日には映画監督のSABU 氏が,10日にはカメラマンの福田安美氏が講師を担当してくださった。

付け加えておくと,これらのワークショップは,イベント当日に聴衆として参加した方々には大好評であった。実際に8日の大部氏のワークショップでは,数人の小グループに分かれての自己紹介,つづいてその自己紹介の自らによる再現,さらには他者の発言や振る舞いの再現といった具合に,ある種のコミュニケーションゲームが展開され,「演じること」とはどういうことかを身をもって体感できる仕掛けが用意されていた。

9日のSABU 氏のワークショップでは,彼が『蟹工船』や『うさぎドロップ』など数々の映画を世に送り出していくなかで,どのようなことを監督として意識されているのか等々,実体験に即した話題にオーディエンスの関心が集中していたように思われる。このワークショップは対話形式で進行し,90分間のあいだ最後まで質問が途切れることはなかった。

10日の福田氏のワークショップでは,学生が書いた台本の一部をとりあげて,それをプロのカメラマンがプロのカメラで撮ったらどうなるのか,会場の外に飛び出しての実践型講習がおこなわれた。その何パターンかのカメラワークで撮影された同一のシーンを,その後,会場のスクリーンで上映して福田氏が解説を加えると,オーディエンスからは大きな歓声があがった。ともあれ,このようなワークショップ形式の学びは,普段そのような機会に乏しい二松學舍大学の学生にとっては大いに刺激的であったようである。

ワークショップ後,聴衆からさまざまな感想が聞かれるなかで,ある学生がSABU 氏による発言から何かに気づいたようであった。その発言とは「関西弁をおもしろ

いと感じるのは日本人だけだから，自分の映画は世界中の人に楽しんでもらいたいので，そういうローカルな要素は重視しない」という趣旨のものであった。映画というメディアを介してどのように観客にメッセージを届けるべきなのか——監督のその言葉は，それを聞いた学生にとって，彼自身がこの企画を準備するなかで意識しつづけてきた「コミュニケーション」の問題と響きあうものがあったようである。

4 外部の人々とのかかわりのなかで

　筆者（松本）が教育現場で繰り返し指導していることだが，よい文章を書くためには，あるいはよいプレゼンを準備するためには，その読み手／聞き手の受けとめ方をあらかじめ想定しておく必要がある。どういう言葉や文体を選べばどう読まれるのか，どういう言動や振る舞いを選べばどう反応されるのか。あまりにも基本的なことかもしれないが，それを事前に察知して自らの次なるコミュニケーションへとフィードバックすることが重要だと思われる。

　一つのプロジェクトの実現を目標として掲げ，それに向けて学生たちが教員や事務職員，さらには外部の企業や地域の人々と連携するなかで体験したことは，ややおおげさにいえば，同じ文化や価値観を共有していない他者とのコミュニケーションの積み重ねであり，見方を変えれば，そのプロセス自体がコミュニケーションをめぐる実践的なトレーニングの場でもあったともいえる。たとえば沖縄県観光コンベンションビューローを訪問して学生たちが自分たちの企画の説明をする，あるいは，SABU 氏の所属事務所に電話をして講演依頼をおこなう（その後「依頼文」を作成して発送する）等々の局面で，ときに学生たちは緊張した面持ちで，大人たちの発言や提案に全力で対応していった。その過程では，思い通りに交渉がすすまないときもあり，また，想定外のレスポンスが返ってくるときもある。学生たちは外部の人間との折衝を繰り返していくなかで，少しずつ，何をどのように伝えれば自分たちの意図を効果的に伝達することができるのか，各自のスタイルを体得していったように思われる。

　もちろん失敗もたくさんあった。既述のとおり，最終的なイベントタイトルは「学生映画コンテスト」に落ち着いたわけだが，その決定前，学生たちは有力候補として「学生映画バトル」というタイトル案を用意していた。だがその案はそれを提示された大塚氏によってあっけなく却下された——「戦争の傷跡が残る沖縄で「バトル」とは，いかがなものかと思うよ」。よく考えればあたりまえとも思えることが，

学生には気づかないこともある。このような「小さな失敗」を積み重ねながら，確実に一部の学生は「他者の視点を想像すること」の重要性と困難性に気づいていったようである。

みなで作りだしていくコンテンツを，同じコードを共有しない他者に，いかにして魅力的に伝えるのか——そのような主題は，SABU 氏による映画をめぐる発言にもかかわるし，また学生によるチラシやホームページをめぐるデザインにもかかわる。とりわけ学生たちがイベントの準備を進めるなかで，この主題に関連して議論の矛先を向けたのは，イベント広報のためのメディア戦略であった。

当初，学生たちが計画していたのは，沖縄のローカル新聞における広告掲載であった。ただ，予算的な問題もあったし，それがどれほどの効果をあげることができるのか未知数でもあった。そこで広報の専門家でもある大塚氏に相談したところ，この方法では特定のターゲットに情報を届けるという点では効率が悪いとの指摘を受け，結局 Facebook 広告を利用することになった。この Facebook 広告では「セグメントを切る」，すなわち受け手の属性（性別，年齢，地域，趣味関心）によってターゲットを絞り込み，潜在的に興味をもつ可能性のある特定の人物に対して，ピンポイントに低コストで情報を送り届けることができる。それが最終的に広報のための主要メディアとして選択されたのである。

他方，大塚氏の助言のもとで，イベント開催 1 カ月前にはプレスリリースを作成し，沖縄県庁にある記者クラブ，および県下のテレビ局や新聞社にそれを送付する，さらには 1 週間前には取材依頼を送付する，という手続きをおこなった。結論からいえば，それに関しては「梨の礫」で目にみえる成果をあげることにはつながらなかったが，しかし広報の専門家による指導をうけ，広報の定石ともいえるようなノウハウを習得できたことは，学生たちが社会人としての資質を身につけるうえで有意義であったと思われる。

当初われわれが掲げた「学生たちがニュースバリューのあるコンテンツをつくり，それを大学広報の資源として転用する」という目標は，限定的にしか達成されなかったといえる。地元沖縄の「てぃーだブログ」や「FM 本部」ではイベント情報を紹介してもらったし，また（外部からの撮影チームを単位とするエントリーはなかったものの，それでも）地元の住民や青年会の若者たち，さらには名桜大学（名護市）や異文化間コミュニケーションセンター附属日本語学校（宜野湾市）の関係者など，たくさんの方々に参加していただいた（なかには名桜大学の上江洲基上級准教授のように，われわれの企画の意義を理解してくださり，来年度に向けた協力を提案してくださる方も

いた）。そう考えてみると，今回のイベントはそれ自体が，今後さまざまな人間関係をつないでいくうえでの「メディア」になりえるとも思われる。

5 学生が作成するコンテンツと，それをもちいた広報活動の可能性

　学校法人二松學舍では，2012年10月10日に挙行された創立135周年記念式典において，「2020年における二松學舍のあるべき姿」を定めた長期ビジョン「N'2020 Plan」を公表した。少子高齢化の加速，グローバル化，高度情報化等いわゆる知識基盤社会の進展にともなう内外情勢の大きな変化を見据え，教育面，経営面に所要の改革を講じ，学校法人の恒久的存続を図るために策定したもので，五つの柱で構成され，二松學舍全関係者の目指すべき指針として位置づけている（水戸，2014：122）。この五つの柱のひとつが広報体制であり，「N'2020 Plan」実現のための5カ年行動計画として策定された「アクションプラン」では，学生と協同した広報の実施を，新たな広報戦略の一環としている。これを受けて2013年度，広報運営委員会が，二松學舍大学の在学生を委員とする広報委員会の設置を承認し，さらに2014年度，全学生への公募によって結成された広報学生委員会が活動を開始することとなった。

　学生による大学広報はすでに多くの大学で行われており，その主な活動は，学生の視点を生かした大学広報誌の発行や，ブログなどのウェブコンテンツによる情報発信などであるが，二松學舍大学では，教員と職員がさまざまな角度からサポートすることで，情報発信の企画・立案から，取材，制作など，すべての過程を学生委員がおこなう広報を考えている。この試みは，学生が母校についてより深く知ることによる愛校心の涵養のほか，大学内の事務上の諸手続きや，制作に係る企業などとの渉外活動等を通して，社会生活における経験を得る機会，いわゆる，インターンシップとしての効果も大いに期待される。

　2014年10月20日から，二松學舍大学九段1号館地下1階の展示スペースで，「学生映画コンテストin瀬底島」の写真展が開かれた。それはメディア祭実行委員会が主催し，学内への実施報告を兼ねたもので，参加者が撮影したイベントの様子や，映画の撮影風景，瀬底島の景色などの写真が展示され，広報学生委員による，大学公式Facebookページなどでの紹介も行った。また11月2日には創縁祭（学園祭）にて，来場者を審査員としての瀬底島の写真コンテストや，「学生映画コンテストin瀬底島」で実施された体感型ゲームの，来場者を巻き込むかたちでの再演を行うなど，ひとつのコンテンツの2次使用，3次使用を企図した試みも実施された。

6 結語にかえて

　「学生映画コンテスト in 瀬底島」最終日の夜，全てのイベントの完了を祝って，瀬底ビーチ近くの会場でアフターパーティが催された。夕日が沈んだ海岸沿いの美しい風景を背にしながら，学生たちが DJ をして来場者をもりあげ，地元の方々が奏でるギターや三線にあわせて皆が歌い，なんとも不思議な異文化交流の現場がそこには出現していた。

　中締めの際，実行委員の中心メンバーが次々に挨拶していくなかで，より多くの拍手が寄せられたのは本間竣君であった。一見すると大人しそうな印象の学生であるが，サッカーでたとえると「運動量の多いボランチ」のように獅子奮迅の活躍を途中からみせはじめ，その成長を誰もが認め，誰からも信頼されるようになっていった。今回のイベントがなければ，誰も（ひょっとしたら本人も）そのような彼の資質に気づくことなく素通りしていたのかもしれない。

　彼だけではない。この企画の運営に加わった学生たちの多くは，全体として共有された目標を達成するために，各自ができることを自発的に探し，発見された課題をチームとしてクリアしていった。そしてそれぞれ異なった立場から本企画にかかわった学生たちには，その視点の違いにおうじて異なる「学生映画コンテスト」の見え方があり，さらには異なる成長の道筋があったはずである。

　もちろん冒頭で述べたように「学生が教育の枠組みをつくる教育」という方針は，そのフレーム設定に関与したがる学生とそうでない学生との間である種の温度差を生じさせてしまうリスクをともなう。だが個人的には，それでよいのではないかとも思う。大学には，当然だがさまざまな能力や価値観をもった学生が集う。それぞれの学生の成長目標やその軌跡は異なって当然であり，画一化された視点からのみ判断しうることは実は限られている。そのことに気づくきっかけを提供するためにも，座学をいったん脇において「書を捨てよ社会へ出よう」と呼びかけてみることの意味があるのではないだろうか。

【引用・参考文献】
大塚泰造（2014）．「震災とメディア―東日本大震災直後におけるメディア生態系を考える」遠藤英樹・松本健太郎［編］『空間とメディア―場所の記憶・移動・リアリティ』ナカニシヤ出版
清水　亮（2012）．「大学は変わったのか」清水　亮・橋本　勝［編著］『学生・職員と創

る大学教育―大学を変えるFDとSDの新発想』ナカニシヤ出版
鈴木典比古（2012）.「教育改革は現場主義で行こう―空理・空論の時期は過ぎた」清水　亮・橋本　勝［編著］『学生・職員と創る大学教育―大学を変えるFDとSDの新発想』ナカニシヤ出版
ナイ, J. ／山岡洋一［訳］（2004）.『ソフト・パワー―21世紀国際政治を制する見えざる力』日本経済新聞社
水戸英則（2014）.『今，なぜ「大学改革」か？―私立大学の戦略的経営の必要性』丸善プラネット株式会社
山田和人（2012）.「君は何ができるようになったのか―プロジェクト型チーム学習と初年次の導入教育」清水　亮・橋本　勝［編著］『学生・職員と創る大学教育―大学を変えるFDとSDの新発想』ナカニシヤ出版

09 住環境計画

空間の質を「言語化」する授業：
雑司ヶ谷をフィールドにした「自発創成型教育活動」の展開の一歩として

薬袋奈美子

1 はじめに

　本章で取り上げる授業は，建築学・都市計画学の分野であり実学の域に入るものである。実学においては，先人が見い出したこと，あるいは提案したことが，必ずしもこれからの時代にも取り組むべきものとは限らないし，失敗であったと判断されることもあってしかるべきものだと考えている。そのために今ある課題をしっかり見い出し，新たな空間づくりに活かすべきものと考えている。つまり，先人がつくってきたものを時に否定しなくてはいけないのである。これは日本の教育が苦手としていることではないだろうか。

　民主主義が進み，市民一人ひとりの空間づくりへの寄与度が高いといわれる北欧の高等学校までの教科書を分析したことがある。いくつかの教科書を取り上げただけではあったが，共通して感じたことは，先人の作った社会を変えるのはみなさんです，というメッセージが詰め込まれていたことである。一方，日本の教科書では，今ある社会，つまり大人が中心になって動かしている社会を否定するようなこと，疑問を投げかけるようなことはほとんど書かれていない。むしろ否定しないように教育をされていると感じる。

　しかし専門家として空間づくり，特に住まいの周辺の環境づくりにかかわる専門家は，違うと考えたことをきちんと伝え，より良い方向性を伝える必要がある。こういったことができるためには，まずは何があるべき空間の姿なのかを知り，それを空間の特徴としてきちんと言葉にして伝えられる，図にして伝えられるようになる必要がある。本章で紹介する授業の目指すところは，従来の日本の教育の課題を乗り越えるものでもある。

2 「住環境計画」について

2-1 住環境の言語化

　本章で紹介する「住環境計画」は，住宅の外の空間（道路や公園，或は住宅の建物の外側）について，何が良くて何が悪いのかを考察するための視点を習得する講義科目である。それは知識として考察の視点をもつばかりでなく，実際に学生がさまざまな都市空間を読み取ることができ，それを言葉で表現すること（言語化）ができるようになることを大きな目標としている。

　本章で紹介するのは，この講義を中心とした科目の中でも，空間を言葉で表現し，さらに発表をする課題である。そして，その経験が自発創成型の活動に展開している様子を報告する。

2-2 雑司ヶ谷を対象にすることの意義

　雑司ヶ谷[1]は，江戸時代から続く観光地であると同時に，昔ながらの路地が残る木造密集市街地でもある。核となる鬼子母神堂（2016年，国重要文化財指定）は江戸時代から老若男女の集う観光地で，雑司ヶ谷霊園には夏目漱石をはじめとした著名人が眠る。また手塚治虫が居所としたことのあるアパートや，宣教師館等レトロな建物も残り，現在でも観光客が多く訪れる。一方で，木造密集市街地として，迫りくる東京の地震に備える努力にも30年越しで取り組んでいるという面をもっている。池袋駅への徒歩圏であることや地下鉄雑司が谷駅が新設されたこともあり，ミニ戸建てや集合住宅に新たな住民も流入する複雑な地域である。下町情緒を感じる古さをもちつつも，オシャレなカフェや，手工芸作家の集うマーケットまであるような，多様な顔をもつ町でもある。

　このような魅力にあふれる雑司ヶ谷は，学生の学ぶ校舎のすぐ北側に拡がっている。日本女子大学は目白にある大学としてのイメージを大切にしてきたが，実はキャンパスの北側を構成する寮地区の住所は豊島区雑司が谷町で，町内会会員でもある。最寄り駅は2008年に開通した副都心線雑司が谷駅で，約2割の学生が雑司が谷駅を通学に利用しているようだ。それにもかかわらず，雑司ヶ谷の町を楽しんで利用している学生は少ないことも，これまでの研究室の調査で明らかになってい

---

1) 本章では現在の住居表示，駅名の表現としては「雑司が谷」とし，江戸時代等で使われていた範囲を含む場合には「雑司ヶ谷」と表記する。

る。毎日生活をする大学の身近な住環境を，積極的に利用するきっかけを作り，主体性をもって地域空間を仲間と議論し，さらには変えていく行動に結びつけることも，本章で紹介する課題の目的である。

2-3 社会に出てから 10 年後 20 年後に花開く人材を育てたい

「信念徹底」「自発創成」「共同奉仕」とは，日本女子大学創始者であり，福沢諭吉，新島襄と並ぶ明治の三大教育者といわれた成瀬仁蔵が，学生に残した言葉である。生活をする中でおかしいと思ったことを改善する力をもつ女性を育てたい，社会を良くする力をもつ女性を育てたいと思う創立者の言葉は，120 年経った今の学生にも色あせていないと私は感じている。

大学卒業後すぐに役立つ知識や技術を教えることも，もちろん大切である。しかし最も大切なのは，10 年後 20 年後に会社等で仕事の道筋をつける立場に立つような時に，変化する社会の状況に合わせて，課題を発見し，解決に向けて従前の方法に捉われずに豊かな発想力で問題を解決していく力をもつ人材を育てることではないだろうか。

そのためには，専門的な見地と生活者としての見地から自分なりの考えをもち（つまり「自発創成」），適切に他者に伝える力を磨く必要がある。正しい専門的な知識に裏づけられた考えは，周囲の人にうまく説明し続ければ必ずやその意図は伝わるものであり（いわば「信念徹底」），社会を変えていく力になる。住居学科では特に空間を創るという面から，本学の教育理念に合う人材を育成しようとしており，これまでに多くの著名な女性建築家を輩出してきた。そして成熟社会を迎えている今，日本の将来を担う専門家として求められる人材は，「多くの市民がかかわりながら住環境（町・地域）を変えていく力」をもつ人だと考えている。本章で紹介する授業は，こういった専門家を育てるための基礎的な授業である。特に仕事をする際に大切となる空間の質を言語化し伝える力，また大勢の人とともに情報を共有し，議論する力を身につけるための授業方法である。

3 授業の概要

専門科目が本格的に始まる 2 年生前期にある一コマ（90 分）15 回の授業である。都市計画の中でも住環境整備という住宅とその周辺環境にかかわることを考える分野に該当する授業で，講義する主なテーマは表 9-1 のように，かなり幅広い視点である。

表9-1 講義する主なテーマ

- 日照条件，建物密度（用途地域指定等の規制も）
- 緑，庭，公園
- 景観，建物の保存・活用するまちづくり
- 高齢者や子ども等の生活行為や発育と住環境の関係
- 防災・防犯等の安全
- 多様な交通手段や，生活道路のありかた等

　これらの視点についてさまざまな地域の事例を用いながら，毎回スライドを用いて，住宅地の計画において配慮すべき視点を学習する時間にしている。また，授業では東京の地図帳を持参させている。講義内容に関連したことを，地図でも確認する作業をさせる。地図を見るのは苦手という思い込みを払拭し，空間のことを扱う専門家が「方向音痴」を自慢することがないよう願っての作業でもある。都市計画の専門家教育としては，地図を読み取り地域の様子を想像することも大切なトレーニングだと考えている。パソコンやスマートホン，カーナビの普及で，日常生活は地図を読む努力をしなくても送ることができてしまう。しかし機械に自分の進むべき道を指示されるのでは，新しい場所に行っても広い視野で地域を捉えることはできない。

　15回の授業の前半で，一通り空間を見る視点を講義し，それに基づいて現場を各自が見てレポートの出題をしている。何週間かレポートに取り組む期間を与え，授業期間の途中と最後に，友達同士での閲覧時間をもつ授業としている。

3-1　特徴1：空間を言語化する準備と訓練

　住居学科の学びの柱である「空間の質」についての議論をするための言葉を口にし（言語化），友達と意見交換をする機会を授業時間中にもつ。近接する数名で，私が投げかける問いを一緒に考える時間を毎時間とっている。友達とオシャレや遊び，歌の話をすることは容易なことだ。専門的な内容について議論をすることは，照れくささもあるし，面倒なことでもある。しかしこの面倒さの背景には「語り慣れていない」という理由もあるのではないかと考えている。

　そもそも空間について学び，どんな空間を良いと思えるのか，どんな空間を創造できるのかという学習が主となるのである。それと同時に何となく良い，あるいは心地よいと思う空間を言葉にして説明できることは，専門家として仕事の場で他者

と共同作業を進めるためにも，また自分で空間をクリエイトするにあたっても重要な能力となることだろう。

3-2　特徴2：発言トレーニングとしての90人で行う意見交換

　授業は講義科目であり，70～90人という大勢が履修することや，先ずは伝えるべき専門的知識を提供することを大切にしたいことから，授業全体は教員側からの話やスライド映像を通した知識提供が中心となる。しかし一方的に話すだけでは，意欲的な学びの姿勢がみられない。教員にはお笑いタレントのような話術があるわけではなく，日々宿題（建築学科と同等の教育をしているので，設計課題での徹夜があたりまえになっている学生もいる）やサークル活動やアルバイトに追われる学生があっという間に夢うつつになることも頻繁に起こる。

　少し緊張感をもたせるために，毎回の授業で，ワイヤレスマイクを教室内で順次回し，意見を求めるような時間もつくっている。また，扱う内容が誰もが日常的に体験している住環境であるため，教員が投げかける質問に対して個人で考えて答えるだけでなく，折に触れ周りの席の人と数分の意見交換をする時間を設けている。これは，一つの正しい答えが導かれるような内容の講義科目ではないので，教員からの投げかけに対して，異なる生活環境を思い起こす学生同士が情報交換をすることで，より学び幅を深めることを意味する。

　また同時に発言することに自信をもつ機会にしたいと考えている。自分の考えをまとめ発言をすることに自信をもてない学生も少なくない。また高等学校までに染みついた「先生の求める正しい答え」以外の答えを言ってしまうことへの不安を感じているようにみえる学生も大勢いる。そこで，最初に隣の席の人と相談をして，自分の考えていることを確認した後，マイクという発言を全て拾って共有してしまえる道具を使って全体に向けて話すわけである。カラオケのマイクを握り慣れている学生でも，意見や考察されたことを発言するのは容易ではない。しかしそういった機会をもち，自分の考えたことを自信をもって発言できる学生が増えることは，社会に出てさまざまなところで意見を言うときに役立つはずである。

　良い発言は，良い聞き手がいると出てくるとある教育の専門家が話をしていた。教員が聞き手の見本を示すことが大事なのだろうと感じている。学生の発言を大きくうなずきながら聞いて，教員が一番よい聞き手になるよう，毎授業を研鑽の場と心がけている。

3-3 特徴3：住環境を考察する課題

　建物・空間にかんする勉強は，何はともあれ実際の空間体験が大切である。90分の講義時間では，スライド写真の映写による空間の疑似体験と，地図を見ることでの疑似体験しかできないので，レポート課題を出し各自に町を見学させている。見学先では，生活行為と空間の利用との関連を読み取ってくるよう伝える。一般的には行政の施策に基づく都市計画事業であれば，特定の形や大きさなどの数値化しやすい内容で住環境が評価される。例えば雑司ヶ谷なら木造密集市街地としての防火，耐震といった安全上の問題点の指摘に力点が置かれる。しかし本来の住環境整備とは，日常の生活を豊かにするための空間をどのように創出していくのかを考えるべきものである。近所の方同士の立ち話，季節を感じる草花，子供の遊びなど多種多様な要素からその質が決まるということを，学生には授業時間の中で繰り返し伝えている。学生に，住環境を制度に基づいて見るのではなく，生活を支えるための空間として見る練習をさせることがこの課題の目的なのである。

　課題は，二つの町を見学させて比較させる。一つは雑司ヶ谷，もう一つは近代化が進む日本の中でも模範的といわれる住宅地である。地域の一部を取り上げて，A3用紙に地図を描くか印刷をし，自分が考察をしてきた住環境の特徴を，写真とともに書き込む。学生の考察にはさまざまな内容がある。高齢者にとって町がどのような特徴をもつのか，防犯面でどのような工夫や問題があるのかなど，さまざまな視点が指摘される。多くの植木鉢が置かれ，住民がまめに手入れしていることにより，良い景観になっていること，箒が塀にぶら下がっていて，いつでも掃除していることが読み取られるような場面も学生はみつけてくる。

　図9-1はその一例だが，地域の人と会話をすることにより見い出される空間の利用方法までも盛り込んだ作品を出す学生もいる。学生一人ひとりが，自分なりの工夫をして，地図と写真とコメントいっぱいのレポートを仕上げてくる。

図9-1　住環境考察課題の作品例（抜粋）

表 9-2 住環境計画における住環境考察課題とその展開

	取り組みプロセス	学生の取り組み内容	教育効果
普段の授業	知識伝達		・知識・考え方の習得
	意見交換・発表練習	・自分の体験や過去の授業内容に基づく自分の考えの整理	・自分の考えをもつ ・友達の意見を聞く ・マイクを使って自分の考えの他者への発表
課題の取り組み	まち歩き		・身近にあるが気が付かない空間の意識的体験
	レポート作成（図9-1参照）	・まちの観察 ・地図探し ・写真を撮影し，特徴とともに地図に貼りこみ，レポート作成 ・通りを挟んだ住居の断面図（外観から想像）の作成	・緑，高齢者といったキーワードから，空間の質を確認 ・複雑な空間と地図との照合による空間認識力向上 ・空間の想像
	授業内取り組み1 グループ内意見交換	・友人のまとめと自分のまとめの比較 ・自分の考え方，見方を発表	・より良いまとめかたを知る ・住環境の観察視点の確認 ・自分とは異なる考え方の作品の認識
	授業内取り組み2 全体での意見発表	・良い作品を教員が全員にOHCを使用した紹介 ・グループ内で出された住環境の特徴について，マイクを使って教室内で発表	・良い作品を見ることによる理解の深まり ・大勢の人の前での発表の機会
他授業	設計演習：住環境の質を読み取る力を踏まえた住宅等の提案		・改善意識をもって，まちを観察 ・授業での学びを応用
自発創成活動への展開	・ぞうしガヤガヤたんけん　編集委員会 ・わいわい雑司ヶ谷 ・その他地域の活動への参加	・冊子編集 ・地域住民からの意見募集 ・住民との交流 ・地域行事への協力	

　授業では，これらの成果物を持ち寄り，お互いの作品内容を通して，自分の観察した視点と友達の観察した視点を見比べることとなる。ここでレポート作成の次に，更なる空間の特質について意識的に言語化する作業を行うことになる。

3-4　付随する学習効果

　この授業では，以下のような学習効果が上がることも期待している。

1) 雑司ヶ谷を体験する

　学生は，通学ルート以外は，案外歩かないものである。雑司ヶ谷駅を利用する学生も，道のわかりやすさと駅の案内表示に従うため，目白通りを歩く。雑司ヶ谷の縁を歩いているにもかかわらず，雑司ヶ谷の路地を歩く機会なく卒業する学生が大勢いる。まして雑司ヶ谷の町を楽しむということをする学生はごく限られた人であることも調査で確かめられている。キャンパスライフの充実という視点からも非常に残念なことである。

　先ずは雑司ヶ谷を一度でもよいので歩いてもらい，学生自身が身近な場所の魅力に気がつく機会とする。これもこの授業でのレポート課題の狙いである。

2) 机上での学びを実物に置き換える作業

　授業は空間の質を見るための学びを行う場であるため，毎回さまざまな居住地の映像をスライドで紹介している。しかし，それは学生にとっては疑似体験の機会でしかなく，教員がわかりやすく空間から切り取って提示したものである。同じ空間に行っても意識的に空間の質を見ようとしていないと，空間の読み取り力は向上しない。この課題は自分で体験して自分自身で住環境を読み取る機会となる。

3) 他者の意見を聞く意義を実感する技術者倫理教育

　この授業は，各自が確かめてきた住環境に対する気づきを，出しあう機会である。そうすることにより，自分では気が付かなかった視点に気がつき，総合的に住環境を観るためのトレーニングとしての意味合いを深める。

　同時にここでは，自分一人では気がつくことのできる点に限界があることを体験する。住環境整備を仕事として行うにあたっても重要であるのが，さまざまな立場の人の意見をきちんと集めてまとめるという作業も大事である。その重要性を体験できる場ともなる。さまざまな人の意見を集めることは，手間がかかるが，それを怠らないことが重要であることを伝える機会となることを期待している。つまり広い意味での技術者倫理教育ともいえるのである。

　また授業では，良くできている学生の作品を全員に見せる時間もつくる。模範解答をつくることのできる分野ではないため，良いものを見て力を伸ばしていく貴重な時間ともなっている。

4) 自発的な活動

　授業の直接的な教育目標ではないが，最も期待している事柄である。地域の魅力を知り，同時に課題があることを知った学生が，自発的に問題解決や自分の中で良いと思ったことについて取り組みを始めることを期待している。数は多くないが，第4節で紹介するような幾つかの活動が展開している。

3-5　他の授業との連携

　住居学科で多くの学生が注力する授業は，設計演習である。建物の設計を練習する授業で，その課題の出し方はさまざまなパターンがある。ここでは，住環境計画の授業での学びと連携する形で行われた課題について紹介する。

　住環境計画でさまざまな住環境を観る視点を勉強することが終わった頃に，雑司ヶ谷の一街区（1ブロック）を改善する計画案を考える課題を出したことがある。出題にあたっては，地域で商店を営む方をお招きして，地域の住民や商業者がどのように地域を見ているのかという時間ももった。どんな思いでこの地域を住まいや仕事場として選んだのか，といった視点からの話を聞くことができることは，設計をする中で何を大切にするべきなのかを考える重要な機会となる。

　多くの学生が，地域とのつながりを意識した興味深い設計案を提案することができた。地域の特徴を読み取り，生活空間としての質を維持し，高めることにつながるような空間提案がなされた。

　そのうちの優秀な作品については，地域の方で構成されるまちづくりの会議の場でもプレゼンテーションを行い，発表した本人にとっても多くの学びがあったと同時に，地域の方々にとっても，学生がどのような目で町を見ているのか，また地域の良さを活かした建物のつくり，地域の住環境のつくりにはどんな可能性があるのかを知る機会にもなった。

4　大学近隣をフィールドにする教育の効果と発展

　前節に示したような授業を行うことで，まちづくりへの興味を深める学生が現れてくる。住居学科は，伝統的な女流建築家輩出校であり，高校生にとっても「建築家」あるいは「建築士」という専門職能はわかりやすいため，多くの学生が建築設計に興味をもつ。一方で，他の分野の人との連携が必須で，成果が出るのに時間がかかる，まちづくり，都市計画といったことについては，学びの目標として捉えに

09 住環境計画

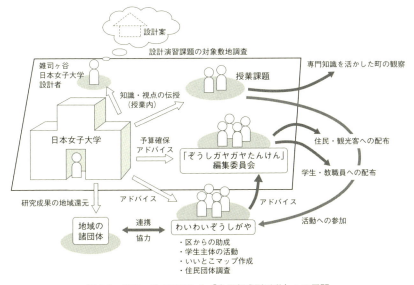

図 9-2 雑司ヶ谷を利用した「自発創成型活動」への展開

くいようだ。しかし授業でこのような紹介をすることで，まちづくりに興味を拡げる学生が現れる。現在，図 9-2 に示すような，二つの自主的なグループ活動が展開している。

一つは教員側からの呼びかけによって，まちを紹介する雑誌「ぞうしガヤガヤたんけん」を作成するグループである。雑誌名は学生がつけ，地域住民の方からもユニークな名前として好評である。2, 3 年生を中心に，まちの人への取材や，レポート課題，設計演習の作品，卒業論文内容についてのインタビューを踏まえた記事を書き，学生がどのような視点で雑司ヶ谷を見ているのかという，雑司ヶ谷に対する観察成果の大学側からの情報発信誌でもある。通常の観光案内，まちの情報発信誌とは異なり，建物や都市空間の魅力も伝えつつ生活の視点から町を見ていくという，専門的な学習をする学生らしい冊子を目指している。

もう一つは，学生が自発的に立ち上げた組織「わいわいぞうしがや」で，長期的なスパンでまちの住環境を維持・改善するための提案を住民の方とともに行うことを目的にしている。豊島区からの助成金を受け，地域のさまざまな活動に協力をして信頼を得ながら，住民目線でのまちの魅力マップを作成したり，住民組織としてたいへんユニークなお会式の講社についてインタビューを踏まえ調べるなどして

いる。ことにお会式調査の成果冊子は，区長をはじめ住民や観光客からたいへん評判が良い。その後作成した商店街の店の経営者の意欲を表現したポスターも好評でテレビ番組でも紹介された。

　いずれも，学生の自発的な意思に基づいて展開しており，「自発創成」型活動と呼べるものになった。

5 おわりに

　自発的な授業・活動は，10種類程のことを種まきしておけば，一つくらいは芽が出るだろうという内容のものだと考えている。本章で紹介した授業もその一つである。これだけをやれば，学生が自発的に動き出すわけではない。満たされた時代に生きる学生に対しては，さまざまな授業での連携，教員の働きかけ，そして背後からの支援が必要となる。

　授業中，「社会を変えていく力をもつのは皆さんです」というメッセージを折に触れ伝えている。こういった教員の姿勢や，社会の問題解決意識を高めることが，これからのより良い都市空間を創出できる人材育成につながるのではないだろうか。

10 東日本大震災からの復旧復興過程と学生の主体性

2事例からの経験則

丸岡　泰

1 はじめに

　石巻専修大学の所在地である宮城県石巻市は，周知のとおり，2011年3月11日に東日本大震災・津波に襲われ，4000名近い犠牲者を出した。大学の教育環境は大きく変わった。本章は，このような中で進められた私の教育経験に基づいている。

　学生主体型授業の共通項は，学習目標が「学生が自ら問題発見をし，そのことについて自学自習し，深く考えて行動できるようになる」ことのすべてか一部となっていること，とされている（小田・杉原，2010：ⅱ）。この中では「深く考え」が，とくに難しい。私は自らの授業実践で成果をあげているわけではなく，学生主体型授業の独自の型ももっていない。むしろ，抱える授業の問題の解決を学生主体型授業に期待し，試行錯誤を続けている一教員である。

　本章では，まず，私がこの震災からの復旧復興過程に指導した学生二人の事例を紹介し，学生の主体性を引き出すための授業実践について経験則を述べたい。

2 「語り部」学生

　はじめにご紹介するのは，被災地の復旧と復興に積極的にかかわった学生である。彼は石巻市出身で，市内沿岸部にあった自宅を津波で失った被災者である。

2-1 学生の被災体験

　大地震の直後，彼は沿岸部で母親とともに自動車に乗っており，渋滞の中で身動きの取れない中で津波に襲われた。幸い開いていた窓から母親とともに車の外に逃

げ，海水の中を近くのビルまで移動し，そこで一夜を過ごしたという。

彼はその後，家族との再会のため市内を歩き，幸い，無事それを果たした。が，その後，避難所や親戚宅，仮設住宅での不自由な生活をしながら大学に通うことになった。震災後，2011年度の石巻専修大学はまず，学生の安否確認や復旧活動に努めた。学事暦を大幅に変更し，5月からの授業開始とし，夏休みを大幅に圧縮し，前期・後期各15回の授業回数を維持することとした[1]。

震災前に仙台からの主要交通機関だったJR仙石線を利用しての通学が難しくなり，また，自動車での通学も渋滞のために通常1時間のところが4,5時間かかることもあるほど不自由になった。石巻市内のアパート物件も確保が困難だった。そのため，大学は通学支援バスの運行を行う一方，授業時間を90分から75分に短縮し朝と夜の通学時間に無理が生じないよう時間割を設定した。

その一方，石巻専修大学のキャンパスには一時は2000人が暮らすといわれたほどのボランティア村が出現した。また，他大学の研究者を中心に国内外の多くの方が石巻専修大学を頼りに石巻へ視察に訪れることになった。

2-2 「語り部」の開始

この被災学生が所属していた経営学部の私のゼミは，観光を通じた経済発展を研究課題としている。震災前からできるだけ現場の直接観察の機会を得ることを心がけており，モットーは「壁のない教室」である。自然に，震災後は外部から訪れるボランティアや視察訪問が研究対象となった。

外部からの視察対応の際には，被災体験を話す「語り部」ガイドが必要だった。私自身も女川町で同居していた義父宅を失った被災者のため，案内を務めたが，とくに大学生が来るときには，同世代の声が強い伝達力をもつため，学生の「語り部」がほしかった。つらい経験を話すことに気が進まないかもしれない，と思いながら，私は恐る恐る，来訪者への「語り部」を被災学生に依頼した。とくに報酬の当てのないボランティアだ。幸い，彼は簡単に承諾してくれた。

その後，私のところへ視察案内の依頼が来ると，私は原則としてこれを引き受け，彼にも「語り部」を依頼した。よく，津波に襲われた後で炎上し黒いすすのあとが残った門脇(かどのわき)小学校前で「語り部」をしてもらった。そばの路上で津波に襲われた体験，その後の避難生活，仮設住宅での生活の話などを語ってくれた。

---

1) 石巻専修大学の震災対応について大津（2012）を参照。

図 10-1　門脇小学校前での語り部

　彼の「語り部」が好評だったために，その後も繰り返しこれを依頼し，彼もそれに応えてくれた。その回数が重なるとともに彼の中にもこの活動をもっとしたいという内発的動機が湧いてきたようで，似たような「語り部」ガイドを行っていた石巻観光ボランティア協会に「語り部」として参加するようになっていた。これは私のゼミ活動や大学の単位とはまったく関係のない，学生の主体的な活動である。

2-3　「語り部」体験から学んだこと

　「語り部」としての彼の知名度が高まったため，大学でも災害の会合を開催する際に経験談を話してもらうようになった。2013年11月1日に行ったシンポジウム「自然災害と大学」でも，彼に「語り部」体験から学んだことを話してもらった[2]。

　彼が被災とその後の「語り部」体験から学んだことを，彼の成長をそばで観察した私の目から整理すると，次の点が挙げられる。

　第一に，防災知識の蓄積である。被災経験と防災について語る機会が増えたことにより，知識の定着が進んだ。

　第二に，情報収集への意欲向上である。「語り部」で復興の進展を話すには，被災地の状況把握が必要である。彼は，ニュースに耳を傾け，新聞をよく読むようになったという。ガイドの際，来訪者に「わからない」とは言えない，という思いから仮設住宅での暮らしでも新聞の購読を始めた。

　第三に，意見の多様性への配慮である。復興の方法について地元で見解の分かれる問題を紹介するとき，多様な意見をバランスに気をつけて紹介していた。

2）石巻専修大学FD委員会（2013）参照。

第四に，勉強への動機づけである。外国からの訪問者を案内することもあった。まだ学生のつたない力ではあるが，自ら英語で原稿を作り，体験を話すことも行った。あとで，「英語をもっと勉強しておけばよかった」と感想を述べてくれた。

　第五に，家族と親戚の支えの再認識である。本人によると，家族そろって同居していた災害前よりも二部屋に分かれて住む被災後の仮設住宅でのほうが家族で会う機会が多くなった。彼が不自由なく生活するために祖母がしてくれる食事の支度や，寒い中，雨水をためて行う皿洗いなどの支えにも気づき，感謝の言葉を述べられるようになった。

　さらに，「語り部」の案内をした団体からお返しに東京への招待をいただくことも1度ならずあった。彼は被災体験を話したり，大学生とともに復興をテーマとするツアーに参加したりした。活動が新しい機会を生むという体験だったと思う。

2-4　卒業論文は門脇小学校校舎保存問題

　この学生は，経営学部必修の卒業論文テーマに，門脇小学校校舎の保存問題を選んだ。彼自身同小学校出身でその校舎の行方に関心が高かった上，来訪者への案内経験により，来訪者と地元の間にある意識の違い，地元の人の間での意識の違いに気づいており，そのままその問題を論文で扱うことは自然だった。

　津波被災後火災の被害を受けた門脇小学校の校舎の行方は，震災後3年半後の本章執筆時点でまだ石巻市が最終決定に至っていない，難問である[3]。事前の調査をみると，訪問者は被災の教訓を残す目的での保存を望む人が多いが，地元では被災の事実を思い出すという理由で解体を望む人が多い。また，校舎を現在の状態でそのまま残すことは，安全のための補強その他に新校舎建設よりも多額の費用を要する。財政難の市にとっては頭が痛い。

　彼が下した結論は，次のようなものである。被災した沿岸地区につくられる復興記念公園の一角に炎上した校舎の一部を移築して，保存・展示する。この方法であれば，災害の教訓を残すという目的と地元感情への配慮という問題を同時に解決できる。さらに，予算に応じて保存の範囲を調整できるという利点がある。

　彼の卒業論文に，私は高い評価を与えた。実現可能性が高い提案であり，考慮すべき論点は，すでに事前の私との議論で克服されていた。

---

[3] 2016年時点で校舎については震災遺構として部分的な保存が図られることが予定されている。

彼がこの卒業論文作成の経験から得たものは何だろうか。最大の収穫は，一つのテーマについて考え続ける，という勉強姿勢だと私は感じている。ボランティア活動の継続により門脇小学校校舎の保存について継続的に考える機会が得られた。意見の対立に気づき，その解決方法を私と議論しながら組み立てていった。そのプロセスは，「学生主体」と呼べる，「深く考える」学習経験だったと思う。

4年生の卒業論文作成過程は，就職活動と平行して進められる。就職活動が多忙になると，卒業論文のことをすっかり忘れてしまう学生も少なくない。彼がそうならなかったのは，何よりも，強い関心をもつテーマを選び，それについて考え続けることができたことにある。

彼は，就職先を決め，2014年3月に石巻専修大学を卒業していった。私は3年間，ゼミで彼と接していたが，彼ほど在学中に急成長を見せた学生は他にいなかったと思っている。震災は不幸な出来事だったが，彼はそれを成長機会として生かした。

3 「異議申し立て」学生

次に，2013年度の授業で実施した観光用帆船模型開発の過程においてみられたある学生の事例をご紹介したい。彼を便宜上「異議申し立て」学生と呼ぶが，彼は私との小さな衝突を経て少し考えるきざしをみせたのである。

3-1 授業目的：石巻の経済状況と交流の役割の理解

私のゼミのテーマは観光を通じた経済発展だが，研究対象には，石巻の経済状況と交流の役割の理解も含まれている。まず，震災前後のこのまちの特徴を説明しておく。

石巻は昔からの港町である。旧北上川が太平洋につながる石巻湾に注ぐ河口にある。金華山沖は世界三大漁場の一つで，石巻も漁船の基地で，交流が活発だった。1970年代までは遠洋漁業の拠点であり，鮎川港を中心とする捕鯨産業の後背地として船員が闊歩していた。が，その後遠洋漁業も捕鯨も難しくなり，石巻を歩く船員の数は激減した。

産業に元気がなく，新しい雇用の場のない石巻で，観光は新産業として期待大だ。今，石巻圏で代表的な観光客受け入れ施設は，慶長使節の復元船サン・ファン・バウティスタ号とその博物館，それに石ノ森章太郎協力の漫画テーマパーク「石ノ森萬画館」だ。

図 10-2　マストの折れたサン・ファン号
(2011 年 5 月 19 日)

　石巻を対象とする研究として，2013 年度，私は「石巻港の客船歓迎行事を通じた体験型観光プログラム開発」を試みた[4]。石巻港へのクルーズ客船の誘致は，東日本大震災以前から石巻市が近隣の市町，宮城県と共同で進めてきた観光振興策だ。私は，大学生が地域の問題を共有し観光体験を積む教育機会になると考え，歓迎行事を授業にも取り入れている[5]。

　2013 年，石巻港に「ふじ丸」(5 月)「ぱしふぃっくびいなす」(9 月)「オーシャンドリーム」(10 月)の 3 隻が入港した。関係教員と学生は岸壁にテントを出し，船の乗客と船を見に集まる市民とに楽しみを提供した。名物の石巻焼きそば／サバだし焼きそばの無料提供，東日本大震災の写真展示とともに，慶長使節船サン・ファン号を紹介する展示を行った。

　慶長使節船は現石巻市「月浦」から出帆したと藩主の伊達家の記録に残されており，それは 1613 年，つまり 2013 年のちょうど 400 年前 という PR の好機だ。石巻市にある復元船のサン・ファン号とその施設の博物館は 2011 年 3 月の東日本大震災で大きな被害を受けたが，幸い，2013 年 11 月の再開を準備していた。

　私のゼミ学生には石巻の歴史，経済状況と交流の役割を話しているが，学生の理解はまだ十分ではない。東日本大震災後の復興にも「関心がない」と言った学生が

---

4) 共創研究センタープロジェクト。代表：筆者。共同研究者：清水義春，庄子真岐。
5) これは地域活性化と教育を結ぶ試みでもあり，文部科学省大学間連携共同教育推進事業「東日本広域の大学間連携による教育の質保証・向上システムの構築」(代表：小田隆治)の基本理念「大地連携（＝大学と地域の連携）」の活動とよく似ている。

いるほど，経済への関心は低い。関心が低いため，交流の役割の理解が進んでいないという現状であった。

3-2 客船歓迎行事を通じた学生主体の試み

2013年度の2年生ゼミの目的は，地域経済と交流の役割の理解に加え，地域活性化のための体験型アートによる観光客歓迎の実践だった。私は，ゼミで，400年の節目となる慶長使節に注目する理由やアート体験の狙いを説明し，慶長使節の歴史的意義を学ぶ文献購読も行った。上記の石巻の立地と歴史的タイミングから考え，サン・ファン号のPRをゼミの活動として，学生主体の企画・運営を期待してきた。

2014年度前期のゼミには石巻市のプロの指導者を招き，慶長使節の日本人武士像とされる油絵の写真から，アート「シャドーボックス」（写真の切り抜き・立体加工）の作成を試行した。また，岸壁での発表をめざし，石巻市の伝統芸能「はねこ踊り」への挑戦も行った。これを学生のやる気の呼び水にしようとしたが，主体的練習などの活動は起きず，アート体験の指導や乗船客への披露ができる水準に達してはいなかった。

岸壁における船の歓迎にはゼミ学生全員の参加を呼びかけているが，客船の到着がゼミ授業の時間外だと，複数の学生が「他の授業がある」等の理由で岸壁に来ない。A4一枚程度のレポート提出で出席代わりとするが，他の授業を休んで客船歓迎に出席するほどの熱意・自主性はない。授業時間外の自主的活動もない。意欲の低い一因は，私の属する経営学部のゼミ単位は必修で，内発的動機よりもしかたなく授業に出ている学生が多いことであろう。

むろん，体験が学生の主体性を生んだケースもある。岸壁での行事で学生主体と呼べる部分は，先述の被災学生の「語り部」と，学生撮影による東日本大震災写真展だった。「語り部」学生と同じく，写真撮影・展示学生も石巻で津波とその後の復旧復興を経験したため，内発的動機に基づく自主性を発揮できたと私は考えている。

反面，客船歓迎行事の企画・運営全体をみると，学生主体とはいえない。学生は岸壁にテントを組み立て，焼きそばを焼き，写真展，慶長使節展示を行った。その場で記念写真を撮影・印刷し乗客に無料提供した。乗客に石巻の子供たちが製作した模型を見てもらう市内周遊企画も試みた。が，このような企画案への学生の参加は不活発で，現場でも指示を待つことがほとんどだ。活動を通じて内発的動機が芽生えたという実感は，乏しい。

3-3 「異議申し立て」

ある12月の雪の日，私の2年生のゼミ（履修5名）では，段ボールで観光用の帆船模型の製作を進めていた。17世紀のガレオン船のイメージの模型だ。これは苦心の末，観光を通じた石巻市の復興と学生主体の学びの両立のために私が考えた授業方針である。学生に手を動かしながら考えてもらう，という教員の意図がある。

ところが，作業2回目の授業で，その方針に異を唱える学生がいた。

この学生は家庭と経済の問題を抱えており，学業への取り組みに投げやりなところがあった。宿題を出すといい加減に返事をして家に帰るが，結果を持参する確率は低かった。授業への内発的動機付けも，議論への反応も乏しかった。

この日，彼は本を眺めるばかりで，手を動かさない。このときの彼と私のやりとりは，次のようなものだった。

> 私「どうして模型作りを始めないのですか。始めなさい」
> 学生「こういう作業は苦手なので，やりたくないです」

これには伏線がある。

この授業の1週間前，彼は模型開発の第1回目で約1時間をかけ段ボールを7，8枚張り合わせたボートのような船を製作し，「できた」と言った。観光客の体験のための帆船模型には程遠く，真剣に考えていない，と私は判断した。

> 私「これでは誰も楽しめない。真剣に考えろ」

彼は私のこの断定的否定もしくは少し感情的な口調が気に入らず，一週間後，授業方針に異議を申し立てたのだと思う。

やりとりはさらに続いた。

> 私「模型製作をしたくないのなら，どんなことならやるのか，言ってくれ」
> 学生「他のまちでの観光地・まちづくりを調べ，石巻に取り入れるべきだと思います」

このような授業方針の根本に関わる意見は当該年度のゼミが4月に始まってから約8カ月間一度も出されていなかったので，私は，彼が他のまちの事例調査をし

たいのではなく，模型作りの作業をしたくないためにそう言ったのだと思っている。
　他の学生は不安そうに二人の会話を聞いていた。

> 私「他のまちで行っている方法を真似しても，それは石巻の観光にならないでしょう」
> 学生「そのまま真似をするのではなく，石巻流にすれば良いと思います」
> 私「他のまちにあるもの，たとえば温泉が良いとなれば，それを石巻で取り入れるというのですか。そのお金は誰が出すのですか？」
> 学生「……」
> 私「何をするにもお金はいるでしょう。模型作りというのは，自分たちで出せるお金でできることを考えた上での方法です」

また，「他のまちでの観光地づくり…」という彼の意見に応える回答もしてみた。

> 私「ゆるキャラブームで人が集まるので石巻市は「石ぴょん」を作っています。B級グルメで人が集まるから，その石巻版の「石巻焼きそば」があります。他のまちの例を取り入れるというのは，すでに石巻でも行われています」

これを聞き，しばらく「考え」，彼は模型開発の作業を始めた。少しは納得したのかもしれない。少なくとも，開発中の段ボール帆船は前回より格段に精巧になった。私との議論を放棄し単位のために従ったのでなければよいな，という気持ちで見ていた。

帆船模型開発過程で，彼ははじめて「考え」て，議論してくれた。学生主体のもっとも大事な点は，「深く考えること」であろう。そのためには，学生主体であっても，教員が考えをもち，ときに学生とぶつかることも必要だと思う。

これが「異議申し立て」学生によい変化のきざしが現れた場面のご紹介である。費やした時間と労力に比べ小さな成果だが，前進だ，とこの時点では感じた。

年度末になり，授業の回数がなくなったため，模型製作活動も中途で終わらせねばならなくなった。最後の授業で，時間がないため模型の完成は各自に任せる旨を話した。時間内に学生に達成感を感じさせられなかったのが教員の力量不足であることは，認めねばならない。私が期待した時間外の積極的活動がみられなかったことが一因である。

その後，「異議申し立て」学生は，長期的に成長への軌道に乗ったわけではないが，

家庭と経済の問題を克服し卒業していった。彼は卒業論文のテーマとして仮設住宅での孤独死対策を選び，自分で考えた形跡のある研究を提出した。問題発見，自学自習はある程度できたが，「深く考える」ところまでの指導はできなかったというのが実感である。一方，模型製作体験で観光客を歓迎するという私のゼミの目標は，達成されていない。私自身がこの方法に限界を感じ活動を中止させている。

4 体験を教育に生かす

「異議申し立て」学生については，「語り部」学生が示したような成長がみられなかった。指導教員の私はどちらの学生にも可能な範囲での体験機会を提供したつもりだったが，結果は大きく異なっている。両者の違いはどこにあるのだろうか。以下，一般化を意識しながら2学生への指導経験から得た学生主体型授業推進の要点を整理しておく。

4-1 教員の課題提示

学生主体型授業には学生の問題発見への期待もあるが，今のところ，学生が自主的に問題を発見してくれないため，教員が課題を提示することになる。その際，授業の重要な目標，「深く考える」の実現のため関心を持ち続けてもらえそうな課題を提案することが必要である。学生と教員の間で十分な議論を経て課題が定まることが望ましい。

私は，「語り部」学生に提案したボランティア活動は成功だったと思っている。学生は活動に共感し，2年を超える活動を行い，卒業論文でも自分の体験を生かした論文を書いた。卒業論文作成期間に教員との間での議論も進み，彼自身が深い考えに至った，と感じる。

これに対し，「異議申し立て」学生への模型製作提案は，成果が乏しかったといわざるをえない。紹介したように小さな衝突は克服したが，その後の学生の模型への関心が深まらなかった。授業のテーマに結びつく関心を示さなかった。卒業論文のテーマ選択はまずまずだったため，学生が関心を継続できるテーマ選択という点で教員のやり方に問題があった可能性も否定できない。

教員の課題設定により，取り組み時の学生同士，大学外の人と会話をする機会の有無も左右されうる。一般的にはそれが豊富なほうが動機づけの維持が容易と考えられるため，「語り部」学生への課題のほうが適切だったといえる。

4-2 学生主体に必要な動機づけ

　学生主体の取り組みが実現するには，動機づけが必要である。活動の当初厳密な意味での内発的動機に基づく自主性がなくても，活動の進展とともに学生がその意義を理解し，動機づけが強まることが必要だと思われる。そこではじめて，学生がより「深く考える」ことが可能となる。

　「語り部」学生は津波の被災経験があり，ボランティア活動に興味をもち，シンポジウムへの登壇機会や東京への招待経験もあった。文字通り，学生主体の活動ができた。このような経験が自分を成長させるという実感を得ることは多かったと思われる。

　「異議申し立て」学生は授業であまり関心のもてない作業をやらされている，というのが本音であり，内発的動機づけからほど遠く，学生主体ともいいがたかった。学生主体の授業を試みたが，そうならなかった，というのが実情である。

　被災者の「語り部」学生は石巻を復興させたい，という気持ちをもっており，自分の活動もそれに通じるものだと認識していた。また，活動を続けるうちに周囲からの評価が高まり，活動機会が広まったことで，内発的動機づけが強まった。震災前消極的だったこの学生は，被災をきっかけとする経験により積極的学生に変貌した。

　これに対し，「異議申し立て」学生は，家庭と経済の問題もあり，大学の勉強への高い動機づけをもっていなかった。自分の生活と勉強に精一杯で，被災地復興への関心は弱く，模型製作→観光振興→経済発展という私のゼミで研究する因果関係への理解は不十分であった。「異議申し立て」の件により彼の態度に変化のきざしがあったが，根本的に学習態度を改めることにはならなかった。学生の姿勢にもよるが，活動への積極化は必要であり，それが起きない場合には教員と学生の話し合いが必要であろう。

　学生の動機づけの成否の目安は，授業外での活動の有無だと思われる。体験を重視する活動にはたいてい時間を要するため，授業時間内のみでは十分な成果は得られない。このことに学生自身が気づき，自発的に時間外の活動を行うことが必要である。授業時間内に終わる「学生主体」活動は，大きな成果をあげ得ないと思われる。

4-3 体験の言語化

　もう一つ，指導技術の面で重要と考えられるのは，体験の言語化機会をつくることである。体験から学ぶには，言語化が適切に行えるかどうかが第一のハードルである。素朴に事実を伝える文章を正しく書くことができるかどうかが大切である。そこに到達してはじめて，文章に示されている事実に他の解釈の方法がないか，現

象の分析視角がないかを検討し指導することが可能になる。まず，何事も言語化を前提として体験することが必要である。

「語り部」学生は卒業論文に至るまでに複数，短い文章を同人誌的な媒体に発表していた。これに対し「異議申し立て」学生は体験について文章を書くことをうながしても，ごく短い感想しか書いたことがない。これでは「深く考える」ことは難しい。

このような経験は，他の学生の体験後の文章でもよくある。活動の事実を記さず「おいしかった」「おもしろかった」「たのしかった」など感覚的な言葉だけの感想文に遭遇することは少なくない。これでは後日，その体験と考え方の再検討ができない。成長のためには，かつての自分の考えを振り返り，より深い考えに至る可能性の再検討が必要である。

体験からの教育が指導の質を向上させる可能性があると私は考えているが，それには言語化のプロセスが不可欠である。インターネットの時代には，レポートはネットからコピー＆ペースト，という姿勢の学生もいる。指導する側も丸写しでない学生の考えの深まりを評価するのは大仕事である。このような環境において，自分の体験を手書きで文章にさせることが有益である。書き始める前に構想を練る訓練にもなる。

私のゼミでは『石巻復興NEWS』というミニコミ紙の記事作成を宿題として課している。学生の体験の言語化の訓練には，日記を書かせることも有効だろう。

5 おわりに

以上，ささやかではあるが，学生の指導から得た経験則をご紹介した。学生主体の授業が「語り部」学生のように動機づけに有効な場合もあるが，うまくいかない場合もある。「意義申し立て」学生の場合，明確な成果のないまま卒業に至ったのは私の非力ゆえであると認めねばならない。

私の試行錯誤の記録が読者のご参考になれば幸いである。

【引用・参考文献】

石巻専修大学FD委員会（2013）．『シンポジウム「自然災害と大学」抄録』石巻専修大学

石巻専修大学経営学部丸岡ゼミ（2011-2015）．『石巻復興NEWS』

大津幸一［編著］（2012）．『東日本大震災　石巻専修大学　報告書』石巻専修大学

小田隆治・杉原真晃［編著］（2010）．『学生主体型授業の冒険―自ら学び，考える大学生を育む』ナカニシヤ出版

第3部

理系科目における学生主体型授業

11 体感する科学
学生主体型・プロジェクト解決型授業

千代勝実

1 はじめに

本章ではまず大学初年次における物理教育の一般論を簡単に説明した後，山形大学基盤教育院で試行している物理学実験を中心とした学生主体型の授業である「体感する科学」の課題概要を報告する。

従来型の大学物理授業としてすぐ思い浮かぶのは，講義，演習，実験の3点セットである。しかしマンパワー・費用・スペースが大幅に限られているという現状から，1年生の教養教育においてこの3点セットをそろえるのは非常に大きなリソースが必要になる。山形大学の基盤教育でもご多分に漏れず，演習と実験は一部を除き行われておらず，専門科目としての位置づけとなっている。

先進国では国民や学生の理科離れが喧伝されて久しく，その中でも物理の凋落は最も早かった。この結果，教育改善のための定量分析と実践（物理教育研究 Physics Education Research：以下，PER）は物理の領域で特に進んでいる。例えば米国では高校での物理履修率が1986年を境に改善しており（Neuschatz et al., 2008），その理由として学生主体型授業の導入および女子学生を含む多様な学生への対応，適切な授業評価基準の導入が挙げられている。以後，物理学実験における学生主体型授業に力点を置いて解説を行う。

2 物理教育研究での学生主体型講義

多くの学問分野で長く行われてきた従来型授業は，多数の学生に対し教員1名が教壇に立ち黒板に教授事項を板書し，解説を行うというのが基本形である。教員が

学生の反応をみる，質問に答えるという双方向性や，視聴覚機器，OHP・パワーポイントなどを使った表現法の改善などはあるにせよ，学生が受動的に授業に参加し，期末試験やレポートにより評価されるという構造はあまり変わっていない。

昨今の PER による研究の進展で，このような講義・講演形式の授業の場合，講義内容のせいぜい 10% しか学生に伝わらないことがわかってきた。また，計算演習や試験を行ってもパターン練習として解けるようになるだけで，物理概念の理解や現実の問題への適用につながるわけではない。講義の工夫の一環として演示実験（教員がデモンストレーションとして実施する実験）を導入し理解を促進するという試みも過去数百年にわたって行われてきたが，これも学生の理解には全く効果がないということが明らかになってきている。学生が主体的に取り組む要素が比較的存在する実験においてすら，料理のレシピ本のように実験指導書に書かれている手順を忠実にこなし結果を出すという，途中で学生が考える必要すらない機械的な作業に陥っている。

限られたリソースの中で，どのようにカリキュラムを構築し教員と学生を巻き込んでいけば，効果的な理解に到達するのだろうか。PERにおいては物理概念の理解とその整合性ある統合，現実の問題への適用が基本的な課題であると規定されている。そしてそのような能力を測定するための客観的指標，例えば力学概念調査 FCI（Force Concept Inventory）や力と運動概念調査 FMCE（Force and Motion Conceptual Evaluation）などの開発も同時に行われてきた。米国ではこのような客観的指標が広汎に利用され講義手法が評価されるというケースが一般的になっている。この事実はどのような能力の向上を目的としなくてはならないかということについてPERの中で一定の合意があることを意味している。

また，講義評価と講義手法を分離し相互に影響を与えないように配慮していることが現在の PER の特徴でありいかにも自然科学的である。これに基づいて講義を実施し客観的指標による事前事後の理解度の上昇（ゲインと呼ばれる）を測定し，改良を加えるという PDCA サイクルが可能になる。さらに教育実践から教育のエッセンスを抜き出しどの教員でも採用可能な共通部分を抜き出すことができる。

これらの指標を評価することにより，学生主体型授業は従来型の授業に比べて高いゲインが得られることがわかってきた。また単に学生主体型授業を行うのではなく，適切な認知的理解を誘発するように授業を設計することが重要である。

つまり PER においては，よいといわれている手法をむやみやたら・あてずっぽうに行う実践は有効ではなく，評価を行うための指標をどのように設計・利用する

かこそが問われている。それを踏まえた上で統合的にカリキュラムを構築しなくてはならない。このように物理教育研究はあたかもルールを単純化した自然科学の研究であるかのような様相を示している。教育そのものがこのように単純な図式で理解し改善できるわけではないとしても，一つの角度からの見方を提供できることには疑いはなく，さまざまな批評や実践を鏡として多くの教育の理論や実践に光を当てる可能性を期待したい。

具体的な実践に話を戻すと，実際の講義設計においては，仮に客観的評価を直接行わないにしても概念，整合性，適用の三つの課題を意識してカリキュラム構築を行うことになる。

3 「体感する科学」の概要

PERにおける合意事項である，概念の習得，整合性ある理解，現実への適用を山形大学で実践するための講義として，以下のような目標を設定し，学生が主体的に学ぶことのできる新しい初年次物理科目の開発をもくろんだ。

1) 学生が仮説を立て実験を行い結果を考察し，再度改良した実験をする

三つの課題の目的とは結局，仮説を立てて実行し検討し再度仮説を立てるという仮説演繹法が実践できるようになるということである。つまり従来型の実験のように指導書に書いてある実験を手順通りに1回だけ実施するのではなく，例えば同じ実験を数回行い，またパラメータを少し変えて結果を比較するという系統的な実験群を計画し実行できるということである。

2) 計算問題を解くことではなく概念理解に重点を置く

三つの合意には計算ができるという技術そのものは明示的には入っていない。また物理を道具として使用する場合，手作業で計算することはほとんどなく，コンピュータで計算することになる。計算が概念理解や現実への適用に直接結びつかないのであれば，体感的にどのような結果が出てくるか，コンピュータの出力する答えが体感的に正しいかどうかを知っておく方が，人生において役に立つ。計算を省いた結果，物理を専門としない学生でも受講できる科目となる。

3) 特別な設備のない講義室で実施できる

教養教育グレードの実験室は設備にコストがかかる割にどの大学でもその稼働率が50%を超えることはなく，その面積を減らされる傾向にある。そこでセミナー形式として講義室で講義と実験を行う形態とした。むしろ講義室で実験できる内容と物品で設計することにより，熱心な学生なら物品の入手法を紹介することにより自宅で再現実験をすることも可能になる利点もある。

これらの目的を達成するために，基本的には四人グループで実験し，科学の方法論とグループワーク，レポートの作成までを15回の実験・講義で学ぶ授業計画を立てた。表11-1に2012年度の講義内容を挙げた。

表11-1　2012年度の講義内容

1.	ガイダンスと演示実験
2.	仮説演繹法と斜面を転がる物体
3.	統計
4.	電流にはたらく力
5.	レポートの書き方
6.	磁性
7.	偏光
8.	ガウス加速器
9.	風船の質量
10.	実験の解説
11.	単極モーター

（複数回の実験で探求する課題も含まれる）

ここではこの講義を特徴づける初回の演示実験，斜面を転がる物体の演示実験，風船の質量実験について解説する。また別途開発している「空気中での音速の測定」について概略を説明する。

4 「体感する科学」の授業内容

4-1 「体感する科学」の初日

「体感する科学」は後期（秋学期）月曜日1コマ目（1, 2校時）に開講している。後期月曜日朝一なのは，学生数を少なく絞ってじっくり指導するもくろみであったのだが，40人の定員に対して倍以上の学生が押し寄せるという予想外の結果になった。これは私の講義に人気があるというよりは，山形大学に実験授業がほとんどないということの反映であろう。学生たちはおおよそ95%の出席率で最終日まで推移した。2013年度においては学生TAやAAが一人でオペレーションを実施するためのプロトタイプ授業として定員を20名としたが基本的な内容は同じである。

「体感する科学」に限らず，私の物理の講義では必ず初日のガイダンスで直径2cmのピンポン球（2.5g）と鉄球（250g），つまり100倍の質量の差がある物体を2

メートルの高さから落とす演示実験を行う。手順は以下の通りである。

> 1) 最初にすべての学生に双方の球を触らせて重さの違いがかなりあることを実感させる。
> 2) 二つの質問「教科書的にはどちらが先にどのくらいの違いで落ちますか」「実際にはどちらが先にどのくらいの違いで落ちますか」を順に与えて考えさせる。
> 3) 「同じピンポン球」二つを落として「同時に落ちる」ということの基準（落下音）を与える。
> 4) ピンポン球と鉄球を同時に（複数回）落としどちらが先に落ちたか確認させる。
> 5) なぜそういう結果になったか考えさせる。

実験はピンポン球・鉄球ともほぼ同時に落下するという結果になる。ところが，事前に学生に球の重さを体感させるとほぼ全員が，鉄球の方が速く落下するという答えを出す。これは空気抵抗の過大評価であったり重い物が速く落ちるという素朴概念であったりが原因であるが，重要なポイントはほとんどの学生がこのような単純な実験を自分では行っていないため，身体感覚で重力の現象をつかめていないという点である。

初日のガイダンスは「あたりまえと思っていることでも自分で実験して確かめることが大事」という言葉で終わる。

4-2 系統的演示実験

先に演示実験は教育効果がないと述べたが，筆者は系統的演示実験と呼ばれるパラメータを少しずつ変えて何度も行う演示実験の研究を行っている。仮説を立てて実験を繰り返すことにより，どのパラメータが実験データを変化させるのかということを経験的に理解させるのが目的である。また仮説自体は計算を要せず，どっちがどのくらい速いのか，程度の定性的な認識でかまわない。

この系統的演示実験は第2回に行い「体感する科学」のカリキュラム構成上重要な二つの目的を担わせている。一つは物理現象を発見的かつ経験的に理解すること，もう一つは仮説演繹法を教員が実践し，今後の講義で学生自身が行うよう誘導することである。

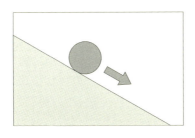

図 11-1 斜面を転がる物体

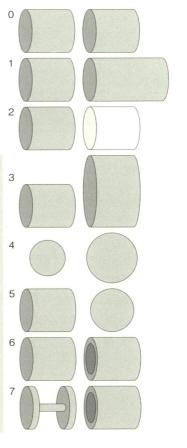

0. 全く同じ長さ 3cm，直径 3cm のアルミニウム製円柱二つ（「同時」の概念を定義する）
1. 直径 3cm で長さがそれぞれ 3cm と 5cm のアルミニウム製円柱
2. 同じ長さ 3cm，直径 3cm のアルミニウム製（密度 2.6g/cm^3）および真鍮製（密度 8.4g/cm^3）の円柱
3. 長さが 3cm，直径が 3cm と 5cm のアルミニウム製円柱
4. 直径がそれぞれ 2.5cm と 3.5cm の鉄球
5. 球と円柱はどちらが速く落ちるか
6. 円柱とパイプはどちらが速く落ちるか
7. パイプと糸巻きはどちらが速く落ちるか
8. 直径が同じ物体の場合，回転軸の周りに質量が集中している・していないでどうなるか

図 11-2 系統的演示実験での各課題

　ここでの演示実験は，図 11-1 の斜面で図 11-2 の二つの物体を転がし，速く転がり落ちるものを繰り返し予想し，最終的に剛体の回転モーメントの理解へつなげる。

　答えは 3 択で，例えば課題 1. であれば「長さ 3cm の方が速く落ちる」「5cm の方が速く落ちる」「同時」の中から選ぶ。

　それぞれの課題を学生に示し，どの答えになるか 1 分程度で考えさせる。その後実験を 3 回程度繰り返して結果に再現性があることを確認させる。なぜそのような結果になるのか考えさせる（2011 年度は一人で考えコメントをつける，2012，2013 年度

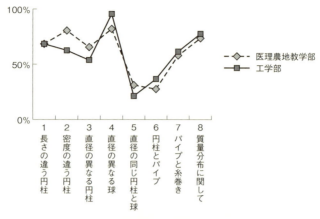

図 11-3　系統的演示実験での正答率

は四人で議論しコメントをつける）。

　それぞれの課題は経路依存的にそれ以前の課題の結果に強く依存しており，パラメータの変化つまり形状やサイズの違いと実験結果を照らし合わせると回転モーメントを直感的に理解できるように構成されている。

　図 11-3 は 2011 年度の正答率の結果である。二つのクラス（各 45 名程度で工学部中心のクラスと工学部以外の学部のクラス）で実施し同様の結果が得られている。課題 1 から 4 まではどのパラメータを変更しても結果が変わらないため正答率が 90% 以上に達するが，課題 5 で結果の傾向が大きく変わる「発見」が起きるため 20% 程度の学生しか正答できない。課題 5 から 7 で何が原因なのか追及していく過程を通じて，課題 8 で 80% 程度の学生が正しく回転モーメントの概念を理解できるようになる。

　これ以降の講義では，複数回の同一実験を行い再現性を確認すること，パラメータを系統的に変更して実験を行うことといった実験による仮説演繹法の構成要素を学べるよう設計されている。

4-3　風船の空気込みの質量測定

　最大の課題となる「風船の空気込みの質量測定」を解説する。空気中では，風船の質量は浮力を受けるため中の空気の質量はキャンセルされ，バネばかりではゴムの質量（150 グラム）しか測定できない。この課題では直径 1 メートルの巨大風船を学生グループに渡し，これまで理解した仮説演繹法に基づいて実験を考案し，風船

の質量をよりよく測定する。教員は浮力があるためバネばかりでは測定できないこと，空気込みの風船の質量の理論値（約800グラム）を計算してみせることを最初の10分で行い，学生に教員の理論計算以外の実験的手法について検討と実践を促し，個人ごとにデータを持ち帰りレポートとしてまとめる。

　この課題の教育的評価は（1）風船のサイズを測定し理論値を再確認すること，(2) バネばかりで本当に量れないか再確認すること，(3) 原理に基づいて考案した実験について同一実験を複数回行い，また系統的にパラメータを変えていること，(4) 測定原理や手法が異なるプランBとしての実験を行い，当初のプランAの実験原理と実験精度や実験実施の容易さなどを相対化すること，である。実は測定精度そのものは評価に入っていない。つまり所与の情報についても実際に確認すること，仮説演繹法の基本的な作法が身についていること，そして原理的に測定できることとよりよい実験とは異なること，それぞれの重要性を理解しているかがポイントである。日常生活では扱わない巨大な風船を用いることにより体感的に空気の質量を発見するチャンスを増やすことも意図している。

　学生はこれまでの講義の中で所与の情報でも再確認するということ，同じことを複数回試行するということについて執拗に強調されここまで実践しているので必ず実施することになる。また実験手法を考案する部分についてはとりあえずいろいろ試行するグループと考え始めて手が進まないグループが生じるので，後者についてはとにかく風船で遊んでみることを提案する。

　レポート指導はカリキュラムの初期に作成方法と採点基準を講義し，何度かの実験でレポートを作成させている。一般に学生たちは実験レポートを作成する際に，実験のデータをまとめて結果を出すところまでは手順通りに実施することができるが，考察をどのように書けばよいか戸惑うことが多い。「体感する科学」では実験手法とそれに起因する結果の差違についてその理由を記載するよう指導している。具体的には実験のパラメータを変えることによりどのように結果や精度が変わったか，また異なる原理によるプランB実験でどのように結果が異なるかその理由を書くように指導している。実験結果が理論予想と異なる場合にはむしろ考察に書くことが増えるので喜ぶようにと言うと，実験は理論に合う結果が出れば成功だという先入観がある学生たちは意外に思うようである。同時に，理論はできの悪い近似であり自分たちの出した実験結果こそが正しい現実であること，その結果に「できの悪い理論」を近づけるためにはどのような影響があったのか推測したことを考察することを強調する。これにより学生たちは「この実験は理論と合っているのでうまく

いった」などという空白を埋めるための苦し紛れの感想を書かずにすむ。

風船実験の場合，ほとんどのグループは高所からの落下，回転運動，バネによる単振動，衝突などの実験手法を試しそれをレポートにするが，数グループは自分たちの実験手法では質量測定につながらないことに気がつき，講義終了後に質問に来ることもある。この場合，自分たちの測定をまとめた上で，なぜそれが誤りだと考えるのか，またどうすればよかったのかを考察させる。

4-4 空気中での音速の測定

学生にとって音速は光速を除いて身近に感じられる最も速い速度であり，空気中では1気圧常温で約340m/s，時速にして約1200km/hである。これは国際線のジェット機の速度より少し速い程度であり，日常的にも雷光と雷鳴の時間差，楽器などの共鳴，救急車などサイレンのドップラー効果など，音速が有限であることに起因する現象を体感することができる。このようなこともあり音速を測定するプロジェクトを「体感する科学」の他に担当していた「アドバンストセミナー」で実施した。基本的な実施の考え方は「体感する科学」と同様，四人一組で課題解決のためのPDCAサイクルを回すこと，プランBを用意することであり，違いは「アドバンストセミナー」に含まれる他の学生主体型授業との合同発表会での発表を行うことである。

ちなみにメタレベルの対照実験課題として，音速度の測定の他に光速度の測定についても検討していたが，光速度は日常的には体感できないことや事前の光速度測定手法を検討する学生レポートで，オシロスコープなどを使わずに身近な物品のみで光速度の測定まで達することができる基礎知識が見込めないことなどから今回は省いた。このような光速度測定について興味があれば頭の体操として考えてみて頂きたい。

学生の考案する音速度の測定方法は大きく分けて（1）距離と到達時間を使う方法（2）共鳴を使う方法（3）ドップラー効果を使う方法の三つの原理がある。これらのうち二つを学生が発見・開発しPDCAサイクルを回す。最も簡単な距離と到達時間を計る方法でも，精度を高めるためにさまざまな工夫と改良をしている。さらに音速は気温や気圧によって大きく異なる（気温が摂氏1度高くなると0.6m/s速くなる）ため，環境の条件を測定しておかなくてはならない。これらはもちろん実験の基本である。

ここで，学生による改良の例を紹介しよう。一人が音を鳴らす操作をし，数百メートル離れたもう一人が，相手の音を鳴らす操作を目撃した時間と音が到達した時

間の差をストップウォッチで測定するという原初的な手法を初期に実施し（測定誤差が数 10m/s），その後精度に対する評価を行い改良した結果，メトロノームのように一定の間隔で発信音を発する装置二つを同時に音が聞こえるように同期させ，一人が離れていき再度同じタイミングで聞こえる場所までの距離を測定する（測定誤差が数 m/s）手法を考案した。学生たちは手でストップウォッチを 2 回押すよりも耳で「発信音が同時」を同定する方が精度も高く離れる距離も短くて済むことに気がついたわけである。学生たちは他にもさまざまな改良を実施し実験手法の評価を行っている。自ら改善し精度を上げていくのは，ある意味学生実験のゲーミフィケーションでもありまた我々研究者が日常行っていることの再現でもある。

5 授業「体感する科学」の考察

5-1 プラン B の本質的な意味

プラン B は実験手法の相対化につながり，学生にとってそれぞれの手法の利点と欠点を考え考察を深めていく意味があると説明した。これはこの授業の中で学生にとって実利的な意義をもつ。つまりよい考察を書くための方法論である。しかし私はこの授業の中でプラン B をより本質的な意味づけ，つまりイノベーションとパラダイムシフト（ゲームのルールの変革）を学ぶための装置として位置づけている。当初の実験手法（プラン A）を改良していくのはほとんどの場合正しい。研究開発や企業活動においても人生においても成功例が一つあればそれを洗練し最適化していくことにより改善が進んでいくであろう。そして最終的にローカルオプティマム，つまり改善の限界に達する。そこに甘んじることないさらなる成長のためには全く新しい原理への思考の跳躍を行う必要がある。

プラン B は単なる次善策ではなく，常に意識しておくべきイノベーションの卵でありローカルオプティマムに達する前のパラダイムシフトへの助走となる。このように学生が積極的な攻めの選択肢としてプラン B を意識する習慣を身につけることにより袋小路にはまる可能性を少なくし視野を広げることができる。

実は「風船の空気込みの質量測定」にしろ「空気中での音速の測定」にしろ，学生が最初に手を出すプラン A よりも，理解が深まった後に考案するプラン B の方が精度が高くなるように課題を設計している。重力加速度の測定のように手法がよく知られている実験課題の場合は先に振り子を使った実験に手を出すためプラン B の精度を上げるのは至難である。これが成功体験となり最初に実践してみるプラン

Aよりも課題の構造を理解した後に検討し実践するプランBがよりよいケースになることがある，だから「よく考え実践し視野を広くもつことが重要である」「一つ思いついたからといってベストであることは少ない」という習慣づけをこの授業を通して期待している。

5-2 客観評価に関する展望

次に「体感する科学」の客観評価に関する展望を説明する。「体感する科学」ではFCIを実施し第1回開始時と第15回終了時で学生の達成度を評価している。しかしFCIやその他の客観的指標では「体感する科学」で学習した単元を網羅することは原理的にできないため，ここではその評価と報告は省略する。また，レポートの作成といった実際的な技術や，仮説演繹法の習得と実践などより高いレベルのプロジェクト計画能力は評価が難しい。そこでさしあたって受講生の成長をトレースするために各学部の教員に協力頂き専門課程に進級後の状況を評価することを検討している。

これらとともに，総合的な評価を可能にする客観指標の開発も検討している。「体感する科学」のような能動的学習の場合，伝統的な講義と比較して学生や教員の主観的な講義評価は，満足度や講義参加度を中心に高くなるのが一般的である一方，FCIなどの客観指標と相関がはっきりしないためである。

6 まとめ

山形大学基盤教育院で実施している「体感する科学」は，PERの知見をもとに，学生主体型授業の一例として，概念・整合性・適用の三つの課題を達成するための仮説演繹法の実践とそれに付随するレポート作成などの実際的技術の習得をねらいとしている。今後は客観的な評価方法の確立が大きな課題である。

【引用・参考文献】

Neuschatz, M., McFarling, M., & White, S. (2008). *Reaching the critical mass: The twenty year surge in high school physics*. American Institute of Physics〈http://files.eric.ed.gov/fulltext/ED502250.pdf〉

12 北大に風車を建てようプロジェクト
秘密工作員のミッションとは

山田邦雅

> 秘密工作員 23 名募集

「かなりやばいシラバスがある」。これが学生の間で噂になっている「風プロ」のシラバスの冒頭である。怖いものみたさで，風プロの初日はざわついている。

1 風プロを始めた背景

風プロこと「北大に風車を建てようプロジェクト」は，組織的な取り組みの一環として開講されたものではなく，単に私個人が開講したごく普通の授業である。科目区分は一般教育演習（フレッシュマンセミナー）で，初年次生に大学に慣れてもらうための導入科目である。教員－学生間，学生－学生間のコミュニケーションを重視した選択科目で，履修希望者が多い場合は抽選で 23 名に絞られる。北海道大学（以下，北大）の教養教育における，いわゆるアクティブ・ラーニングに対応した科目といえる。一般教育演習の授業内容の自由度は高く，「チェス入門」など担当教員の専門分野を越えて趣味がベースになっていることもある。

しかし，風車は私の専門でも趣味でもなく，題材自体には拘りはなかった。ただ，一般的な科目では実現し難い次のような授業を考えていた。

> ・夢のある授業
> ・15 回では到底到達できない目標を掲げた授業
> ・学生一人ひとりの成果・証が残る授業
> ・「将来役に立つ」ではなく，授業内で有効性を実感できる授業

図 12-1 風プロを扱った一面記事（2013 年 4 月 30 日，室蘭民報）

- 「単位取得のため」を超えて熱中できる授業
- 授業内容が毎年成長してゆく授業
- 学年を越えた縦のつながりのある授業
- 悪戦苦闘してグループで議論になる授業
- 理論だけでなく，実践することで理論の理解を深められる授業
- 大学に閉ざされない授業

　このようなイメージをもとに，私のバックグラウンドが理論物理であることもあり，風車を題材とすることにした。

　特に，義務的な意識で受講するのではなく，趣味で参加する心構えであってほしいとの願いで，シラバスには以下のように書いている。

「履修者という仮の姿を装い，風プロの秘密工作員となってほしい」

　これは，現実との乖離がおこってしまう机上の学習ではなく，本物の難題に取り組むのだというメッセージである。

2 風プロの概要

　この授業は，その名の通り北大に風車を建てることを目指している。これは冗

談ではなく本当に目指す。問題解決能力の育成は，on the job トレーニングでなければ形骸化したものになってしまうので，本物の目標を立てなければならなかった。ただ，本当に北大に風車を建てるといっても，風況的に適さない地に発電用風車を建てても意味がない。風車の用途の発案も含め，札幌のシンボルになるような風車の建設を考えてゆくのである。

しかし，いきなり建設計画を行うわけではない。実現には，学内的・市民的な気運を高めてゆかなければならないため，まずは，「面白い授業があるらしい」と学生に知られた授業にする下地固めから始めた。

風プロは，2013 年度に開講してまだ 2 年目なので，授業内容の模索の真っ最中

表 12-1　2014 年度の 2 期生が受講した主な授業内容

・アルミ板かざぐるま回転速度コンテスト
初回は，アルミ板をハサミで自由に切ってかざぐるまを作り，回転速度コンテストを行う。これは，授業のダイジェスト版を体験するためのものである。
・風車に関する一般的な基礎知識の習得
風車の形態，翼の形状，用途，エネルギー効率などの基礎知識をつける。
・翼理論の理解
ニュートン力学にはじまり，流体力学，翼理論へと進んでゆく。ほとんど数式は使わず，空気分子の動きで理解する。
・風車模型の翼のデザイン
マインドマップを描きながら，翼のデザインを考える。グループメンバー全員の脳内を可視化し，イメージの融合や他者との妥協点を探る作業である。
・試作風車模型の作成
1.4mm 厚のポリプロピレン板をハサミやホチキスを使って整形し試作風車模型を作成する。曲面・ひねりのない平面で構成され，折り紙的な形状の翼の簡易版である。サーキュレーターの風で回転速度中間コンテストを行う。
・風車模型の作成
試作での反省を生かして改良した設計図をもとに，2mm 厚の塩ビ板を型に圧着させることで翼を整形する。回転速度コンテストとデザインコンテストを行う。
・ミニ論文の執筆
年度を越えて「北大に風車を建てるにはどうしたらよいか」の研究を重ねてゆくためのミニ論文を書く。先輩のミニ論文の引用，学生同士のピアレビュー形式で査読を行う。
・風車見学
海岸沿いに建てられている発電用風車を見学する。また，見学だけではなく秘密のミッションが課されている。

で，年度によって内容が大きく変わっている。2014年度の2期生が受講した授業内容はおおよそ表12-1のとおりである。

2-1 風プロの柱

私は熱血先生にはなりたくない。別に熱意がないわけではないが，よい授業には熱血先生がつきものという構図ができてしまっては，高等教育全体の底上げが難しくなると考えるからである。熱血先生ではなく，授業作家として学生を惹きつけたいし，その方針でFDも行ってゆきたいと考えている。

一般に，授業計画は教科書の目次をなぞるように万遍なく15回が埋め尽くされてしまう傾向がある。しかし，本科目は自由に設計が行えるため，まずメインとなるいくつかの柱を据えることから設計を始めた。

1）第1期

第1期における柱は，風車模型作り，北大風車の完成予想図CG作り，ミニ論文の執筆の三つとした。

風車模型作りでは，前半で学ぶ翼理論をもとに，翼長が30cm程度の風車模型を作る。これは北大に建てる風車とは無関係でよい。高々30cm程度の翼なので，木材を削り出すか，紙粘土のようなもので造形してしまうのが普通であろう。しかし，設計した通りに施工することの難しさ，そして仕事の役割分担などのマネジメントを経験してもらうため，あえて骨組みを作り肉付けしてゆく行程にした。30cm程度のネジ棒を翼の軸とし，1.4mm厚のポリプロピレン板で作成する20枚程度の骨組みを設計図通りにナットでとめてゆく。肉付けの素材は，雨風に強く，学生が普段触れることの少ないシリコーン樹脂を利用してみた。最後に中古自転車から外した車輪のハブに翼を取り付けて完成させる。

完成予想図CG作りでは，北大に風車を建てるとしたらどのような外観・用途の風車にするか，またキャンパス内の何処に建設するかを考え，パソコンで建築パースを描く。これは，「北大に風車を建てる」という実現が難しい大目標に，各学年が現実味をもてるようにと入れた企画である。

建築的に風車のCGを作成してゆくのは時間的に無理なので，インターネットや書籍で理想の風車を探し，その風車の写真を上書きする形でCGを描くこととした。背景は実際に風車を建てたい北大キャンパス内の写真を撮って利用した。

CG作成には，フリーソフトのGIMPを利用した。塗り絵のように各領域を描き，

図 12-2　各グループで最優秀作に選ばれた北大風車の完成予想図

素材感を出すためにノイズやテクスチャを適用する。また各領域の光の当たり具合に合わせて明るさ・コントラストを調整し，曲面にはグラデーションをかける。仕上げは各領域に焼き込みを入れるなど「汚し」を行いリアルな CG にしてゆく。

結果として学生たちはレベルの高いパースを描くことができたが，決してパソコン操作に慣れていない大学 1 年生に Adobe Photoshop レベルのソフトウエアはハードルが高過ぎたようである。学生は GIMP の操作に悪戦苦闘し，留学生が一人履修取り消しを行うという難易度となってしまった。

完成した CG は，履修学生全員で投票を行い，グループとクラスの最優秀作を選定した（図 12-2）。

ミニ論文は，「北大に風車を建てる」という大目標に年度を越えて取り組んでいるということを実感できる課題の一つである。どうすればこの大目標に近づくことができるかを考え，今までに書かれた先輩のミニ論文を引用して研究を進めてゆく。

年度を越えて引用してゆく論文方式は，小さなコミュニティでアカデミック・ライティングを経験するだけでなく，ライティングの基礎である「読者層を意識する」「目的・伝えたい内容を明確にする」「公の場に出す」を「この先ずっと後輩が参照する」という本物の環境で経験させることをねらったものである。

ミニ論文では，自由に研究するのではなくテーマを設けてみた。第 1 期では「風プロのオープンエデュケーション化」をテーマとした。北大に札幌のシンボル的な風車を建てるには，市民レベルで気運を高めなければならない。そのためには，この授業を市民参加型にして注目度を上げることが有効であるとして，その際にクリアしなければならない問題について研究してもらった。

また，ミニ論文に限らず，風プロのレポートの多くは「次期生が参考にできるように書く」という明確な目標を掲げた報告書である。例えば「なぜうまく回らないのだろう」というときに，手がかりを求めて先輩のレポートを読み漁ることができ

るように公開する予定である。

2) 第2期
　第2期では，第1期での多くの問題点を考慮し，内容を大きく変えることとなった。
　風車模型作りに関しては，第1期での反省から素材を変えることにした。まず，シリコーン樹脂での肉付けは整形が難しく，翼も重くなってしまった。あえて学生にあまり馴染みのない素材を使ってみたが不適であった。第2期では，翼の設計図をOHPシートに印刷して骨組みとし，それをもとに紙粘土で型を作った。そして2mm厚の透明塩ビ板をホットプレートで柔らかくし，型に圧着して翼を整形した。翼の数や形状は自由であるが，基本は流線型を取り入れた表裏の張り合わせで翼を作成する。これにより，軽く美しい翼の風車模型を作成することができるようになった。
　また，思い切ってCG作成は廃止した。GIMPの難易度の高さもあり，模型作りとの2本立ては欲張りすぎであった。北大の授業として描画系の課題は貴重であったが，中止は止むを得ないと判断した。
　ミニ論文は，1期生の論文を引用してもよいのだが，まだ始まったばかりであるので，新たなテーマ「大学院の授業で風プロ第2章を行うとしたら，どのような内容にし，また，大学1年生版風プロにどうコミットするか」を設けた。

2-2　風プロの役割
　この授業では，将来の風車の専門家を育てたいわけではない。そもそも私は風車の専門家ではない。
　教養科目で得た知識はどうせ忘れてしまうので，風車を題材としながらも，実は次のような汎用的な技能・態度の育成が目的となっている。

1) チームマネジメント
　コンテスト優勝という共通の目標のもと，チームが協働して各段階の仕事に取り組むことにより，プロジェクトマネジメントを体験する。そして，チーム活動の成功体験の一つとして今後に活かせるようにする。

2）横断的な視野と行動力

施工現場を知らない人間が設計を行う。そのような頭でっかちな層が組織にいると全体が有効に機能しないことは明らかである。創案・設計とセットで施工も行い，全てを見渡すことが各段階で重要になることを実感する。

3）On the job トレーニングによる目標管理

目標管理は，仮想的な場でトレーニングすると形式的なものになり効果は期待できない。実際に想定外の困難に遭遇し，目標や設計の振り返りを行うトレーニングを行う。

4）長期的視点

研究計画，就職活動など，重要なものは長期計画となるが，長期的視点で計画を立てる機会はなかなかない。しかし，授業は半期で終わってしまうため長期的な視点を育成することは難しい。年度を越えた縦のつながりによる長期的視点の育成を試みる。

3 理論の学習

風プロで物理をベースとした翼理論を学ぶことのねらいは，物理学の習得ではなく，難解な理論も単純な理屈の集まりであることを順を追って理解できるような論理的思考力の育成である。揚力発生のメカニズムは難しいが，空気分子の動きで直感的に説明できるようになることが目標である。ニュートン力学に始まり，流体力学の基礎，渦理論，翼理論へと進んでゆくが，数式の理解は求めない。ミニ実験で実際に各現象を確かめながら，理論と現実が乖離せぬように進められる。

3-1 第 1 期

第 1 期では，数式は理解しなくてもよいとしながらも，参考までに難しい数式を示してみた。これは，流体力学の難しい定理ですら，ニュートンの運動方程式だけから導かれることを確認できるようにしたかったからである。また，高校とは違うレベルに触れさせ，知的挑発を行う目的もあった。しかし，学生は数式を見ただけで面食らっていたようで，この試みは見事に失敗であった。

また，第 1 期では風車模型の回転速度コンテストや試作風車模型の作成を行わな

かったため，設計の見直し時に理論へ立ち返るという流れがなく，効果的に理論と現実が結びつく形にならなかった。

3-2 第2期

第2期では，理解の難しい数式を示すことは止め，四則演算程度の数式しか用いず，粒子像での直感的理解に徹した。これにより，文系の学生も実験を楽しみながら翼理論の理解に到達できる構成になってきた。

また，第1期では，なぜ現行の発電用風車の翼の形状が先細りなのかは教えなかった。これは，翼のデザインに関して自由な発想を妨げたくなかったためであるが，学生が創案したものは先太り型が多く，翼の材質が重かった第1期ではつり合いをとるのが困難であった。第2期では先が細くなる理論的な理由を示したところ，先太り風車を作成するグループはなかったが，これでは少しアドバイスし過ぎたかなという後悔もあった。

4 風車模型コンテスト

風車模型コンテストでは何を競うか。私の所属は高等教育センターであり，工学部のように既存の測定器を利用できる環境にはない。そのような中で，何を競うかは難しい問題であった。単純に考えれば発電量で競うことになるであろうが，蓄積された電気量や瞬間最大電力などの測定にはある程度の設備が必要である。

4-1 第1期

結局，第1期では機能面を競うコンテストを準備することはできなかった。ただ，第1期で製作された風車模型の翼は非常に重く，滑らかに回転するように翼のバランスをとるだけでも難しく，回転させるのがやっとというありさまであったので，機能面のコンテストを行わなかったのは正解だったかもしれない。一方，造形も釣り合いも非常に困難であったためか回転したときの達成感は非常に大きく，最終回は報われたような雰囲気に包まれ，風車模型が回転する様子を皆でしばらく眺めているという和やかな雰囲気で終了した。

4-2 第2期

第2期では，機能面でのコンテストを行うべく，回転速度を競うための準備を行

った。これは，物理学の授業で学生に手作りモーターを作成させたときに，非接触式タコメーターを使って回転速度コンテストを行った経験があったからである。しかし，一般に風車は回転速度が速ければ良いというわけではなく，むしろ速すぎる場合は安全のため翼を固定してしまうものである。回転速度を指標とするのは問題があるが，とりあえず第2期ではこれでコンテストを行ってみた。

また，CG作りを廃止した時間を使って，簡易版の試作風車作りを中間に入れた。これは，1.4mm厚のポリプロピレン板をハサミとホチキスを使って整形するもので，折り紙的な仕上がりになる。ほぼ平面で構成され，滑らかな流線型は構成できないこと，翼にはひねりが入らないことが簡易版の特徴である。この簡易版で翼のデザインや角度設定が試されることになる。

また，ヒートガンでポリプロピレン板を柔らかくし，設計図から角度を変える実験も行った。この試作版による回転速度中間コンテストも行われるが，その結果は成績に影響しない。典型的な形成的評価としてコンテストが行われるのである。

結果的に，回転速度を競うコンテストは非常に上手く機能したと思う。授業では，学生に基本理論を示すだけで，その模型への応用は学生の主体性に任せている。学生は理論を学んだからといって即応用できるわけではなく，模型を調整する過程で理解してゆくので，初めから回転速度の速い風車を作ることができたグループは少なかった。しかし，全グループが最終コンテストで回転速度を伸ばしたことから，試作模型を通して実験し，理論へ立ち返るというプロセスが適度に機能したことが見て取れる。

ただ，思わぬところで大きなミスを犯した。第1期と同様にデザインコンテストも行ったのだが，回転速度コンテストの後にデザインコンテストを行ったところ，回転速度で優勝したチームへの投票数がゼロだったのである。これについて，回転速度の優勝チームから，適正にデザインが評価されていないとのクレームがあった。コンテストの順番を逆にしておけばよかったのであるが，配慮が足りなかったのである。

5 クラスマネジメント

クラスマネジメントは，クラスサイズや授業形態に依るが，大学のレベルや学生の気質の違いによる部分も大きい。小中規模大学と比べると，北大では学生がおとなしすぎるということに配慮が必要なことがある。

5-1 第1期

　第1期はCG作りがたいへんで，授業の後半40分程度はコンピューター室へ移動する授業構成になることが多かった。しかし，コンピューター室の机は固定されており，隣の人と会話するのがやっとで，グループメンバー同士の学び合いが機能し難かった。また，CG作成に時間がとられるため，理論の学習が長く続き，グループワークの時間は学期の後半に集中してしまう傾向があった。その結果，グループメンバー同士の結束や盛り上がりが妨げられてしまったように感じた。

　また，この授業では，縦のつながりも意識しており，先輩のミニ論文を参照したり，先輩の報告書を参考にして風車模型のデザインや調整を行うことを想定している。しかし，第1期ではまだ先輩が存在しないため，これらは機能していない。

5-2 第2期

　第2期では，早い段階からグループでの共同作業を増やした。マインドマップで皆が頭に描いていることをあぶり出し，融合させて独自のデザインを考案してゆく作業を導入した。また，CG作成を止めた分，理論の学習が早く終了するため，模型作りを試作・本番の2段階にし，最終の回転速度コンテストで勝つためにはどうすればよいか試行錯誤する時間を格段に増やした。このように，グループ単位で悩み，共同作業を行うプロセスを強化したことで，グループの結束を効果的に高めることができたと思う。

　また，縦のつながりに関して，2期生は1期生が書いた「2期生への手紙」を読んでいる。一般に，授業は毎年受講している人がたくさんいるにも関わらず，先輩からのアドバイスをもらう機会はほとんどない。そこで，この授業では次期生に向けた手紙を残すことにしている。「我々は北大に風車を建てるに至らなかったが，後は君たちに託す」という雰囲気は風プロならではの儀式になってゆくであろう。ただ，1期生が残した手紙ではGIMP操作のたいへんさを綴っていることが多く，まだ手紙は本領を発揮していない感がある。

6 シラバス

　シラバスとはどのように書くべきか。風プロは第1期から第2期にかけて意識的にシラバスの改革を行った。

> ■■■秘密工作員 23 名募集■■■
>
> 役　　職：秘密工作員
> 任　　務：工作
> 年　　齢：不問
> 選考方法：抽選
> 募集人数：23 名
>
> 【本プロジェクトの概要】
> 北大に風車を建てたいと思う。しかし，実現はかなり難しいであろう。
> そこで，君たちに手伝ってもらいたい。まずは，履修者という仮の姿を装い，風プロの秘密工作員となってほしい。
> そして，授業目標の達成という形でミッションをこなしてもらう。
> ミッションは，北大に風車を建てる気運を高めるための下地を作ること。
> 具体的には，回転速度コンテストでの優勝をめざし，各グループで風車模型を独自設計・施行する。
> 対決というシビアな環境の中でこそ得られるものを吸収してほしい。
> 文系も理系も関係ない。自由な発想とアイデアで設計・勝負してもらいたい。
>
> 第 1 期生は健闘したが，北大に風車を建てるには至らなかった。
> しかし第 1 期生は，最後の力を振り絞って君たちに手紙を残している。
>
> 健闘を祈る
>
> (以下省略)

図 12-3　第 2 期での授業シラバス

6-1　第 1 期

　第 1 期では，現在の北大の一般的なシラバスの 2～3 倍はあろうかという長さの真面目なシラバスを書いてみた。目標や各回の説明を詳細にしたのである。その結果，初回ガイダンスには 30 名程度しか学生が集まらなかった。多くの学生は講義題目が面白いこの授業のことは気になっていたようだが，さまざまなことの達成を求められているように見え，たいへんそうなので敬遠したという噂を聞いた。つまり，詳細に書くことで他のシラバスから浮いてしまったのである。他のシラバスでは一般に文章が短く，授業外学習の量も少ない。模範的なシラバスを目指しても，必ずしも上手くいかないのが現状である。

6-2　第 2 期

　学生が選択科目を決めるまでに通るプロセスは，シラバス，ガイダンス，履修

登録であり，これはまるで人事の書類選考，面接，採用のプロセスである。杓子定規に書くと，面白味のないものになってしまい，書類選考で落とされてしまうので，第2期では真面目なシラバスを書くのは止め，学生に興味をもってもらうことに主眼をおいた。一般的なシラバスの書き方はさておき，学生にワクワク感を与えるものにしてみた（図12-3）。ここまでやると賛否両論あるであろう。

教員からは「私の部局では怖くてこんなシラバスは書けない」と言われた。学生からは「この授業だけすごい興味をもった」との声があった。私としてもこのシラバスは極端な試行であり，北大で行われているシラバスコンクールには選ばれないように秘密工作しておいた。

結果的に，第2期の初日は約80名の学生が来た。

7 風車の見学

実物学習を心がけている本授業では，やはり風車も本物を見せたい。風プロでは，海岸沿いの発電用風車を訪れ，管理法人の方のレクチャーを聞き，風車塔の中も見学させてもらっている。ただし，現行の発電用風車は，製粉機のように見て楽しめる構造は備わってないので，中の見学よりも翼の形・角度などの観察に重点が置かれる。

このような学外への見学は，前後に他の授業があるため，通常の授業時間に行くことはできない。そのため，学生全員の都合を加味して日程を決めている。

7-1 第1期

第1期では，見学に行った学生は12人で，来ることができなかった人は内部の見学はできないが現地調査の課題も課しているため後日個人的に行ってもらった。実は見学日が体育会主催のクラス対抗戦イベントと重なっていたようで，調整したつもりであったが学生とのコミュニケーション不足であった。

なお，風車見学では，風速測定や環境調査のほか，秘密のミッションが課されており，現地でも学生には試行錯誤してもらっている（内容非公開）。

7-2 第2期

第2期では，第1期の反省からeラーニングシステムで全員の日程調整を行った。その結果，全員の都合のつく日が授業終了日の後の日曜日になってしまった。しか

も，結局は模型作成に時間がかかり，見学日が16回目の授業になってしまったため参加は任意とした。実はこの日はテスト期間の真っ最中であり，また，前日に風車のトラブルが発生し内部を見ることができなくなったこと，さらに当日大雨になったことが重なり，来た学生はたったの六人であった。ただ，このコアメンバーで秘密のイベントを行った（内容非公開）。

8 風プロの展望

　始まったばかりの風プロであるが，当初頭に描いていた風プロ構想は，まだほんの一部しか実現していない。ゆくゆくは市民も自由に参加できるようにし，コンテストの日は皆が北大キャンパスに風車模型を持ち寄るお祭りにしてしまおうと思っていた。また，北大が観光名所であることを利用して，観光客に風車模型のデザイン投票をしてもらうことを考えていた。

　しかし，基本的に授業は教員個人が運営するものであるから，いくらでも構想を広げるわけにはいかない。そもそも23名に絞っているからこそ実施できている内容なので，自由参加は本末転倒であり北大生の教育に専念すべきかもしれない。当面は，次年度の授業改善のことを考えるのがやっとであろう。

　この2年間は，かなりの時間を授業準備に使い，授業の前日にはTAも3, 4時間かけて工作するという状況であった。授業が自転車操業で準備されていたため，課題の内容や配点が流動的に決められることが少なくなかった。このため，1, 2期生は，プロトタイプ授業のモニターの役目を担ったようなところがあったが，そのような状況でも喜んで課題に取り組んでくれたことにとても感謝している。

　第2期で採用した塩ビ板による風車は来年も継続しようと思っているため，やっと学生主体型の戦略に少し力を注げそうである。現在は，私のレクチャーやコンテストの評価法が学生にステレオタイプの風車を押し付けているような気がしている。作成要領さえ満たせば，なんでもできるという雰囲気を強めるのが第3期風プロのテーマである。

【引用・参考文献】

デジタルパースを考える会（2009）．『最高の建築パースを描く方法―Photoshop・GIMP「スゴ技」を3日でマスター！』エクスナレッジ

【参考ウェブサイト】
市民風車　NPO法人北海道グリーンファンド〈http://www.h-greenfund.jp/citizn/citizn.html〉
北海道大学シラバスコンクール〈http://educate.academic.hokudai.ac.jp/center/syllabus.htm〉

13 サイエンスコミュニケーション
学生主体型授業の冒険は続く

栗山恭直

1 はじめに

　学生主体型授業として，山形大学の基盤（教養）教育においてICTの利用とグループワークを主眼においたサイエンスコミュニケーション（SC）IとIIを開講してから2014年で4年目を迎えた。学生がグループで，ある課題を解決することによって，サイエンスを通じた物の考え方，コミュニケーション能力，協調性などを身につけることがこれらの授業の目標である。本章ではこの授業を紹介する。

　SC Iでは，夏休みのオープンキャンパスでの理学部の学科紹介を企画する。学生が所属する学部学科はそれぞれ違うが，ポスター形式で高校生に説明する。一年前の自分を思いだし，何を知りたかったか，大学生活が半年すぎた今，高校生に何を伝えたいかを考えてもらう（キャリア教育的な側面もあるかもしれない）。ポスターにはかならず教員にインタビューをして教員の研究なども入れてもらう。自分たちで教員に連絡をしインタビューを行う。調べてわかるようなことは聞かないように指導している。教員も協力的で熱心に答えてくれている。後期開講のSC IIでは，科学のおもしろさについて企画を立て運営することを学生たちに課している。後期の人気の企画（？）は小学校への出前実験で，小学校側も快く学生を引き受けていただいているようだ。昨年はサイエンスカフェの企画があった。東北大学が開催する仙台のサイエンスカフェへ実際に参加し，さらに企画・運営について取材してきた。その後，自分たちでテーマを選び学内の教員に交渉し，開催した。このようにサイエンスに関する企画を立て，実行する（詳しくは小田・杉原（2012：11章）を参照）。

　また，本章では山形大学で行っている，学科必修のスタートアップセミナーとの比較も行うこととする。

2 SC I：オープンキャンパスでの説明

　SCI におけるオープンキャンパスでの説明は，当日参加の高校生とその保護者や引率教員が対象になっており，必ずしも自分たちの発表を，いつも聞いてくれるわけではない。人気のある学科は参加者が多いが，その他の学科では，数人を相手に説明することになる。そこで15分説明，5分質疑という20分のセットを6回行う形で各学科一斉に説明をする。そうしないと，効率よく説明ができないためである。

　例年，自分たちが一生懸命準備したポスターを聞いて欲しい学生は，外を歩いている高校生に声をかけて連れてくる。最初はそこまで学生が行動することを予想していなかったが，毎年，このように声をかけているのは，この講義が成功しているという一つの証拠ではないだろうか。

　2014年のオープンキャンパスでは，幸いにして多くの参加者があり，外まで声をかけることもなく終了した。しかし，準備した内容を自分たちから他人に伝えたくなることが大切なポイントである。高校生が来なくても時間がすぎれば2時間が終了してしまうし，何人に説明をしたかの数を競っているわけでもない。

　今のところ，そこでの発表の仕方や態度は評価に取り入れていないが，その評価については，今後の課題だと考えている。学生たちは参加者に説明終了後アンケートに答えてもらう。ほとんどの学生は，書いてもらったアンケートをみて満足しているようであるが，父兄が答えるアンケートなので，きびしい意見があること自体少ない。今年の父兄のアンケートを紹介すると毎年以下のようなものになる。

- 受験の体験談が参考になりました。
- 説明者の熱意が伝わってきてとてもよかったです。
- 息子にも聞かせたかったです。
- 授業の一環ということで質問に対して答えるのが難しい内容もありたいへんだったと思います。ご苦労様でした。
- 体験談などもたいへん参考になった。
- 学生生活を楽しんでいるのが伝わりました。
- 大学選びに教授の人柄も大切だと感じた。
- 質問攻めでごめんね！　がんばって下さい。
- 質問について的確にお答えいただいた。

図 13-1　オープンキャンパスで学科紹介を高校生に発表している様子

　前期の終わりの授業アンケートがあるが，オープンキャンパスでの発表後にアンケートを記入してもらっている．学生は，満足・充実して記入してくれるのでポイントが高くなるようだ．

3　サイエンスコミュニケーションの基本

3-1　グループワーク

1）会議室・掲示板の利用について

　2013年までは，WebClass（LMS）の会議室機能をグループ内での情報の共有，資料・書類のアップ，伝言に利用し，こちらもグループワークの進行状況を間接的にモニタリングすることができていた．2013年の前期，ほとんどWebClassを利用しないグループが現れた．掲示板上ではプレゼンテーションが完成しておらず，心配して学生たちに聞いてみるとLINEを利用しているそうだ．WebClassを利用するには，インターネットに接続し，認証手続きなどで手間がかかり，LINEの方が学生にとって使い勝手がよいという．しかし，学生のLINEでのやり取りを教員がフォローすることができないため，後期の講義では，LINEを使用しないようにし，あくまで会議室に記録を残すように指示をした．その日に話し合った内容を記録として会議室にアップロードし，情報を共有する．また，調べたHPのURL，ファイルなど，事前に調べた内容をアップロードし，班員で共有している．プレゼンテーションの原稿などもアップロードしみんなで手直しをする．

2) 班員の役割分担

班活動も学期中に変更する。班員の役割分担に関してはあまり意識していなかった。前期の学生主体型講義コンテストで発表した学生が会場からの質問に答えて「自分はリーダーとして班員をまとめるのはたいへんだった」とコメントしたのを聞き，学生たちが分担して活動することを意識していることに気づいた。

たしかに，ワークショップなどでも，司会役，記録役等それぞれ分担する。また，学生たちは総合学習等で分担になれていると感じた。ただし，役割によって評価が変わるわけではないので，交代できるようにする必要がある。また，他の役割を経験してみることも大切である。またうまく分担できれば，フリーライダーができにくい環境をつくることができるかもしれない。掲示板に毎回，役割分担，議事録，資料，アップロードした人を明記する必要があるかもしれない。班の活動においては，適切な分担があった方がよいので，班員の資質で分担が決まってもよいように思うが，やはり最初は，経験させることが重要である。

3-2 時間外学習と場所

学生主体型授業の特徴として，授業内容が講義時間内の活動で終わることはないため時間外学習の確実な確保が必須となることが挙げられる（もちろん単位制度を前提とした，あらゆる科目において必須ではあるのだが）。大学生協共同組合による第48回学生生活実態調査の概要によると1週間における授業を除く「大学の勉強時間」は平均4.58時間（1日平均39.2分）。文系3.31時間（同28.4分）・理系5.63時間（同48.3分）・医歯薬6.08時間（同52.1分）と専攻による差は大きいそうだ[1]。

ふだんの予習復習の時間を含めての時間が，この時間だけだとすれば学生主体型授業の場合，時間が足りないのは明らかである。今回の講義のSCは，教養セミナーと分類番号がつけてあるので，学生も時間外学習が求められると認識はしている。同じ学科の学生同士だと必修等の時間割も同じなので時間外に集まって活動するの

---

[1] さまざまなデータがあるうち，いくつかを紹介する。
全国大学生活共同組合連合会 第48回学生生活実態調査の概要報告〈http://www.univcoop.or.jp/press/life/report.html（2016年8月31日確認）〉。
同志社大学が中心となって勧めているJCIRPもある。700に近く大学が参加し，10万人を超える学生にアンケート調査を行っている。それによると，2012年度の1週間の授業時間以外の学習時間は，理系学部で1時間未満23％，1-2時間21％，3-5時間で25％；人文系で1時間未満 30％，1-2時間28％などの結果がある。

は容易だが，学部学科が違ってくると空いている時間をみつけるのも難しくなってくる。履修以前にどの学部学生と一緒になるかわかるはずもないため，学生の責任ではないにも関わらず，活動が制限されるのは問題かもしれない。時間が取れないことを理由にフリーライダーが生み出されることにもつながりかねない。

このようなタイプの講義をいくつも同時にとる学生がいることにも気がついた。学生に聞くと，このような講義は，楽しく，いくつもとるそうだ。座学系のものと比べて単位取得にかかる学習時間が多いため，将来的には，履修制限とまではいかないが，最初のガイダンスで学生主体型授業を取り過ぎないようにすべきだというアドバイスも必要である。

近年，ラーニングコモンズと呼ばれる学習コモンスペースの拡充が進み，集まって活動する場所が整備されつつある。以前は，静かに学習する場所が図書館だったのだから図書館で集まって話し合うことなど考えられなかった。今は，飲食しながらグループ討論などができる図書館が全国規模で広がっているようだ。グループワーク型の講義を行う環境については追い風が吹いている。さらに，スペースだけでなく，そこに大学院生などを配置するなどして，学生が相談できる環境も増えてきている。

4 科学コミュニケーションⅡの企画①：出前実験

4-1 受け入れ機関

2013年後期の科学コミュニケーションⅡでの学生企画では，小学校，中学校，高等学校にそれぞれ出前実験を行うことになった。小学校は3年連続，中学校は初めて，高校は2年連続で受け入れてくれている。受け入れ先との交渉はこちらで行い，後は学生が電話・メールで相手先と連絡をとり，訪問時間を決めている。企画提案を行い，先方と対象学年，日時を決めている。小学校は大学から徒歩で行ける距離にあり，教頭先生が熱心に対応してくださり毎回たいへん助けていただいている。2013年も数回の打ち合わせを行い，学生の実験に指導もしていただいた。出前実験の実施当日には学生は朝から準備し，2回実施した。一回目の後に反省会を行い，その反省を基に2回目を行う。それまでの先輩にあたる学生の熱心さにより，次年度での学生の受け入れがスムーズに行われているのかもしれない。当然，担当される先生が異動された後も同じようにできるようにそれまでの関係作りが必要であろう。幸いこの学校は，大学に近いこともあり，地域教育文化学部の音楽関係，理学

図13-2 小学生に原理をわかりやすく説明するためのコント

部の化学関係との連携の実績がある。我々としては，子供たちとの給食や昼休みの触れ合いが学生にとっての財産になればよいのではないかと考えていて，実際，彼らは非常に満足し，充実した感想を話してくれる。最初に述べたが，必修のタイプでの講義での出前実験等の活動だと事前指導からプログラムを立てる必要があるし，こちらも簡単に送り出せない。すべての学生の事前の活動に同行することは不可能に近いので，できるだけその日のことを掲示板に記録し，把握する必要がある。

4-2 企画の立て方

この講義の最初の年は，受講生10人で，企画を立てさせてもアイディアがでず，こちらでノーベル賞を取り扱うよう，題材を選んだ。それから3班に分けて指導した。2年目以降は，企画案の例を提示し，学生たちに自分たちでその中から企画を選ばせ，グループ分けを行った。3年目以降は，2年目の例を提示することにより自分たちで企画が出てくるようになった。企画の実施については，グループワーク中をこちらでモニターして，ある程度実現できるように誘導することも大切である。

5 その他の科学コミュニケーションⅡの企画

5-1 サイエンスカフェ

仙台では，毎月東北大主催でのサイエンスカフェが開催されている。そこで，仙台出身の学生がサイエンスカフェを企画したいと提案した。使用しているテキストにもサイエンスカフェの企画の方法が掲載されているが，実際に経験したほうがよ

いので，仙台で行われる東北大学主催のサイエンスカフェに参加してもらい，運営方法や注意点について主催者を対象に取材を行うように指導した。それをもとに自分たちが興味のあるテーマを決めて，講師を探した。

学外の先生にお願いすると交通費や謝金を準備する必要があり，予算化していないので，学内の先生にお願いすることにした。テーマは「出生前診断」という少し難しいテーマだが，女性班員が他の男性の班員を説得し，決めたようだ。医学部の先生に講師をお願いし，日時と場所を決めた。宣伝のためにポスターを作成し学内や高校に配布した。

当日は新聞社の取材もあり，自分たちの企画が記事になり学生にとってよい経験になった。仙台のサイエンスカフェでは，参加者を班にわけて各班にファシリテーターを配置し，グループワークを行ったり質問をまとめたりしているが，今回は班員が少ないので班に分けなかった。一人ひとり意見を聞いて，参加者が積極的に参加する仕組みがたいへんよかった。

執筆中に，他大学で学生がサイエンスカフェを企画した記事をみつけた。ホームページを検索すると，その大学の理学部開講科目に「科学コミュニケーション」があり，新聞やテレビの科学担当の方の講演やサイエンスカフェ・研究者インタビューの企画を行っていることを見つけた。他大学の取り組みも増えているようなので，そのノウハウなどの情報交換をする機会がほしいと思う。

5-2 ラジオドラマ

高校時代，放送部だった学生が中心になり，ドラマの企画を提案し，仲間を募集した。テーマをサイエンスにするという条件をクリアすることに，苦労したようだ。時間の制約があった。成果発表会で作品を公開することもあり，時間を長くできなかった。実際，長いドラマの製作はたいへんだったに違いない。ラジオドラマのイメージがわかない学生もいたので，NHKや民放のラジオドラマを聴くように提案した。音に関する内容のシナリオを作り，配役を決めて作成した。テレビでモスキート音が取り扱われて，やってみたくなったそうだ。録音する関係で，空き教室で録音したり，時間外の活動が多く，たいへんな企画であった。

5-3 成果発表会

講義は出前実験だけで終わるわけではない。最終の活動記録をまとめて成果発表会を行う。内容も「小学校に行きました，こんな実験を行った。楽しかった」だ

けの発表では不十分である。企画の立ち上げから，相手との交渉，準備，当日までの課題やその解決法，事前と事後の意識の変化や今回の講義で考えたこと，学んだことをグループでプレゼンテーションとして発表する。成果発表会では，他の班の苦労した点，立てた企画が成功してうれしかったことが伝わってくる報告があり，毎年，報告会が楽しみである。また，東日本地域の大学・短大・高専の教育改善を推進している「FDネットワーク"つばさ"」での成果発表コンテストでも連続して金賞をいただき，企画している側としてもうれしい限りである。

5-4 評　　価

　こういった科目でもっとも難しいのが評価である。活動を簡単に点数に変換することはできない。そこで，成果発表会で学生たちに評価シートを配布し，5項目で評価をしてもらった。点数で順番をつけると，確かに班単位での相対的な評価は可能となる。班員の発表内容への寄与を相対的に判断できれば，学生一人ひとりの評価も可能になるかもしれない。

　そこで，2014年前期に，学生同士の評価の試みを行った。班員で話し合い，評価をする仕組みで，四人の班員の総合点を11点として配分する方法だ。全員3点にはできないので，2点と3点あるいは，1点刻みで評価することになる。話し合いで決めるので，納得するとの意見もあれば，やりたくないとの意見もあった。また，一人ががんばりすぎたせいで自分は何もできなかったのに，評価を低くされるのは不公平であるとの意見もあった。

　評価を行うためには，役割分担を含め，学生に評価基準をあらかじめ示すことが大切である。班員同士の評価を客観的に数値化し，先ほどの班毎の評価に対して順位付けをする。1位の班の下位と2位の班の上位の差を明らかにするには，一回だけのプレゼンテーションだけでなく，班員を入れ替えて複数回評価を行えばある程度の相対的な評価が可能かもしれない。またレポートなどを課し，プレゼンテーションとレポートの評価を組み合わせることも可能だろう。プレゼンテーションの評価が班員全体での学びの発表に対するものであったのに対して，個人の学びについて記述するのがレポートということになる。

　先日，中学生の大学訪問に際してこの講義を開放し，学生のプレゼンテーションを評価してもらう機会があった。中学生に受けがよく笑いをとっている班が一番になるのではないかと内心恐れていたのだが，発表内容・理解度などで他とは違う班を評価しているようであった。また，大学生にプレゼンテーションの仕方をアドバ

イスするようなコメントなどもあり，小さい頃から総合学習を経験している世代はプレゼンテーションの評価軸をもっているようにも思えた。また，こちらで特に指示はしなかったにもかかわらず（学校の先生の指示があったかもしれないが），メモを取りながら聞いている中学生がいたのに感心させられた。

評価については，まだ検討の余地が十分あるが，実際に学生のコミュニケーション能力やプレゼンテーション能力がどれくらい上達したかを測る手法が必要になってくるだろう。可能な限り，客観的に測るための方法を検討していきたい。

6 学生の受講態度：スタートアップセミナーとの比較

6-1 サイエンスコミュニケーションを選択した学生の受講態度

2013年度は，教育工学が専門の教員がICTの利用に関する研究のために講義に参加した。学生の行動をモニターし，アンケートとインタビューを行った。ダブルティーチングとまではいかないが，異なった観点からプレゼンテーションに対する教員のコメントが得られるので，一人のときより有効であろう。基盤教育（教養教育）の開講科目でシラバスをみて受講するので，必修と違い学生のやる気（モチベーション・覚悟）が違うことは確かである。講義中PCを利用した検索時に関係ないサイトを見る学生をこちらが注意することもない。私が，どうしても欠席できない会議の際に学生だけのグループワークを行う機会があったが，TAの報告だとふだんと変わらず，グループワークを行っていたそうである。

6-2 スタートアップセミナーとの比較

山形大学では，新入生対象の各学科必修科目で共通のテキストを使用するスタートアップセミナーを行っている。筆者は，2014年前期にこの科目を担当した。サイエンスコミュニケーションは，選択科目であるため，学生にとって選択と必修の違いがあるか，（まだ一度しか担当していない状況ではあったが）比較してみたい。

スタートアップセミナーでは45名の学生を四人ずつ9班に分けてグループワークを行わせたところ，班毎に見て回ることはできても，一人では十分な指導をするのが難しく感じた。SCでは，簡単な助言でこちらの意図を理解してくれるのだが，全員の必修だと理解してくれる班もあれば，詳しく説明しないといけない班もありたいへんであった。

SCを履修しているある学生は，SCでは，活発に意見を述べているのに，学科で

は，おとなしくしており態度には違いが現れていた。こうした態度には，4年間一緒という関係も影響しているのかもしれない。SCでは，前期だけの関係で終結するので強く発言してもよいと考え，新入生対象科目では今後4年間の関係を考えているように感じた。班の発表を聞いて評価する際に，同じ評価用紙を用いて評価したにもかかわらず，SCでは，ほとんどの学生がメモを詳しく取りながら発表を聴き，必修のスタートアップ・セミナーでは半分くらいの参加者しかメモをとっていなかった。経験の違いがあるようだ。

　近年，プロブレム・ベースト・ラーニングやアクティブ・ラーニングが大学教育での手法として求められてきている。教員にとっては，そもそも研究活動自体がプロブレム・ベースト・ラーニングであり，卒業研究として学生を指導してきた。最近は，初年次から学生に対してプロブレム・ベースト・ラーニングが求められている。初年次教育での教授法に関しては，試行錯誤が続くであろう。この紹介がすこしでも役にたてば幸いである。

【引用・参考文献】
小田隆治・杉原真晃［編著］(2012)．『学生主体型授業の冒険2―予測困難な時代に挑む大学教育』ナカニシヤ出版
山形大学基盤教育院［編］(2010)．『なせば成る！―スタートアップセミナー 学習マニュアル』山形大学出版会

【参考ウェブサイト】
つばさ　学生主体型成果発表コンテスト〈http://www.yamagata-u.ac.jp/gp/tsubasa-p2012/goudouseika.htm〉
富山大学スタートアップセミナー〈http://www-h.yamagata-u.ac.jp/~tate/startupseminar-towa/kaisetsu-Seminar.html〉
富山大学理学部科学コミュニケーション〈http://www.sci.u-toyama.ac.jp/aboutus/education.html〉

14 ウェブサービスの授業活用は学生の主体的な学びの夢をみるか？！
ICT を活用した授業実践

松澤　衛

1 はじめに

　私がコンピュータと出会って 35 年近くが経ち，インターネットと出会って 20 年近くが経過した。当時想像していたよりも生活にコンピュータが入り込んできており，インターネットの発達により，コンピュータとネットワークがないと生活できないような状況になってきている。学校における学習環境もコンピュータを利用したものが増えてきている。大学においても学習にコンピュータを活用することを考える時期に来ている。e ラーニングもその一つである。今回の ICT の授業活用は，e ラーニングのようにコンピュータで学習をするのではなく，学習を行う学生同士，教員とのコミュニケーションとしての仕組みや e ポートレートのような学習記録，学生同士の授業共有といったことを考える。

　北翔大学には，富士通のシステムを使った学生用ポータルシステムがあり，2014 年度後期よりシステムのバージョンアップが行われ，以前よりもフレンドリーなシステムに変わった。しかし，履修関連がメインであるため，授業課題提出などの機能もついてはいるが，実際に授業で使用するには機能が乏しく不便で，私の授業ではほとんど使用していない。しかし，授業履修者との関わりが授業中だけという関係に疑問を感じ，授業履修者との関係を常にもつことができ，授業で使用できるシステムを探していた。

　現在，学生の間にも Facebook，Twitter，LINE 等の SNS が浸透してきており，特に LINE は，ここ数年学生間ではあたりまえのように利用されており，ゼミの連絡等で利用している教員もいる。これらのシステムを使用することも可能であるが，プライベートと授業が混同されることも考えられるため Facebook 等を使った授業

展開はきびしいと判断した。そこで，企業等で利用するグループウェアで有名なサイボウズ株式会社が 2009 年 11 月より基本的に無料で開始した，サイボウズ Live というサービスを利用すれば，履修学生とほどよく密なコミュニケーションを取ることで当該科目への関心が高まると考え，2013 年度前期の授業から本格的に利用し始めた。授業利用開始以前は，2011 年より，サイボウズ Live をゼミの連絡やイベント等の打ち合わせに利用した。

2 サイボウズ Live とは

　サイボウズ Live は，ウェブサービスでは，SNS とよばれる種類のもので，利用者同士の円滑なコミュニケーションができる仕組みを備えている。サイボウズ Live には，Twitter や Facebook と同じように参加することができる。しかし，サイボウズ Live に参加しただけでは，Facebook のように自分のアカウントやコンテンツをパブリックに公開することはできない。そのかわり，グループといわれる単位で，自分の作成したグループへの招待や他ユーザーからの招待をもってサイボウズ Live を利用する。グループに参加してない限り，グループの情報を閲覧することはできない。

　使用料は上記のように基本的に無料で，一人の利用者がグループに無料で招待できる人数は，現在 300 名となっている。300 名は芸術学科で行われる授業にすべて対応できる人数である。データ共有は，1 ファイル 25MB 以下のデータを，1 グループ合計 1GB まで共有できる。また，チャットやアンケートなどの機能もついており，今後学生のスマートフォン利用などが進めば，授業中，リアルタイムにアンケート調査やメッセージをすることも可能である（図 14-1）。

3 サイボウズ Live を用いた授業

3-1　2013 年度前期 1 科目でのスタート

　2013 年度前期に「写真」という演習科目でサイボウズ Live の利用を開始した。「写真」の授業は，一人の学生にデジタル一眼レフカメラを 1 台提供して，写真の理論，撮影技術等を解説した後に実際にデジタル一眼で撮影をしてもらう授業である。前年までは，課題，テーマを決めて写真撮影をし，プリントアウトした写真を提出してもらうという授業であった。この年は，プリントアウトではなく写真データの

14 ウェブサービスの授業活用は学生の主体的な学びの夢をみるか？！

図14-1 サイボウズLiveのログイン画面

アップロードで提出ということにした。

授業第1回目のオリエンテーションで，シラバスと評価方法，サイボウズLiveを使って授業の説明を行い，サイボウズLiveのグループへの招待メールを送るため，履修登録を行う学生に私宛に履修する旨のメールを第2回の授業までに送ってもらった。このとき，はじめて使用する学生がほとんどであったため簡単な解説が必要であった。また，iPhone，Androidのスマホ用無料専用アプリもあり，スマホ利用者には，ウェブでの使用よりも便利に利用できるので，専用アプリのインストールをお願いした。

当初は，授業で配布したレジュメの再配布，欠席した学生へのフォローや復習，作品提出等が従来よりもスムーズになると考えた。前期終了後，サイボウズLive上のやりとりを確認すると，レジュメのダウンロードや作品提出は，サイボウズLiveを上手く活用できたが，欠席した学生へのフォローや復習に関しては，授業記録を思うように残すことができなかったために，従来通り個別に授業外で研究室に来てもらう事で解決した。

前期の反省としては，授業内容を残すことができなかったため，サイボウズLiveでは欠席学生へのフォローや復習に対応できなかったという点がある。演習科目でコンピュータ操作ではなく，「写真」などのような演習科目の授業の場合ビデオ等の

記録が必要である。

　実際に行ってみて，授業でどのような課題を行なってきたという学生の学習記録としては，授業後の振り返り等にも対応ができるうえ，グループを削除しない限り卒業後も閲覧可能である。

3-2　2103年度後期は，担当科目全てでサイボウズLive

　2103年度後期は，私の担当する科目「3DグラフィックスⅠ」「プログラミングによるCG」「映像論」「モーション・グラフィックスⅡ」の4科目全てでサイボウズLiveを使用することを決めた。前期同様，第1回目のオリエンテーション時にサイボウズLiveへの登録のアナウンスを行い，履修者は履修する旨をメールで送ってもらった。後期は，前期「写真」履修の学生もおり，一度グループに招待した学生は，メールアドレスではなくコネクションという連絡先から招待を行うことができるため，前期よりも簡単に招待できた。後期は，慣れている学生もいたため，運用もスムーズに行うことができた。

　前期の課題であった，欠席学生へのフォローと復習については，授業を丸々記録するという方法を取った。「映像論」以外の科目は，演習科目であり，コンピュータを使用する授業である。使用するコンピュータのOSは，「3DグラフィックスⅠ」はWindows，「プログラミングによるCG」「モーション・グラフィックスⅡ」はMacである。授業を丸々記録する方法としては，定点のビデオカメラを使用して動画記録する方法がある。この方法であれば記録自体は簡単にできるが，画面表示の問題やのちの編集等の後処理にかかる時間から判断して，今回は画面キャプチャーという方法で授業の記録を行った。

　授業で教員は通常は備え付けのコンピュータを使用するが，キャプチャーソフトウェアの関係で，個人の持ち込みコンピュータを使用した。画面キャプチャーをするソフトウェアはいろいろなものがあるが，のちの編集や内蔵カメラでの記録などを考え，「3DグラフィックスⅠ」では，Windows向けのBB FlashBack Proというソフトを使用し，「プログラミングによるCG」「モーション・グラフィックスⅡ」ではMac向けのScreenFlowというソフトを使用した。画面キャプチャーおよび，内蔵カメラでの撮影によるホワイトボードへの描画に関しても記録を行った。

　次に記録した動画データをどのようにサイボウズLive上に掲載するかという問題が出た。前述したようにサイボウズLiveには1ファイル25MBという容量も制限があり，動画データは膨大な容量であるため，サイボウズLive上にアップロ

14　ウェブサービスの授業活用は学生の主体的な学びの夢をみるか？！　　*159*

図 14-2　動画へのリンクを掲載したサイボウズ Live の掲示板

ードすることはできない。そこで，動画データはサイボウズ Live ではなく，他のサービスである YouTube を利用することにした。各キャプチャーソフトは直接 YouTube への書き出しが可能で，YouTube の公開設定は，アドレスを知らないとアクセスできない限定公開としてアップロードした。YouTube へのアップロード後，動画へのリンクをサイボウズ Live の掲示板に掲載し，閲覧を可能にした（図 14-2）。

　講義科目「映像論」について，この科目は多くの映像資料を見ながら授業を進めるために，YouTube へは著作権の関係でアップロードできないため，記録は取るが欠席学生へのフォローという形で，個別に研究室へ見に来てもらうという形にした。また，内容について，お互いに話をしながら掲示板へアップロードするという形にした。「映像論」はもともとビデオ・ミキサー V-4EX という機材を使用して，授業で使用する動画の切り替えを行っており，インターネットへのストリーミング機能もあるため，USB 接続で，Ustream Producer Pro が起動しているパソコンに資料映像を送り，同時に内蔵カメラや外部のウェブカメラを使用して授業の風景を撮影し，ビデオ・ミキサー V-4EX からの映像と内蔵カメラ，ウェブカメラとの映像を Ustream Producer Pro でスイッチングしながら，録画を行った。また，GoPro HERO3+ を使って，学生とプロジェクターのスクリーンが同時に映るような位置

から講義を全部録画した。

3-3 記録後の予想外のたいへんさ

前項で述べた手法によって，授業を記録することはできたが，問題はその後の処理である。BB FlashBack Pro と ScreenFlow とも記録データはソフトのオリジナルデータとなるため，2次使用を考えた場合は，変換作業が必要になる。それぞれのソフト上でマウス操作の強調，画像のレベル補正，不要部分の削除，操作画面の拡大などを行った。二つのソフトウェアとも，YouTube への書き出しが可能であるため，ログイン情報，カテゴリ，説明，キーワードを入力しアップロードする。キャプチャーソフトウェアを使用した授業記録は，編集を考慮にいれ区切りがよいところで録画を止め，区切り毎のファイルを作成し掲示板にアップロードすることで，授業の流れがわかるようにした。

YouTube へのアップロードとサイボウズ Live へのリンクは，欠席学生へのフォローや復習に利用してもらうことを考えると，授業終わり直後に行うことが望ましいため，授業後の作業が予想以上にたいへんであった。

また，キャプチャー画像や動画データは，一つの授業で 10GB を超えることもあり，15 回の授業を4科目オリジナルデータで保存すると約 500GB を使用することになるため，今後はバックアップの方法を考える必要があり，現在は，外付けのハードディスクに保存してある。将来的には，クラウドサービスを利用することも考えなければならない。

3-4 2014 年度の展開

2013 年度前期は，1科目でのスタートだったが，2014 年度は「写真」「モーション・グラフィックスⅠ」「3D グラフィックスⅡ」「デジタル・イメージⅢ」「ウェブ・プランニング」「情報通信ネットワーク」の6科目でサイボウズ Live での展開をした。「情報機器操作Ⅰ」という授業も担当しているが，他学科の授業であるため，サイボウズ Live での授業は行わなかった。

「写真」の授業では，2014 年度の授業の構成を考えるのに 2013 年度のサイボウズ Live の記録が役立った。1年経つと覚えていないもので，前年の流れを参考に学生へのよりわかりやすい流れを考えるのに参考になった。

また，講義科目の「情報通信ネットワーク」は，パソコン教室での授業であるため，2014 年2月に大幅に機能が強化されたチャット機能を利用した。授業前半，授業に

関連するビデオを鑑賞し，それについての学生の個々の意見を，サイボウズLiveのチャット機能を利用して募った。ふだん話すのが苦手な学生でも自分の考えをインターネットにアップし，他人の意見を共有することで，自分の意見にフィードバックしていた。この授業で行ったチャット機能は，授業を他の学生と共有するということを後押しできていたように思われる。

他の授業でも，学生もサイボウズLiveに慣れてきたこともあり連絡や相談などにサイボウズLiveを活用している。

現在，2014年度後期の授業が始まっており，前年と同じ科目をサイボウズLiveで展開している。講義科目の「映像論」では，全記録はやめて，授業を受けての学生とのコミュニケーションに積極的に利用している。全記録をやめたのは，結局前年行った全記録の編集ができずにのちの利用ができなかったからである。また，1回毎に学生に簡単な感想をサイボウズLiveに書いてもらうことも行っており，授業改善アンケートでは，わからなかった学生の生の声を聞くことができる。

3-5 実際にサイボウズLive授業を行って

1年半前からサイボウズLive授業を行ってみて，レジュメ配布や課題提出などの時に起きる，「もらった，あげた」「提出した，受け取っていない」といったヒューマンエラーを防げることがわかった。課題等の提出日もサイボウズLiveのタイムスタンプなど，時間を記録することが可能なので，期限の確認も簡単にでき，またインターネットを利用できることで，課題提出が午前0時までといった時間の余裕も生まれた。

しかし，サイボウズLiveの使用率，動画の閲覧回数等を見てみると，あまり使用されていなかったため，学生に授業の振り返りをしてもらう工夫が必要であると感じた。

具体的には，次の授業までに課題等がない場合は，用意した動画はほとんど閲覧されず，課題作成などがある場合は，動画を閲覧しながら作業をしていることが見て取れた。当初考えていた授業記録を行ったコンテンツを流用しての予習教材の作成や反転授業については，準備時間の不足のために去年のものをそのまま予習用に利用するに留まった。

講義科目に関しては，ただ授業を記録することにとどまっているために，内容を確認しようと思うと，映像をすべて確認しなければいけないことになり，これは，とても不便で不親切である。授業を行いながらこの点を改善することも必要であり，

また，後処理でのテロップや字幕の追加なども考える必要がある。
　動画で記録することで，授業に出なくても授業と同じ内容が後でみられるようになるため，授業をサボる学生が出てくるかと思ったが，そのような学生はいなかった。記録できるからといって，通常の授業がなくなることはないが，動画を見ても授業に出ても得られるものが同じであれば，将来的に授業に出る意義が薄れる。そのような状況にならないようにするためには，常にライブ感をえられる授業をする必要がある。
　今回，授業を記録したことでの副産物は，自分の声や授業のスピードを記録することで客観的に振り返ることができるということであろう。自分で嫌な部分やおかしな部分を把握でき，次回の授業で直すこともできる点である。

4 今後の課題

　授業を全記録し，サイボウズLiveで動画として閲覧できるようにすることは，学生にも教員にも有益に感じた。教員にとっては，授業の振り返りができる。自分が過去にどんな授業を行っていたのかを確認することができる。私の場合，去年の授業を見直し，今年は，更に充実した授業を目指している。学生にとっては，授業の遅れを取り戻すことができ，授業への興味も持続するようである。また，他の学生の作品や意見を共有することで自分へのフィードバックができる。
　一部の学生にサイボウズLiveについての意見を聞いてみたが，他の学生の意見や作品を見ることで自分の考えにもフィードバックしたというような意見があり，学生のモチベーションを上げる効果があるようである。サイボウズLive等を使用することで，学生の主体性を出せる可能性を感じる。
　しかし，講義科目の記録に関しては，失敗ではないかと考える。講義科目は，実際の授業と記録データをどう関連づけるか，演習科目の操作画面のキャプチャーとは違う工夫が必要である。
　また，授業の全記録といっても教室に記録機材がすべて揃っているわけではなく，キャプチャーソフトや動画編集ソフトウェアなど，すべての教員が所有し，使用できるものではない。また，教材作りにかかる時間，動画データの膨大なデータの管理など，解決しなければならない問題が多いのも確かである。今回作業をして感じたが，大学の教育を良くするためには，教員だけでは不十分だということである。サイボウズLive等の授業を行うためには，教材開発スタッフといった事務系

のスタッフがいる必要がある。大学の授業をインターネットで配信することも今後増えることを考えると，スキルをもった事務系スタッフは必要である。

また，2014年度後期から大学でOffice365の利用ができるようになったため，SharePoint Online，Lync Online，Yammerを授業で利用できるようになり，2015年度は，これらの利用も考える必要があるということである。

1年半の運用で感じたことは，ICTを活用した授業をするには，授業に出席する意義というものを考える必要がある。授業のコンテンツが充実することで，この授業は，実際に出席する必要はないのではと学生が疑問に思う授業は，学生の主体性をも奪いかねない。授業は常に魅力的なものを行う必要がある。ICTを有効活用することで，学生の主体性を引き出す授業も可能になる。学校全体でICTとどう向き合うかが今後の大きな課題である。

【引用・参考文献】
岩手大学大学教育総合センター［編］（2013）．『ICTで実現する大学教育改革──フランス・カナダ・日本の事例から』東北大学出版会
小田隆治・杉原真晃［編著］（2010）．『学生主体型授業の冒険──自ら学び，考える大学生を育む』ナカニシヤ出版
小田隆治・杉原真晃［編著］（2012）．『学生主体型授業の冒険2──予測困難な時代に挑む大学教育』ナカニシヤ出版
小原芳明［編］（2002）．『ICTを活用した大学授業』玉川大学出版部
河合塾［編著］（2013）．『「深い学び」につながるアクティブラーニング──全国大学の学科調査報告とカリキュラム設計の課題』東信堂

【参考ウェブサイト】
オープンコースウェア（OCW）高等教育機関・大学講義資料無料公開サイト〈http://www.kooss.com/freelearn/ocw.html〉
サイボウズLive〈https://live.cybozu.co.jp〉
ブルーベリーソフトウェア社 BB FlashBack Pro 4〈http://www.bbsoftware.co.uk/BBFlashBack/Home.aspx（英語版）〉〈http://www.bbflashback.jp（日本語版）〉
Coursera〈https://www.coursera.org〉
Facebook〈https://ja-jp.facebook.com/〉
GoPro〈http://jp.gopro.com〉
LINE〈http://line.me/ja/〉
Moodle〈https://moodle.org/?lang=ja〉
Office365〈http://office.microsoft.com/ja-jp/〉

Telestream 社 ScreenFlow 4 〈http://www.telestream.net/screenflow/overview.htm〉
Twitter 〈https://twitter.com/〉
Udacity 〈https://www.udacity.com〉
WordPress 〈http://ja.wordpress.org〉
YouTube 〈http://www.youtube.com〉

第4部

さまざまな学生主体型授業

15 ハイブリッド自主演習
学生が先生になる？

越村 勲

1 はじめに：学生主体型授業への本学の取組み

　学生主体型授業とは何か，それがなぜ必要か。小田・杉原（2012）に，その答えがまとめられている。なかでも，学生主体型授業を，豊かな情報量を身につけた市民層が新たな知の体系を模索していく場の一つとしている点がとくに印象的である。

　しかし問題は各大学でそれをどう実践するかである。東京造形大学はデザイン・美術系の大学であり，建学の時期が1960年代後半ということもあって，創造性と学生の主体性を重視する傾向がある。そのことは，学生が自主運営する実験工房であるCS-Lab[1]の創設にも見て取ることができる。そして2012年，同Labのマンパワーと場とに基づいた学生主体型の授業，ハイブリッド自主演習が始まった。

　以下では，デザイン教育とPBL，ハイブリッド自主演習の位置づけと内容，そして2012年度の同演習の成果と課題についてみた上で，2013，2014年度それぞれにおける「失敗」と「再試行」についてみていきたい。

2 デザイン教育とPBL

　八重樫（2010）にあるように，デザイン教育自体，答えのない問いに教師と学生が一緒に答えを探していく過程であり，その過程で教師は「学習者の学習道程のガイド役であり，実際に試行錯誤を経てものごとを作り出し，道をきりひらくのは学習者である」という認識は非常に重要である。

---

1) CS（クリエイティヴ・スパイラル：創造的な渦の略）を描くような実験的な施設の意。

また八重樫は、「近年注目されている社会的実践を伴うプロジェクト型の授業（PBL：Project-Based Learning）という枠組みは、これまで美術大学系デザイン教育における一般的なスタイル」であったとしている。
　さて、今日のわれわれはとくに「混沌とした社会の中から問題を抽出したり、発見できなければならない」。

> それが世界を自分のものとして受け止めることになる。問題を発見するためには、社会に対しての関心がなければならないし、批判精神も必要で、当事者能力も持ち合わせなくてはならない。問題発見とは自分を確立し、社会に対する感性と、考え抜くための力を有することである。このためのトレーニングとして、授業で自分のテーマを設定し、それを探究するという一連の作業が必要だろう（小田・杉原，2012）。

　上記の PBL に関する引用から、次のような指摘をしたい。それは、教師のガイド役をなるべく最小限にして、学生たちがなるべく自分たちで今日の社会から問題を発見し、学びを構築するような実験的 PBL がデザイン教育に必要ではないかということである。東京造形大学のハイブリッド自主演習は、CS-Lab を「もう一つの大学」と位置づけたことの延長線上で始まったのだが、それを「案内ガイドがなるべくいない PBL」として意義づけられないかと私は考えている。

3　CS-Lab とハイブリッド自主演習

　まず東京造形大学の CS-Lab を簡潔に説明すれば、「学生を中心にデザインや美術に限らない多分野から集まった「研究員」からなり、新しい学習と造形のための研究（実験）機関と空間（建物）」となる。その活動は、2012 年の 4 月の「ダンスと映画友の会」から始まり、11 月の「田中功起 ワークショップ Meetings within Meetings 打ち合わせ―キュレーションと教育と未来」を含め、2013 年 3 月まで計 22 のイベントに及んだ。
　この CS-Lab という場とそこに集まった学生の熱意によって、2012 年の秋、ハイブリッド自主演習がはじまった。ここでいうハイブリッドとは、領域を横断した学習や、さまざまな交流と複合を通して、今日の造形に関わる多様な価値と可能性を広く認識し、新たな価値を創造することや問題を発見することを目的とした科目群

のことである。

3-1 ハイブリッド自主演習という名の試み

まずは，科目ガイドに書かれた趣旨説明（図 15-1）をみてみよう。この授業では，個々の講座を包括する全体テーマは作らず，半期の授業を通して受講者それぞれが互いの関心のつながりを見い出しながらテーマを考えることを期待し，やってみたい授業があれば，自ら先生となって授業をするよう提案した。

> 漂流教室をご存知でしょうか？ 突然荒廃した未来に校舎ごと送られてしまった小学生たちの生存を描いた漫画です。本講座はその漂流教室をモデルにし，学生が主体となり講座そのものと「豊かな知の体験」を作り上げることを目的とします。
> この目的は本講座を運営する CS-Lab の目的とも重なります。この授業の担当教員は，CS-Lab を担当している○×先生ですが，授業の内容は学生が決めています。
> 受講者と共に「教える⇔教わる」という相互の関係によって，本講座が私たちも含めた参加者全員の領域を超えた広い学習の機会となり，「豊かな知の体験」を生み出すことを期待しています。

図 15-1　科目ガイドに書かれた趣旨説明

3-2　ハイブリッド自主演習の 3 タイプ

こうしてはじまり，学期中にできあがっていったハイブリッド自主演習の授業は次の三つのグループに分けることができる。

(1) A：CS-Lab のスタッフが主導した授業

A タイプの授業の呼びかけ文（図 15-2）をご覧頂きたい。

このタイプの授業では，学生からみて少し先輩のスタッフが「作品の完成度は問いません。多少無謀な計画でも構いません」と述べていることが重要である。

(2) B：ゲスト講師を招いた授業

B タイプの一例としては，「道具と作法」がある（図 15-3）。その呼びかけ文は図 15-4 の通りである。

この授業のゲスト講師とは東京造形大学の若い助教である。

各専門科目では目の前の制作で手一杯になりがちですが，この授業ではその制作コンセプトの立て方について考えます。完成度も重要ですが，大学生活の中での制作に多いのは目の前の作業に没頭するあまり，核になるコンセプトがぼやけていいたいことや表現したいことが自分でもわからなくなっている人や作品も少なくありません。逆にコンセプトがしっかりしていれば，より制作のスピードも，必要な部分もおのずと変わるのではないでしょうか。
　社会の中，歴史の中，日本の中，世界の中で，何をテーマにし，何を調べ，どこに行き，何を主張し，どんな問題を解決し，誰に伝え，どのように伝え，何を素材とし，どんな会社や人に提案し，どこに発表し，誰に役立ち，誰を喜ばせたいのか。そして，何を，なぜ生むのか？
　これらをひっくるめてコンセプトと呼んでいいと思います。この授業ではあえて，作品の完成度は問いません。多少無謀な計画でもかまいません。やり方や，見つけ方は，それぞれです。しかし，客観的に考え，色んな感度，角度でとらえ，話し合い，照らし合わせ，コミュニケートすること，多元的に考えること，そして，自分の，作品の立ち位置を明確にする。これらをこの授業では目的とします。ミクロ世界から宇宙まで！　Powers of Ten の視点でコンセプトを考える！さて，始めてみましょう。

図 15-2　A タイプの授業の呼びかけ文

図 15-3　「道具と作法」の授業風景

　私が受け持つ授業では，制作の前段階での在り方（創造する上での最低限のモラル）についての授業を企画しています。
　現代において制作手法は多岐にわたり，創造の可能性は無限に広がっています。しかし，どんな素材や道具を扱うにしても基本となる制作者の姿勢は変わりません，素材や道具の扱い方のなかから，創造することの根源的な意味を各自がみつけだすことができればと考えています。
　あなたは大学の設備をフル活用できていますか。学生のなかには大学の設備を利用しないまま卒業を迎える人も少なくありません。もちろん，そんな人は制作意欲がないのかもしれませんが，なかには「使ってはいけないのかな」と思っている人もいるはず。心当たりのある方や新入生にはぜひこの授業を履修してもらいたいなあ。そして，どんどん制作にのめり込んでください。

図 15-4　B タイプの授業の呼びかけ文

(3)　C：学生が交代で講師になった授業
　ある学生が「未定」というタイトルの授業を 2 回企画した。学生によって企画さ

> 自分の担当する回ではそれぞれが話し出すところから始めたいと考えています。スチューデントセンタード，教える立場，ヒエラルキーは緩やかになり入れ替わりながら，それぞれが別々の役目を担っていく。ある事柄について話し出してみる。参加者の発言をもとにして別の意見に出会うことで話は進み，時にそれは思いもよらぬ方向に転がりながら，少しずつ未解の問いに対して答えてはまた問うことを繰り返していきます。
>
> 少なくともここでは自分の専門や知識に対して必要以上に縛られることなく，少しだけ境界への意識をもちながら取り組んでいければと考えています。他人との間で学んでいくという大学の機能に対して自覚的であることは，中世の大学が学生同士のギルドに起源があり，それは土地も建物ももたない人々の集団組織であったことを思い返せるのかもしれません。
>
> 知識を得ることのみに大きな比重を置くことなく，もう一つの形の大学で思考していくための時間を作ることを考えて，具体的にはいくつかの作品について，または経験についての話をきっかけにその場で話していくことを予定しています。

図 15-5　C タイプの授業の呼びかけ文

れたその授業の呼びかけ文を挙げる（図 15-5）。

ただ，低学年の学生も含まれた学生たちが「先生になる」ことは簡単ではない。それを望んで履修していても，いざ実際に「先生になろう」とすると具体的に何をしてよいかは，わからない。自主演習二年目に「遊び」をテーマにしたとき，混乱ぶりがいよいよ顕著になった。

4　二年目の「失敗」，三年目の「再試行」

まずは一年目 2012 年度の成果と課題について CS-Lab のスタッフは表 15-1 のように考えていた。

全体として 2012 年度のハイブリッド自主演習は課題よりも成果が目立ち，その履修者は新たな授業の試みに好印象をもったようである。履修者数も，1 年目の履修者数 28 名から 2 年目の 2013 年度には 42 名に増えた。事前に授業の説明会を行った回数はそれほど多くなかったので，どうやら口コミで履修者の輪が広がったようである。

履修者の数は増えたが，2 年目の実際の参加者は途中から半分強にまで減っていった。自主演習は，他の授業と重ならないよう，5，6 限と遅い時間帯に設定されていた。冬場になれば帰る頃は暗くなる。アルバイトと重なったり，他の友人との遊びに引っ張られることもある。何より，他の授業の課題を制作する場合も多いだろう。

ただ，私が担当した他の授業においても経験しているが，「自分で調べたことを

表 15-1　ハイブリッド自主演習の成果と課題

成　果
・まずはベーシックな機材の使い方，大学の機材の活用について学ぶ機会を新たに得ることで学生の製作の幅が広がった。 ・それ以上に，「教える⇔教わる」という立場になることで，たとえ教えられている状態にあっても受動的な立場でなく，能動的な授業参加ができるようになった。 ・また，「今面白いこと」ということが提案できるため，学びが遅れにくくなった。 ・それぞれの学生の興味や得意なことを授業に取り入れることで授業内，授業外での連携をとりやすい環境がうまれた。 ・学生同士で授業を組み立てるため，疑問や質問などを提示しやすかったようだ。あるいは前年の授業をきっかけに履修者がその年の授業を企画する動きもあった。

課　題
・この授業についても，半年間を通じてみれば，出席率の不安定さなど学生のモチベーションの維持がまず課題である。そして，経験のない1，2年生にとって「教える」「企画する」ことの難易度が高いように思われた。あるいは，毎回「教える」という立場の学生が変わるため「積極的な学生」の数を安定して維持することは難しい。 ・最後に，学生の意欲や興味を引き出すことに時間がかかることは常に留意すべき点であった。

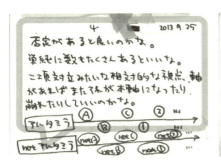

図 15-6　学生 A の答え

図 15-7　学生 B の答え

授業でプレゼンしたら評点を上げるよ」と言っても，ここ数年学生がプレゼンテーションをしなくなってきている。自主演習でも，二年目後期の開講に向けて前期から学生とディスカッションしたが具体的な授業の形が描けない。CS-Lab のスタッフも，「今どきの学生」が物事を一つの基準で価値判断することに慎重すぎたり，ことばで「自分の考え」を表現することがかなり苦手になっていると感じているようである。実際開講当初，授業を学生主導で進めるにはどうしたらよいかと問われて，A という学生は「価値の相対化」というプレッシャーを表現しているし（図 15-6），学生 B はいざとなったら自分の意見が言えないもどかしさを表現している（図 15-7）。

美術系の大学であれば「まずは自己アピール，他者の評価はそのあと」という気質の学生が，とくに何度も浪人してから入学した学生には多かったが，今は現役率がかなり高い。自己アピールよりも自分の発言に対する反応がこわい。また例えば虫を捕まえることを人に教えるにしても，どう言葉にするかがむずかしい。家庭でも，そうした教える機会が減っているのだろう。

自主演習をリードする CS-Lab スタッフ・研究員は，一人で授業をするのが困難であれば皆でやろうと呼びかけたが，「何をやっても良い，自由だ」と言われると今の学生は戸惑うようで，「遊び」というテーマを中心テーマにしようと考えた。ところが一緒に遊んではみたものの授業のかたちとは違うものになってしまったようである。

このときの反省をふまえ，三年目の 2014 年度は，学部上級生も含めた CS-Lab スタッフ・研究員がリードする場面を増やし，「実際にやってみせる」という要素を増やしている。図 15-8 は後期の履修までに再検討をし，履修登録直前に配布した資料の抜粋である。

太字部分を見れば受講生の発案がメインであるとは言わないで，そうした授業もあるという表現にとどめて，プレッシャーを与えないようにしている。一年目は「本講座はその漂流教室をモデルにし，学生が主体となり講座そのものと『豊かな知の体験』を作り上げることを目的とします」との表現を用いた。

それでもシラバスは図 15-9 に示すように，履修者が受身にならないよう注意をうながしている。

さて 2014 年度の履修者数は 53 名で，一年目 2012 年度の評判が未だに良く，その学年が高学年になって自主演習を履修しやすくなったことが大きな要因であるようだ（その学年の履修者は 26 名，その他 1 年生が 7 名，2 年が 8 名，4 年生が 12 名だっ

後期水曜 5, 6 限　16:40 〜
知の漂流教室
・授業の目的（到達目標）
……この目的は本講座を運営する CS-Lab の目的とも重なります。CS-Lab は学生を中心にデザインや美術に限らない多分野から集まった『研究員』からなり，新しい学習と造形のための研究（実験）機関と空間（建物）です。
　受講者と共に「教える⇔教わる」という相互の関係によって，本講座が私たちも含めた参加者全員の領域を超えた広い学習の機会となり汀豊かな知の体験』を生み出すことを期待しています。また，**そのことから研究員の企画した授業だけでなく，受講生の発案した授業も取り上げる機会をもてればと思います**。それでは 3 年目の「知の漂流教室」でお待ちしています。

図 15-8　2014 年度配布資料の抜粋①

> 事前（事後）学習
> 授業で取り上げた題材を興味をもって調べ，考え，自らの意見を提案することをお願いします。
> ■テキスト
> 授業の主題によってその都度配布，提供する予定です。
> ■参考書
> ぜひ自分が興味のある本を買ってください。
> お金に余裕があれば『漂流教室』（楳図かずお著）をお勧めします。
> ■履修者が用意するもの及び要望
> 教わるだけでなく教えようとする姿勢が必要です。
> ■成績評価の方法及び基準
> 出席60%　授業態度20%　提出物/テスト20%を目安とします

図15-9　2014年度配布資料の抜粋②

表15-2　シラバス（主な回の趣旨）

9月10日	「イニシエーション」

初めまして，CS-Lab 知の漂流教室です。
最初の授業はイニシエーション，私たちはバラバラな経験を経て同じ場所に居合わせる事になりました。それぞれの違いと同じを見つめなおすための自己紹介を，皆で一緒に行います。

10月8日/22日	「それぞれの制作と考え方をとりあえず見せる」

この大学にはたくさんの人がいる。専攻や学年というさまざまなパーテーションに区切られて，なかなか見たり聞いたりできない作品や考え方がある。
せっかく同じ大学に居るのだから，この授業では互いにそれを交換し合う。

10月29日	「死なない世界」

「もし，人間が誰も死ななくなったら世界はどうなってしまうのか」というテーマで一人一人の生活の変化を想像し，新しい世界を考える事で，今ある環境を考えてみる。

11月12日	「グラフィックラングージ〜質問：アレとアレの間は？〜」

平面において，あるオブジェクトが存在するとき，オブジェクトは常に外からの影響を受け続ける。
ただ内と外のみを説明する境界線は果たしてグラフィックデザインとして適切だろうか。
授業では以下を予定。
①視覚的に境界にあたる部分を身の回りから撮影。それらを観察し，関係を言葉にしてみる。
②自分と任意の対象物を選び，その間にある境界を平面上に表現する。

10月1日/11月5日/12月17日	「食の授業」

フードデザイナーの中山晴奈さんを講師にお迎えし，「食」についての3回の講義です。
テーマは，「節目の食」です。
最終回には，参加者それぞれが提案したものを形にして，試食を行います。
専攻の枠を飛び超えて，試行錯誤し合い，今までには味わった事のない講義になるでしょう！

12月3日	「現代アイドル概論」

21世紀に入ってからのアイドルは「今までのアイドルとは違う」ということから多くの人気を得てきた。
曲の質が変化し，ネットを通して，映像やライブを見る機会が増え，身近に感じるようになった。
それらは時代の何を表象し，どのような射程をもっているかを資料を元に考える。

表15-3 シラバス（1学期のスケジュールと学生・院生の関わり）

9/10	イニシエーション
9/17	初回ミーティング大会（抽選で順番に学生が自己紹介）
10/1	食の授業①（ゲストによる授業だが学生が企画立案）
10/8	それぞれの制作と考え方をとりあえず見せる（CS研究員の院生が司会）
10/22	それぞれの制作と考え方をとりあえず見せる（CS研究員の院生が司会）
10/29	死なない世界（CS研究員の4年生による授業）
11/5	食の授業②（ゲストによる授業だが学生が企画・立案）
11/12	グラフィックランゲージ～質問：アレとアレの間は？～（CS研究員の4年生による授業）
11/19	授業①（学生による授業）
11/26	授業②（学生による授業）
12/3	現代アイドル概論（CS-Labスタッフによる授業）
12/10	授業③（学生による授業）
12/17	食の事業③（ゲストによる授業だが学生が企画立案）
1/7	まとめ

た）。二年目2013年度の「失敗」から学んで，一年目の評判をどう守るか。この問に対する回答がシラバスに込められている。

前頁の表15-2にシラバスの内容を示す。全体に学生が確実に関心をもてるテーマを選び，かつ「グラフィックランゲージ～質問：アレとアレの間は？～」の中では「言語化」が意識されている。

最後にCS-Labスタッフや学生・院生の授業への関わりについて1学期のスケジュールにそってみておこう（表15-3）。

5 結びにかえて

三年目の自主演習をだれが主役かという点でみていくと「まとめ」以外の13回のうちCS-Labのスタッフ1回，CS-Lab研究員の学生が2回，外部講師のゲストが3回になる。残り7回は抽選による自己紹介とCS-Lab研究員の院生が司会しながら自己紹介する回を前半に設け，後半に学生主導による授業を3回計画している。学生たちがお互いを知り，年齢の近い先輩たちが授業を行うのを見てから学生たちが授業する形になっている。

これは自主演習二年目に，一年目以上に「みんなでやろう」という意識が強すぎ

たことの反省に基づいている。シラバスになかった「遊び」というテーマを選んだのも「みんなで」授業ができると考えたからだが，虫取りでいえばみんなで虫をとっただけで，先生役が虫取りの技術や体験，感動を言語化するには至らなかった。

ただ学生の側も，授業での発言にSNSが過敏に反応するのではないかという不安があったり，「言語化」能力が未熟（？）だったり，あるいは価値の「相対化」という時代に影響されたりで，「自分の考え」を言えないでいる。

それでも本章の初めに触れたように，学生主体型授業は，豊かな情報量を身につけた市民層が新たな知の体系を模索していく一つの場になりうるはずである。

東京造形大学の自主演習は，その経験を，まだ「言語化」できるレベルではないが，新たな知のための経験を一歩ずつ重ねている，そのように私は考えている。

【引用・参考文献】
小田隆治・杉原真晃［編著］（2012）．『学生主体型授業の冒険2―予測困難な時代に挑む大学教育』ナカニシヤ出版
八重樫 文（2010）．「デザイン教育の特徴を活かしたプロジェクト型授業の実践」小田隆治・杉原真晃［編著］（2010）．『自ら学び，考える大学生を育む』ナカニシヤ出版

16 学術日本語 I

留学生の発表活動における学生による評価項目の考案と自己評価・他者評価

田中真寿美

1 はじめに

　筆者は青森中央学院大学で留学生を対象とした日本語教育を担当している。日本学生支援機構の2013（平成25）年度調査によると，日本の高等教育機関で学ぶ留学生は約9割が私費留学生であり，青森中央学院大学でも私費留学生が多数を占める。私費留学生やその家族にとり，費用面での負担は小さくないと思われる。さらに，家族と離れ異文化で暮らすなどの心理的負担を抱えることも考えれば，留学生は留学するにあたり相当な覚悟や準備をし，来日後は学位取得や就職を目指して必死に勉強していると想像される。

　しかし，もちろん全ての留学生が，それらの負担に見合うだけの成果を得ようと日本で意欲的に学んでいるわけではない。茂住（2014）の調査では，日本に行って何を学ぶか（学びたいか）を留学決定時点で具体的に決めている留学生は少ないとされ，当初の目的意識の希薄さが学びの姿勢に影響を及ぼしているとも考えられる。部屋でゲームばかりしていて予習・復習をしない，授業に出てくるだけで日本語を話そうとしない，自分の考えがなく他の人と話す練習ができない・作文が書けないなど，指導に困る留学生がいるということは，全国の大学の留学生担当教員の共通認識であろう。やる気のなさに戸惑いや怒りを感じるのは，日本人学生に対してだけでなく，海を越えてまで日本に来た留学生に対しても同じなのである。

1-1 大学における日本語教育

　日本国内における日本語教育の目的の一つは，学習者が日本で生活する上で必要なコミュニケーション能力を身につけることである。大学での日本語教育は，それ

に加え，批判的・論理的思考力や問題発見解決能力など，大学生としての学びに必要な能力を，言語の訓練を通して身につけることを目指している。ここでいう言語の訓練とは，講義やゼミで専門的な内容の解説などを聞き，ノートを取る・要約する，テーマに従って文献や情報を収集して読解し，日本語でレポート作成する，レジュメにまとめ発表するといったことである。これらは入学後すぐにでも必要とされる学習活動で，学生にとって必要性は高いだろう。

青森中央学院大学では，前者のコミュニケーション能力の育成を初級・中級レベルのクラスで，後者のアカデミック・ジャパニーズともいうべき能力の育成を上級レベルのクラスで行っている。

1-2 実践の背景

筆者は，上級レベルの三つの日本語科目の一つで，上述のようなアカデミック・ジャパニーズの内容を扱うクラスを担当してきた。それが必修の「学術日本語Ⅰ」である。学術日本語Ⅰは，15週にわたり週4回開講され，大学生活で必要とされる日本語力，特にレジュメ・アウトライン・要約・レポート作成，話し合い，発表など，情報伝達を行うための力を養うことを目的としている。

2009年から担当してきた学術日本語Ⅰの中で，筆者はニュース記事をレジュメにまとめ発表することを行わせている。2009年度は，教師（＝筆者）が評価し，発表後にクラス全体に向けよかった点，直すべき点などをフィードバックしていたのだが，直すべき点に関して，発表者は「その時に限っての失敗」と捉え，発表者以外の学生は自分にも有用な指摘だと意識していない様子だった。そのため，発表者が変われば同様のことを何回も指摘しなければならなかった。

そこで，学生がより積極的に発表に取り組むことを狙い，2010年度からは教師の考えた項目を示し，教師だけでなく，発表者以外の学生にも評価させることにした。しかし，評価表の記述欄には「よくなかった」など簡単な記述が多くみられた。

これらの実践から，教師が丁寧にフィードバックしても，また，項目を与えて他者評価させても，その項目の重要性，必要性を理解していない，あるいは学生自身が重要だ，必要だと思わなければ深い内省に結びつかず，自分の発表時に生かせないのだと考えた。

山本（2006）は，大学で養成されるべき日本語力について，単に大学・大学院等で必要とされるだけでなく，卒業後の職業生活や社会生活で営まれる知的活動に必要な日本語力につながるものとしている。日本語の授業には間違いを発見し，指摘し

てくれる教師がいつもいるが，日本語の授業で学んだことを，ゼミなど日本語の授業外で，あるいは将来にもわたって活用するためには，環境が変わってもその時々で自分の学習上の課題を把握し，解決していく自律性をもっていなければならない。発表という活動で考えると，学生が自分で自分の課題を把握するとは，自己評価し，他者評価を通じて自分の学習を内省できることだと考えられる。そのために評価の項目が必要だが，上述した以前の実践から，深い内省を生むためには自分で項目を考え出すことが重要だと考えた。

そこで，2013年度後期と2014年度前期は，ニュース記事発表という活動に，学生が自分で考えた評価項目で自他評価するというタスクを組み入れた。評価項目を考え，修正し，評価観を確立させていく過程で，発表をしっかり準備したり，自他の発表について当事者性をもって内省を行うことが，授業に主体的に参加するということになると考えた。

2 2013年度後期の授業の概要

2-1 発表活動の位置づけ

2013年度後期，筆者は学術日本語Ⅰでレポートの作成を最終課題とする授業を行い（週2回[1]×15週, 計30回），その授業でニュース記事発表を行わせた。授業は，レポートを書くための基本的な文章ルール，レポートの構成，論点の立て方，引用のし方，データ表現などを学び，資料を探し，学生同士で推敲し合う作業を経てレポートを書き上げ，要旨をレジュメにし，発表するという流れになっている。

ニュース記事の発表は，「日本は豊かか」をテーマ[2]にレポートを書くため，日本に関する記事を探してレポートのトピックをみつけ，資料を準備する過程の活動として位置づけた。そして，レポートを書く前の7週間，質疑応答まで含め約20分の発表を一人2回行った。発表後，約10分間で自己・他者評価させた。今学期の受講者は18名で，それぞれの留学期間は3ヶ月〜3年だった。

---

1) 従来，レポート作成と発表を行う授業は独立していたが，2013年度，2014年度は組み合わせた。
2) 浜田ら（1997）の中のテーマ例。

2-2 発表活動の目標

学生による評価を取り入れた発表活動の目標として,以下の4点を設定し,シラバスに明記した。

> 1 読んだ文章を正しく理解し,レジュメに要点をまとめられる。
> 2 自分で選んだ記事について,レジュメを作ってわかりやすく発表することができる。
> 3 自他の発表を評価するために,何がいい発表か考えることができる。
> 4 自他の発表を自分なりのポイントで評価し,自分の学習に何が必要か,これからどのように学習していけばいいかなど,自分の学習について考えることができる。

2-3 クラスデザイン考案の留意点と前学期からの変更点

ケラー(2010)は学習意欲に影響を及ぼす要因として,「注意」「関連性」「自信」「満足感」という4側面を挙げている。

「注意」というのは,「おもしろそうだ」という関心を学習者が獲得し,それを維持することである。言語学習で考えれば,読む・聞くなどの素材や取り組む課題が難し過ぎて飽きてしまうということを防がなくてはならないということになる。

「関連性」というのは,「やりがいがありそうだ」と学習者のニーズやゴールを満たすことである。何のためにこんなことをしなければならないのかと思わせないように,目的を明確にし,意識させることが必要だろう。

「自信」というのは,「やれそうだ」と動機づけられることである。言語学習で考えれば,学習者が外国語を話すことに過度の不安を抱くことを防がなくてはらない。これらの要素に留意し,「やってよかった」という「満足感」を学生が得られるよう,2013年度後期はそれまでの発表活動と異なる以下の取り組みをした。

まず,既に述べている通り,評価項目を教師だけが考えたものから,学生も考えたものにしたことである。その他にもそれまでは発表活動とレポート作成を別々の独立した取り組みとしていたが,発表活動をレポート作成のための一つの過程とし,目的を明確にしたことが挙げられる。以前はニュース記事の選定に特に条件をつけていなかったが,レポート作成につなげること考えて記事を選ぶこととした。

次に,学生による他者評価は教師が集め,教師だけが見ていたが,教師が評価者の名前を消して取りまとめ,クラスメート全員がわかるようにしたことである。

表 16-1 発表活動の流れ

①準　　備
・発表はレポートの観点を見つけ資料を準備するためのものであること，メディアは問わないが記事の出典を明示することを確認する。 ・レジュメ作成練習を行う。 ・発表活動の目標（2-2）について，can-do リストで現時点の自分の力をチェックする。
②項目の計画
教師が「レジュメ」「話し方」「情報」という評価項目例を示し，「よい発表」とはどういったものか，必要な評価項目は何か，グループで話し合わせ，「自分なりの視点」として個別に評価項目を作成する。
③発表1　項目の試行
作成した項目に従い，自己（発表者）／他者（発表者以外）評価のコメントを書く。学生の評価後，教師は教師が挙げた項目に従ってコメント，知っておくべき言語表現などをクラス全体にフィードバックする。
④項目の修正
・全員発表が終わった後，クラスメート（匿名）が学生それぞれにどんなコメントをしたか，全員分をまとめたものを配布し，それをもとに1回目の発表を終え，大事だと再確認した評価項目と新たに出てきた視点について，グループで話し合い，自分の評価項目リストを再作成する。 ・発表活動の目標について，can-do リストで自分の力をチェックし，①で行った時から変化があったか確認する。
⑤発表2　項目の試行2
自分の評価項目リストに従って自己・他者評価する。教師は全体に向けフィードバックする。
⑥最終評価項目の作成
全員2回目の発表が終わった後，クラスメート（匿名）の学生それぞれへのコメント全員分をまとめたものを配布し，クラス全体で評価項目について話し合わせ，最終的な自分なりの評価項目を作成する。

　そして，グループ作業も取り入れた。それまでは学生が皆，教室の前方に立つ発表者の方を向いて座るという座り方をしていたものを，2013年度後期は四，五人で1グループを作り，向かい合って座らせるようにし，グループで話し合う時間も設けた。
　これらの変更点が主体的な参加を引き出す仕掛けともなった。表16-1に，上述の変更点を含めた発表活動の流れと概要を示す。それに沿って，仕掛けについてもう少し述べたい。

2-4 主体的な参加を引き出す仕掛け

1) 意義づけ

　ケラー（2010）が学習意欲を高める側面に「関連性」を挙げているように，活動の目的が明確にわかり，その活動が役に立つという意義を見い出せなければ，また，目標を意識することができていなければ，学習意欲は上がらない。本実践でもレポートを書くというゴールを示す（表16-1 ①）ことで，レポートのテーマにつながるような記事を探し発表することは，自分のためになり，クラスメートの参考にもなることを理解させ，発表やその準備に真剣に取り組ませることを狙った。また，この発表活動を経験したことは，今後，ゼミで，あるいは卒業論文を書きそれを発表する時，更には卒業後の社会人生活でも役立つだろうと説明した。

　発表活動とレポート作成が関連していなかった時は，発表を簡単に終わらせようと自国の記事やゴシップ的な記事を扱ったり，考察がしにくい記事を発表の題材とする学生がいた。また，レポート作成時も，主張を裏付ける客観的なデータが乏しいトピックを扱う学生がいた。そのため，発表活動とレポート作成を関連づけることで，発表の題材の選定眼を養うことも期待した。

　さらに，2-2 で挙げた発表活動の目標を can-do リストにし，1 回目の発表前（表16-1 ①）と 2 回目の発表前（表 16-1 ④）に，その時点での自分の達成度を 4 段階でチェックさせた。この can-do リストは授業の最終週にも再びチェックさせている。目標を示すだけでなく，その目標にどれだけ自分が近づいているのか，近づこうと努力できているのか，複数回チェックする機会を作り，目標の意識化を図った。

2) 視点の拡大

　ケラー（2010）は学習意欲を高める側面として「注意」や「自信」を挙げている。本実践では，発表を聞いてわからない部分があった場合に，相談し理解を促進することで集中力を途切れさせないで，学生間の物理的・心理的距離が近くなるように，グループで向かい合って座らせた。また，発表する記事の選定に対する不安や，よい発表とはどういったものかを考える困難を軽減し，「やれそうだ」と思わせるため，グループで話し合う時間を設けた。

　表 16-1 の②④ではグループで，⑥ではクラス全体でも話させている。これは，上記の他，他者の意見を知り自己の視点を広げることで，評価項目の修正がしやすくなることを狙った。また，なぜその項目が大事だと思うのか他者と話すことで，評価を行うことへの意識を高めることを狙った。

さらに，④⑥は他者の内省観点を知ることで自己の内省が促進される（池田・舘岡，2007）こと，自分の評価観を確認し，よい発表とは何か，自分は今後どのように学習していけばいいかを考えさせることを狙った。これは，目標3と4を意識したものである。

3) 学生同士の評価の共有

本実践では，③⑤で教師の，④で他の学生からのフィードバックを返している。特に後者は，発表という場に居合わせた学生という同じ立場の他者が，独自の評価項目で自分の発表をしっかり聞き，考え，実際に評価しているということを示し，よい評価は自信に，きびしい評価は励ましになることを狙った。

3 学生の反応

全員の発表が終わった後，本活動に関してアンケートを行った。以下，自由記述及び口頭での補足コメント（筆者要約）について，観察や考察を加える。

> ①このような発表はとてもいいです。

①に表れるように学生からの反応はよいものだったが，よい活動だったと思わせたのはどういう点なのだろうか。

> ②先生が教えてくれるより自分で評価ポイントを考える方がたいへんだが，その方が納得できる。

本活動の大きな特徴は学生が評価項目を考えるという点だが，②からその点が好意的に捉えられていたことがわかる。自分で重要だと考えた項目によるものだから自己評価の結果にも納得でき，他者を評価するという心理的負担を伴う行為も納得して行えたのではないか。また，質疑応答やグループなどでの話し合いを通じて評価観がわかった仲間からの評価にも，納得できたのではないか。教師の視点だけでなく学生の視点で評価するということは，学生が自分（たち）の評価を自ら決めるということだ。今回は，教師の評価もあったため部分的な関与にとどまるが，自らの学習過程で自らの学習に決定権があるということは，責任感ややる気を生むもの

だろう。それがよい活動だという評価につながったものと思われる。

> ③発表は，先生にも他の人にも評価してもらいたい。
> ④他人がこういうポイントを重視しているとわかる機会だった。

　本活動は，教師は教師の視点で，学生は学生の考えた項目で自己・他者評価を行うものであるが，その点を歓迎するコメントが多くあり，本活動のやり方が支持されたと思われる。しかし，学生は，教師と学生には異なる役割を期待しているようだ。教師には，学生同士では直しきれない文法や発音，語彙などについて指摘を与える者，他の学生には，自分がもっていなかった視点をシェアしてくれる者という役割である。④のように，他者との協働による視点の拡大は，学習リソースの増大というピア・ラーニングのメリット（池田・舘岡，2007）に他ならない。教師が与える正解や知識によってではなく，自分と同じ立場である学生によって，気づかなかったものに気づき，考えさせられるという学びの楽しさを味わったことが，よい活動だと思わせたものと思われる。

> ⑤コメントで自分の不足の点がわかって，次に注意できます。

　他者からの評価を自分の学習へ還元させるコメントも多くみられた。学生は他者評価で，「前回と比べると良くなりました。主張もはっきりしています」「例をくれたけど，内容とどんな関係かまだ説明が足りない」など率直にコメントしていた。発表中や質疑応答での聴衆の反応を直に反映した評価を読むことは，教師から指摘されるより直接的に自信や更なる学習の動機づけになったと思われる。

> ⑥集中して聞かなければ内容がわからなくなり，コメントできなくなる。

　⑥からも学生が他者評価を重視していたことがわかる。また，評価を行うため質疑応答を含む発表内容の理解に努めていたことがわかる。⑥には「集中」とあるが，理解度を高めるためには静かに聞くだけでは足りない。今回の実践では質疑応答も活発に行われ，発表中も発表後も，内容の確認・情報のやり取り，発表者のコメントの再解釈・発表の批評をグループで行っている様子が観察された。これらのグループ内でのやり取りは，教師の指示がなかったにも関わらず，自発的に行われてい

た。

　金（2008）は，他者との対話を通した「ピア内省」がその後の「セルフ内省」を促進させるステップとなるとしており，本活動でも，発表中・発表後のグループ内でのやり取りが，その後一人で行うコメント書きに役立ったと思われる。前学期からの改善点を考える際，留意点として，素材（発表）や取り組む課題（他者評価）が難し過ぎて飽きてしまうことや，活動の遂行への不安を防ぐことを挙げ，そのための方策としてグループで座らせることにしたが，功を奏したようである。

> ⑦Yさんの発表を聞いて，晩婚化というテーマに興味をもちました。私のミニレポートに少し入れればいいんじゃないかと思いました。
> ⑧構成や引用のし方などがわかったから，ゼミで今度発表する時はもっと良くできると思う。
> ⑨将来，大学を卒業してから，会社の会議で意見を言ったり評価する等もできると思う。

　⑦から，学生は発表活動をレポート作成に利用できていたことがうかがえる。早くからトピックを意識させ，資料を集めさせたため，レポート作成と発表を関連付けていなかった前学期までに比べ，レポートにスムーズに取り掛かることができた。また，⑧，⑨にあるように，学生は発表・評価活動に日本語の授業の先にあるもの，将来への価値を見い出している。アンケートでは，「評価項目を考え自己・他者評価したことは今後役に立つ」と全員が考えていた。このように，活動に意義を認めることができたことも学習意欲を支えていたのではないかと考える。

> ⑩皆さんが日本について，今まで知らなかったことを発表するから，毎週楽しみ。

　発表の後に作成するレポートの大きなテーマが「日本は豊かか」であるため，発表する記事内容を日本に関する事柄に絞ったことが，学生の好奇心の刺激につながったのではないかと思われる。テレビをもっていない，アルバイトもしていない，日本人の友達もいないという学生もおり，日本に住んでいても，日本で何が起きているのかを自然に見聞きする機会をもっていない留学生は多い。上辺の情報でなく，自国との比較や改善への提言など考察までされている発表を通して，日本を知る・

取り上げられた事柄について考えることができたことが学生にとってよい活動となったのではないか。

　以上のアンケート結果から，発表活動の目標に対し，学生からも一定の評価が得られたと考えた。意義づけし，視点を拡大させ，学生同士で評価を共有するという取り組みにより，学生が発表活動に主体性をもって参加できたのではないかと思われる。

4 実践の改善へ向けて

　2009年度から筆者の授業デザインは，表16-2のように変化してきた。2013年度後期を省みて考えたことは，発表時の教師の介入を減らせないかということである。2013年度後期は，発音が不明瞭だった場合，聞き手の学生の理解を考え，発表途中で言い直させたり，質問が出ない場合は，基本的事実の確認となるような質問を教師が最初にしたことがあった。完全な教師主導ではなかったものの，発表の進め方，不明な点があった場合の質問や確認のし方も指導しており，学生だけで進められないわけでもなかった。

　筆者は2014年度前期も前学期とほぼ同様のやり方で学術日本語Ⅰを担当した。

表16-2　授業デザインの変化

	2009年度	2010年度～2013年度前期	2013年度後期
発表を誰が評価するか	教師	教師，学生	教師，学生
評価項目は誰が考えるか	教師	教師	教師，学生
評価結果は誰がみるか	教師	教師，発表者	教師，学生全員
発表とレポートの関連	関連なし	関連なし	関連あり　発表はレポート作成の過程
発表するニュース記事の選定	条件なし	条件なし	レポートにつながるような，日本に関する記事
発表時の学生の座り方とグループワーク	前を向いて一人ずつ座る　グループ作業なし	前を向いて一人ずつ座る　グループ作業なし	グループになって座る　グループ作業あり
問題点，改善案	（自分／他者に対する）教師のフィードバックを次回の発表に生かせない	表面的な評価しかせず，深い内省が行われない	発表時の教師の介入を減らす

異なる点は，受講者が23人に増え，全体で一人の発表を聞くという方法では15週で全員が2回発表できないため，一つ四，五人のグループに分け，グループ内で発表させたことである。教師は授業中，各グループを回ったが，じっくり発表を聞けないため，各グループの発表はレコーダーに録音した。教師は授業後にそれを聞いて評価し，翌週全体にフィードバックした。グループでの発表となったため，教師の介入は自ずと減ったが，発表中・発表後のグループ内でのやり取りも減ったようだ。

協働学習における教師の役割は，管理者ではなく，ファシリテーター（津田, 2013）や環境の整備者（青木, 2001）であるとされるが，2014年度前期の実践では，教師はそれらの役割をうまく果たせなかったようである。また，学生も教師の助けなしに発表を進めることに不慣れで，「このように進めるべき」というビジョンも，教師との共有が不完全であったと考えられる。

今後は，全員に対しての発表・グループ発表の両場面で，教師の介入をどの程度，どのように減らせるのかに留意していきたい。また，コースを通し，自己・他者評価に内省の深化がみられたのかという考察は不十分であるため，今後の課題となっている。

5 おわりに

本活動に関して，ある学生から印象深いコメントがあった。

> 留学生で言葉ばかりだと理解しにくいですが，先生のコミュニケーションの方法がよければ理解しやすくなります。日本語の授業だけでなく他の授業でも先生のコミュニケーションの方法を見て，自分の発表について考える時，すごい勉強になりました。

このコメントを読み，教師も学生の学習リソースの一つであり，内省を促すものであることを再確認した。学生が自らの学びの主役であるために教師が取るべき役割は多様だが，教師がよきリソースであることが，学生の主体性を引き出す強力な手段であることを忘れずにいたい。

【引用・参考文献】

青木直子(2001).「教師の役割」青木直子・尾崎明人・土岐　哲［編］『日本語教育学を学ぶ人のために』世界思想社, pp.182-197

池田玲子・舘岡洋子(2007).『ピア・ラーニング入門―創造的な学びのデザインのために』ひつじ書房

金孝卿(2008).『第二言語としての日本語教室における「ピア内省」活動の研究』ひつじ書房

ケラー, J. M.／鈴木克明［監訳］(2010).『学習意欲をデザインする―ARCSモデルによるインストラクショナルデザイン』北大路書房

津田ひろみ(2013).『学習者の自律をめざす協働学習―中学校英語教育における実践と分析』ひつじ書房

日本学生支援機構(2014).『平成25年度外国人留学生在籍状況調査結果』〈http://www.jasso.go.jp/statistics/intl_student/documents/data13.pdf〉

浜田麻里・平尾得子・由井紀久子(1997).『大学生と留学生のための論文ワークブック』くろしお出版

茂住和世(2014).「私費外国人留学生の「日本留学」動機の生成―意思決定プロセスの分析から」日本語教育国際研究大会口頭発表資料

山本富美子(2006).「タスク・シラバスによる論理的思考力と表現力の養成」門倉正美・筒井洋一・三宅和子［編］『アカデミック・ジャパニーズの挑戦』ひつじ書房, pp.79-98.

17 「自己理解」と「社会理解」
「キャリアデザイン」科目における学生主体型授業

松坂暢浩

1 はじめに

　2013年度より学生のグループ活動の成果を発表する機会として，FDネットワーク"つばさ"プロジェクトで行われている学生主体型授業「合同成果発表コンテスト」に参加している。この発表会に向けて本授業内でどのような取り組みを行い，学生がそのなかでどのような気づきや学びがあったのかについて紹介をしていきたい。

　まず授業内でグループ活動を取り入れた背景を説明したい。学生が社会に出ると，自分が好きな人や仲のよい人だけで仕事ができる訳ではない。異なる価値観や考え方を持った人たちといかに協働できるかが重要となる。そこで経済産業省の「社会人基礎力」（経済産業省，2006）でも挙げられている，多様な人々とともに，目標に向けて協力する力である「チームで働く力」を意識するきっかけを提供したいと考え導入した。

2 授業概要について

　本授業は，学生一人ひとりの社会的・職業的自立を促すことを目指したキャリア教育科目である。

　本授業の目的は，本学が掲げる人生を強く豊かに生きていくための「人間力」を高めることに主眼を置き，最終学年次（大学4年，修士2年生）に納得した進路選択・進路決定をするために必要な視点を早期から提供することである。

　本授業の「キャリア」の意味としては，D. E. スーパーの定義「キャリアとは生涯において個人が果たす一連の役割，およびその役割の組み合わせである」を基本

としている（Super, 1980）。また「キャリア教育」については中央教育審議会の定義「一人一人の社会的・職業的自立に向け，必要な基盤となる能力や態度を育てることを通して，キャリア発達を促す教育」（中央教育審議会, 2012）に基づくものである。そのため，就職のための情報提供や対策が主眼ではなく，変化の激しい社会のなかで個々人が「どのように生きるか」「どのように働くか」を考え，将来のために大学で「どのように学ぶのか」の三つの問いかけを通して自身のキャリアについて考えるものとした。

　本授業のコンセプトとして，前期に実施する「自己理解（キャリアデザイン）」では，〈自分を知る〉を全体のメインテーマとした。自己理解の基本は価値・動機・能力などであるが，これらを扱う概念としてシャインの「内的キャリア」（Schein, 1978）を重視しており，これは働きがい，やりがいに関係するものである。後期に実施する「社会理解（キャリアデザイン）」では「外的キャリア」を重視し，〈社会を知る〉を全体のメインテーマとした。実社会で生き抜くために必要な最低限もっていて欲しい知識（経済，金融，法律，税金など）の習得と，それらの情報を収集するための方法（ネットでの収集方法や新聞などの読み方）を学ぶ内容とした。また社会に興味をもってもらうきっかけとして企業研究のグループワークを合わせて行っている。

　本授業のスタイルとしては，知識や情報の提供は必要最小限とし，学生が素直に感じ，気づいたことをまとめ，学生同士で分かち合う（共有）ことに重点を置いている。そのため，ペア・グループワークの時間を多く授業内に設けている。このようなスタイルは，キャリアカウンセリングの要素があるため，教員を始め15回の授業に関わる講師はキャリアカウンセラーの有資格者，あるいはそれに類するトレーニングを受けた人たちで構成されている。今後はこの条件にこだわることなく，広くさまざまな教員で授業ができるようにする予定である。また内容が偏らないように，学内でキャリア教育に取り組まれている教員の協力を得ながら，1回ごとに講義内容や学生の反応について振り返る検討会を設け，状況に合わせながら試行錯誤し，授業の内容の改善に取り組んでいる。

　本授業の履修状況であるが，1年目の2012年度は前後期321名の履修であった。2年目の2013年度は前後期704名と約2倍の履修となった。本授業は必修ではないが，履修人数の増加を受けて，2014年度より学生が履修しやすいように同じ内容で，これまで週2回の開講から週4回開講に変更した。その結果2014年度は前後期881名，2015年度は前後期950名の履修となった。

3 授業運営の工夫について

本授業では，当初，大人数をコントロールしながら学生が主体的に授業に取り組む環境をいかにつくるか，また，人数が増えて大教室を使用する際に可動式ではない机や椅子のなかでグループワークをどのように行えばよいか，など課題が山積していた。

そこで，課題克服に向けて六つの取組を行った。一つ目はくじ引きによる座席決め，二つ目は授業進行のパターン化，三つ目は授業のルール設定，四つ目は立ち会議形式でのグループワーク，五つ目は学生が提出する振り返りシートに対するフィードバック，六つ目はアシスタント学生による授業補助である。以下六つの取組内容について詳細を紹介したい。

1) くじ引きによる座席決め

仲の良い学生同士で固まらないよう，そして性別や学部の違う学生同士の交流の機会を提供するために，授業入室時に配布する資料に書かれた番号の座席に着席するように指示をした。これにより一つのグループ6人が，毎回異なるメンバーになるようにランダム化できるようになった。また，知らない者同士で着席するため不要な雑談が減る効果もあった。

2) 授業進行のパターン化

大人数でも，学生が授業のなかで次に何を行うかが分かれば，自ら行動できるようになると考えた。そこで毎授業の流れを四つのステップに分けて，それぞれ時間の目安を示し，次に何を行うかを意識しながら主体的に取り組める工夫を行った。

図17-1　グループワークの風景

表 17-1　履修上守るべき 10 個のルール

① 授業の最初と最後は挨拶する
② 遅刻厳禁
③ 携帯操作厳禁
④ 飲食禁止
⑤ 脱帽，コートは脱ぐ
⑥ ペア・グループワーク以外の私語厳禁
⑦ ペア・グループワークでは積極的に発言する
⑧ 相手の立場に立って行動する
⑨ 人の話を聴く姿勢に注意する
⑩ わからない事をそのままにしないで，必ずその場で質問し確認する

まずステップ1が「振り返る」(15分)である。これは教員より前回の授業内容の振り返りとフィードバックを行い，学生に思い出す作業をさせるものである。また前回の講義で学生からあった要望などについてもこの場で回答を行う。次にステップ2が「考える」(30分)である。各回のテーマに沿って，個人ワークを行う。主にワークシートを配布し記入を行う。そしてステップ3は「分かち合う」(30分)である。これはペア・グループワークにおいて個人ワークで書いた内容をお互いに発表し，共有を行う。またテーマについてのディスカッションを行うことで，新たな学びや気づきを得ることを目指している。最後のステップ4が「振り返る」(15分)である。授業のまとめを行い，振り返りシートに本日の学びや気づきを記入してもらう時間とした。

3）授業のルール設定

授業の妨げになる行為に注意する機会を減らし，また大人になる上で必要なマナーやルールを守る意識を高めることができように，履修上守るべき最低限のルールを設定した。ただし，このルールは教員からの一方的な押しつけで行わなかった。まず学生に一度ルールについて意見を求め，必要があれば学生と相談の上で修正を加えた。このやり取りは授業終了後に提出してもらう振り返りシートを活用した（表17-1）。

4）立ち会議形式でのグループワーク

グループワークが，大教室（階段教室）の固定式の机や椅子でも実施できるように，

グループワークの際は，6名1グループがその場で席を立ち，お互いが向き合うように体を回転して行うことにした。またこの方法を取ることでグループワークの際に立ち終了後に座るといった動きをつけることでメリハリがついた（図17-1）。

5）振り返りシートに対するフィードバック

大規模授業であると，個々人に対してのフォローが難しい面がある。また大人数のなかでも自分を気にかけてくれていると感じてもらうことが信頼関係構築に繋がるものと考え，授業終了後に提出してもらう振り返りシートを活用することにした。振り返りシートに書いてもらう感想，進行に対する意見などを確認し，必要に応じてコメントを記入したり，気づきにアンダーラインを引いたりなどして次の授業で返却をした。また授業の始めに共有したいコメントを紹介し，学生の解釈が違っていた内容の補足説明や質問へのフィードバックも合わせて行った。

6）アシスタント学生による授業補助

前年度履修した学生をAA（アドミニストレイティブアシスタント）として雇用し，授業補助をお願いした。主に資料配布やペア・グループワーク時のフォローを行ってもらった。前年度の経験を活かし，うまく活動できないグループへの介入や，彼らの視点から授業改善のアドバイスをもらうことで，よりスムーズな授業運営を行うことができた。

4 学生主体型グループ活動への取り組みについて

次に，本活動の進め方や取り組みについて説明したい。本活動は，後期「社会理解（キャリアデザイン）」の授業内で実施したものである。15回の授業のなかで4回分の授業時間（3週間）を利用して行った。

第1回　「企業研究」の方法について学ぶ
第2回　「中間発表会」（ブロック予選）
第3回　「全体発表会」（ブロック予選1位のグループによる本選）
第4回　「グループ活動を振り返る」（今後に生かす上での課題について考える）

まず本活動を始める前にグループ決めを行った。初めての人同士で協同するこ

17 「自己理解」と「社会理解」　193

とを体験してもらえるように，くじ引きで6名1グループを作り，約3週間同じメンバーで一つの課題に取り組ませることにした。そのため，グループ確定後に親しい友人がグループにいないかを確認し調整を行った。また男女比についても，同性同士で固まらないように配慮した。

　グループに出した課題は「企業研究」である。同業他社の企業同士を比較研究することで，企業らしさ（競合優位性）とは何かについて考えてもらい，その成果をパワーポイントにまとめ，発表をしてもらった。課題として「企業研究」を選んだ理由は，低学年のうちに企業を調べる機会を通して，社会に目を向けるきっかけを提供したいと考えたからである。また就職活動中の学生から就職相談を受ける中で，「そもそも「企業研究」を行う機会がこれまでなく，どのように調べればよいかわからない」，また「「企業研究」自体がつらく面白くない」という苦手意識を訴える声があった。このような状況を早期から改善するために，さまざまな企業に目を向ける機会を通して，企業を調べることが楽しいという感覚をもってもらうこと，また経済に興味をもち，日ごろからニュースに触れる重要性に気づいてもらうことも目標に取り組んだ。

　まず第1回目の授業は事前学習として，「企業研究」の方法について解説を行った。研究方法として，企業の沿革，企業HP等で発信している企業メッセージから組織風土，商品戦略の違いなどを踏まえ，同業他社を比較するなかで，その企業の他社にない魅力とは何かについて考える方法を説明した。説明後，授業外の時間に連絡を取りながらグループで集まり，事前学習した企業研究の方法を参考にしながら調査する企業を決定し，研究成果をまとめ，発表の準備をするように指示した。

　次に第2回目の授業では，中間発表会（図17-2）として，五つのグループごとにブロックを作り，そのブロック内で成果発表を行った。発表を聞いてもっとも良か

図17-2　中間発表会

ったと考えるグループから，1位は5点，2位は4点，3位は2点，4, 5位は1点として採点したものを一人ずつ投票してもらい，各ブロックから最終発表会での発表グループを選出した。

そして第3回目の授業で最終発表会を行った。中間発表会で選ばれた5グループの中から，中間発表会と同じ採点方法で，各グループの投票と教員の投票を総合し，FDネットワーク"つばさ"プロジェクト主催の学生主体型授業「合同成果発表コンテスト」に出場する授業代表を1グループ決定した。

最後の第4回目の授業では，グループ活動をやりっぱなしで終わることのないように，改めて振り返る機会を設けた。内容は，これまでのグループ活動の振り返りとグループ活動を円滑に進めるために足りなかった点やもっとこうしたらよかったなどの課題についてディスカッションを行った。

また振り返りを行うにあたり，3週間グループ活動したメンバー同士ではなく，違うグループのメンバーと一緒になるようにグループのメンバーをシャッフルした。これは，同じグループ内では言えなかった課題が共有しやすく，他のグループメンバーはどのような点に課題を感じていたかを知ることや，他のグループも自分たちと同じような課題をもっていたことに気づいてもらいたいとの考えからである。終了後に提出してもらった振り返りシートにおいて以下のようなコメントがあった。

> 「自分の班ではない人との話し合いだったので，私が不満に思っていたことや言いたかったことをたくさん言えた」。
> 「他の班の人たちの葛藤やそれに対する対処方法を知ることができた」。
> 「自分のグループのメンバーと話しているだけでは出てこなかったであろう視点からの意見に触れられて勉強になった」。
> 「他のグループの人と共有してみると，意外と同じような問題があったということがわかった」。

以上のコメントからも，メンバーを入れ替えたことによる成果があったものと考えている。

5 学生のグループ活動における気づきについての考察

このグループ活動を通し，学生にどのような気づきがあったかについて考えていきたい。

まず第3回の最終発表会終了後に提出してもらった振り返りシート（$n = 184$ 名）のコメントのなかで，特定の言葉がどの程度出現しているのかを分類した。分類はキャリア教育を担当する教員が協議して担当した。1番多かった項目は，「プレゼン技法についての学び」(107名) であった。おそらく第2回，第3回において発表し，また他のグループの発表を聞いて，相手にわかりやすく伝えることの難しさを感じたからであるものと考えられる。また発表を終えて改めて「グループ活動の葛藤や難しさ」(46名) を思い出したというコメントがみられた。しかし，当初目標としていた企業研究を楽しいと感じてもらいたいという点については，コメントからみることはできなかった。

また，第4回のグループ活動の振り返り後に回収した振り返りシート（$n = 148$）のコメントも，同じように特定の言葉がどの程度出現しているのかを上記手続きにしたがって分類した（表17-2）。

以下，分類した内容である。各項目とそのなかでの学生コメントの抜粋を見ていきたい。

まずグループ活動の課題として，一番多かったものは「メンバーとの信頼関係作りの難しさ，グループで協同する際の難しさ」であった。モチベーションに差がある学生同士と協力しながら進めていく上での難しさを感じたというコメントがみられた。

表17-2 参加学生の感想の分類（$n = 148$ 名） 複数回答

項　目	回答数
メンバーとの信頼関係作りの難しさ グループで協同する際の難しさ	68
活動状況の共有（連絡）や打ち合わせの日程調整の難しさ	29
グループ内での役割分担を明確にすることの重要性 人任せにせず各自が責任をもって取り組む大切さ	41
グループとしての方向性や目標を決める大切さ	13
プレゼンテーションの準備や練習の大切さ	18
その他	67

> 「やる気のない人とやる気がありすぎる人の温度差もプレゼンの準備が円滑に進まない原因となっているのではないか，という意見が出た」。
> 「メンバーに一人他のメンバーのことを過度に批判する人がいて，その人にどう注意すればいいのかわからず疲れた。その人がいる時といない時でグループの空気が違った。仕事上のつき合いに限り，どんな人とでもうまくやっていく術をみにつけたい」。

しかし，一方で仲良くなったことで起こる問題に対するコメントもみられた。

> 「私たちのグループ活動はモチベーションがそこまで高くもなく低くもなくといった感じで，途中で「もう少ししっかり進めよう」などと言いにくい雰囲気ができてしまっていました。そのままグループ内で誰も積極的に動けず，なんとなくなあなあで進めてきてしまいました」。

これらの課題を克服する具体的な方法まではコメントから踏み込めていない状況であったようだが，グループメンバー同士の信頼関係構築には，「実際に会って話し合う」といった「face to face」のコミュニケーションが重要であるという気づきがみられた。

> 「初めて会う人とグループワークするときは，まずお互いの距離を縮めることが大事でそうするために一緒に飯を食ったり，全員でなくてもいいからとにかく顔をあわせて会話をすることが必要だった」。
> 「やはり，みんなが時間をとって集まるほうが，いいものができるという結果が出ました。同じ空間にいることで，お互いを知ったり，意見も言いやすいんではないかとなりました。でもなかなかみんなが集まるということは，そういうときは短時間で何回も会うってことが必要なんじゃないかなと思いました」。

次に「活動状況の共有（連絡）や打ち合わせ日程の調整の難しさ」において，メールやコミュニケーションアプリのLINEを利用していたグループが多くみられた。手軽で効率的な面もあるが，一方で関係性が深まらず，情報共有もうまくできずに終わってしまったという反省がみられた。

> 「活動を通した課題で一番気になったのが SNS の活用だった。ラインで既読になっているのに返信をしないのは，サイバー上において存在しないのと同じであると思う。なので，しっかりとなんでもいいので返信するという心掛けをすべきだと思った」。
> 「グループワークを成功させるためには LINE やメールなどのツールだけでなくやっぱり会って話さなくてはいけないと思った」。

また，「グループ内での役割分担を明確にすることの重要性，人任せにせず各自が責任をもって取り組む大切さ」については，グループでの役割分担が不明確であった点や，一人の学生に業務負担が集中してしまうなど人任せにしてしまったという反省がみられた。

> 「集まりが悪かった，役割を果たさなかったなどさまざまな課題がでて，それぞれがたいへんだったのだなと思いました。しかし，グループとして活動するのにあたり，やっぱり時間がなくても，グループの一員として何か少しは役目を果たすべきなのではないかと思います」。
> 「パワーポイントでスライドを作る作業は，一人のメンバーに大きな負担がかかってしまい，その負担をもう少し軽くしてあげるべきだったと思う」。

そして「グループとしての方向性や目標を決める大切さ」については，グループ活動を円滑に進めていく上で必要であること。また「プレゼンテーションの準備や練習の大切さ」おいても，グループの目指すものを明確にし，しっかりと準備をすることが重要であったというコメントがみられた。

> 「話し合いがスムーズに進むように，気づいたことは伝える。グループで一つのものを作るときは，最初に方向性や軸となることを決めておくと後々統一感がなくなりにくくなる。プレゼンが良かったグループはみんなで作り上げたように感じたから，協力して何かを行うことは大切だと思った」。
> 「皆同じ思いで行動するには限界があるが，そこで単に意志の共有を諦めるのではなく，全員が納得するような最大公約数的なラインを決めて頑張ってゆけばよいということ」。
> 「プレゼンが最終到達点ではない。企業研究して，双方の違いを発見した，こ

> れはぜひ皆に伝えたい。ではプレゼンをして知ってもらおう。がプレゼンの意義であるのに，プレゼンを作成することが最終着地点になっているから，発表会で見たプレゼンは総じてつまらなかった。グループがまとまらないのは方向性をさだめていないから。やるべきことがはっきりと見えていないから。行き詰ったら自分たちが何に向かって行動しているのか，そのために何をすべきなのか全員にわかるように紙にでも書き出してみれば良い」。

最後に，「その他」でみられた学生コメントにも触れておきたい。ここでは，活動を振り返るということ自体の重要性に対する気づきがみられた。また上記にみられるように，第4回で実施した，活動メンバー以外の学生同士で行った振り返りから得られた気づきについて述べている学生が多くみられた。

> 「正直，この講義で前に行ったグループワークが私のせいでうまくいかなかったために振り返りたくはなかった。そもそも，私は「振り返る」という作業がとても嫌で避けて生きていたといってもいいくらいに，今まで振り返らずに過ごしてきたと思う。しかし，今回改めて「振り返る」という作業がとても重要なものなのだと感じた。今回，全体の総復習でわかったことは，グループの中の温度差をどうやって克服するか，目標の決め方，コミュニケーションのはかり方など，とても重要かつ参考になるものばかりだった。自分が以前行ったグループワークでも心当たりのある問題が挙げられていたのでとても参考になった」。

以上の結果から，目標に向けて協力する力である「チームで働く力」を早期から意識するきっかけを提供するとした本活動の目標は，ある一定の成果があったものと考えている。

6 今後の課題について

最後に，本活動を終えてみえてきた課題について考えたい。

振り返りで出された学生コメントからみられるグループ活動中の葛藤に対して，どのように教員が関わるかという課題である。例えば，情報共有や役割分担の重要性，グループ活動中に起こる問題とその対処法（金井, 1999）について事前指導のな

かで解説しておくことも重要ではないだろうか。また活動中の学生がモチベーションを維持することができるような工夫も必要であると考える。今回 4 回分の授業時間（3 週間）を利用して紹介した活動を行ったが，今後はもう少し時間をかけて行うことも検討が必要であると考えている。

また今回実施しなかったが，プレゼンテーション技法の基本についてレクチャーが必要だったのではないかと考える。学生の成果報告で作成したパワーポイント資料は，見た目にはしっかりと作られていたが，プレゼンテーションの目的と効果（伝えたいねらいの部分を絞り明確にしているかどうかなど）があいまいであった。聴衆の興味を喚起することができているかをしっかりと考えた上で作成するプロセスを学習する機会を設ける必要があると考えている。

また，企業研究において，学生が興味をもって選ぶ企業が，どうしても B to C 企業（Business to Consumer：企業と個人（消費者）間の商取引，あるいは，企業が個人向けに行う事業）に偏り過ぎ，消費者目線の内容になってしまい考察が深まらなかったという課題があった。今後は，身近な物のなかにあるが気づかない商品を扱う B to B 企業（Business to Business：企業間の商取引，あるいは，企業が企業向けに行う事業）について調べる取り組みなども検討していきたと考えている。

【引用・参考文献】
金井壽宏（1999）．『経営組織』日本経済新聞社
経済産業省（2006）．『社会人基礎力に関する研究会─「中間取りまとめ」』
佐藤浩章［編］（2016）．『大学教育のための授業方法とデザイン』多摩川大学出版部
シャイン・E. H. ／二村敏子・三善勝代［訳］（1991）．『キャリア・ダイナミクス─キャリアとは，生涯を通しての人間の生き方・表現である。』白桃書房．
松坂暢浩・小倉泰憲・栗野武文（2016）．「多人数で取組めるキャリア教育授業の運営方法について」山形大学教育開発連携支援センター紀要，**10**, 44-52.
文部科学省（2011）．『今後の学校におけるキャリア教育・職業教育の在り方について』中央教育審議会答申　ぎょうせい
Super, E. D. (1980). A life-span, life-space approach to career development. *Journal of Vocational Behavior*, **16**, 282-298.

18 共通教育の英語教育
「必然性」のある授業内容を心がける

日野信行

1 はじめに

　本章では，大阪大学における共通教育の英語における筆者の授業実践について報告する。主にインターネットを用いて，授業当日のさまざまな国の英語ニュースを視聴し，さらに各国の英字新聞の電子版をリアルタイムで読むという授業である。
　最初に，本書のテーマである「学生主体型授業」との関連で注釈を付けるならば，筆者の授業は，英語教育で通常いうところの学生主体型授業とは異なると思う。学生主体型の英語クラスと普通呼ばれるのは，グループワーク（ペアワークも含む）が大幅に取り入れられて学生同士が英語で話す場面がさかんにみられるような授業である。しかしながら，筆者の英語クラスでは，学生間のグループワークは行わないことが多い。その大きな理由は，「必然性」を重視するという考え方ゆえである。
　共通教育，すなわち学部1，2年生の英語クラスの受講生の大半は日本人学生であり，彼らが現実の状況でコミュニケーションを行う場合は，日本語で話すのが最も自然であり効率的である。言い換えれば，英語でのグループワークには必然性はなく，学生にとっては，「英語の授業だから，また先生に英語で話せと言われるから，英語で話す」という状況である（Hino, 2012b）。もちろん授業という営みの性質から，クラス内での学習活動にはある程度の不自然さは不可避とはいえども，そのような「やらせ」の要素はできるだけ少ない授業にしたいと考えている。
　筆者の授業では，英語でのグループワークは，やみくもに導入するのではなく，一定の条件を満たすことができた場合に実施することにしている。たとえば，筆者が大学院言語文化研究科の博士前期課程において英語で行っている2014年度の言語文化教育論の授業では，英語によるグループ・ディスカッションを積極的に取り

入れている。大学院のクラスであるからもちろん英語それ自体の授業ではなく，専門科目を英語で教えるいわゆる English-Medium Instruction（EMI）のクラスである。英語で開講しているので，日本人院生だけでなく，他の研究科からの参加も含めて外国人留学生の受講が多い。つまりこのクラスは，国籍の異なる院生間のディスカッションの手段として英語を用いる「必然性」が存在する環境である。特に，日本人院生のみならず留学生の大半も英語の非母語話者（ノン・ネイティヴ）であるため，ここでのグループワークは，多様な「国際英語」の話者とのコミュニケーションを体験することができる貴重な機会となっている（Hino, 2014）。

　さらに付け加えるならば，グループワークのある授業を短絡的に良い授業であるとみなしがちな現在の英語教育界の風潮に，筆者は根本的な疑問をもっている。上述の点も含めてこれにはいくつかの側面があるが，自分が最も問題視しているのは，最近の英語教育では，学生が総じて社交性を有する外交的な性格であることを前提としていることである。

　英語授業の研究会における実践報告でも，グループワークに消極的な学生はしばしば，学習意欲の低い，あるいは協調性に乏しい学生として扱われている。しかしながら，これは教員が「強者」の論理に立っていることからくるのではないか。筆者の経験では，実際には，温和で友好的かつ学習意欲の高い学生でも，グループワークは敬遠したいというケースが少なくない。特に，いじめの被害にあった体験をもつ学生にその傾向が顕著である。そのような人々を，何のケアもなくグループワークに放り込むのは残酷であり，教育的配慮に欠ける。筆者の上記の大学院授業でグループ・ディスカッションを実施しているのは，受講生の中にグループワークに対するアレルギーを有する人がいないことを確認した上でのことであり，さらにグループ・ディスカッションの最中には，気の弱い学生に圧迫感を与えるような言動が見られないかどうかも含めて見廻っている。

　以上は前置きであるが，今日の英語教育界にみられる，「グループワークを行う授業が学生主体型の授業である」という皮相な通念への疑問として記させていただいた。本章で報告する授業では，グループワークは実施していないが，下でも述べるように，授業内容が教員側からの押しつけではなく学生にとっての「必然性」を有する中味であるという意味において，「学生主体型」であると考えている。

2 教員の留意事項（語学授業に限らない）

授業で筆者が心がけてきたことに関し，まずは外国語教育に限らず他の科目にもあてはまりそうな事柄についていくつか述べる。

2-1 授業開始時間のはるか前に教室に入るように心がける

筆者が大学生だった頃には，ほとんどの先生は，授業のチャイムが鳴って数分，遅い先生だと10分以上も過ぎてから教室に入ってきたものである。これに対して現在の筆者は，授業開始時間のはるか前に教室に入るように心がけている。筆者の直前の時間帯に別の先生の授業がある場合はうまくいかないが，筆者の前の時間帯が空いている場合は，できる限り20分以上前に教室に到着するようにしている。

この意義は，相撲力士や野球選手などを見るとよくわかる。力士も野球選手も，取り組みや試合の直前に到着するわけではなく，かなり早い時間に会場や球場に入って，力士は「しこ」や「てっぽう」，野球選手はバッティング練習や投球練習を徐々に行っていく。筆者の観察では，彼らが早く現地入りするのは，単に身体面や技術面のウォームアップの必要上だけではないようである。時間をかけてその会場や球場の「場」に自分を慣らし，いわば会場や球場や観客との一体感を得ることにより，その「場」において自己の力を十分に発揮できるということを相撲や野球の先達たちがその経験から感じ，伝統として定着したものだろうと思う。

たとえば，有名な学者の講演を見ていても，講演開始時間の直前に偉そうに入ってきて講演を始める先生と，早い時間から会場入りして前のほうに座っている先生との二通りがあることに気がつく。同じく大先生ではあっても，前者の講演は，多くの場合，その場にそぐわないちぐはぐな展開に終わりがちである。一方，後者の講演は，言わんとするメッセージが聴衆に力強く伝わってくる。

筆者は，できるだけ早めに教室に着き，授業開始のチャイムに向けて自分の気合を次第に高めていくとともに，教室に次々と入ってくる学生たちの当日の雰囲気も感じ取るようにしている。

2-2 授業の冒頭で個々の学生と挨拶を交わす

筆者はCALL教室（コンピュータ教室）で授業を行っているので，全員の学生の出席をマウスのクリック1回で瞬時に取ることも技術的には容易である。しかし筆者の方針として，そのような方法では出席は取らないことにしている。筆者は学生の

名前を呼び，笑顔でアイ・コンタクトを行い，そして学生の「はい」という返事に対して，自分もさらに「はい」と答える。つまり，まず学生一人ひとりと挨拶を交わしてから授業を始めることにしている。機械で出席を取ると，この重要な部分が失われてしまう。

計時してみると，受講生50名の授業だとこの挨拶に4分以上かかるが，90分授業の中でこれは必要な時間であると考えている。これにより学生は，個々としての自分の存在を先生が認知してくれているという実感を得るのである。

2-3　学生にとって学ぶ必然性のある授業内容を提供する

本章の冒頭で述べたことに関わる点である。学生たちが「授業だから」「先生が選んだ教材だから」しかたなく勉強させられていると感じるような内容ではなく，「学ぶ必要がある」と感じるような素材を用いることを筆者は心がけている。たとえば，本章で報告する英語授業では，当日のリアルタイムの英語ニュースを教材として用いている。

ニュースを素材とするのは，筆者の勤務校の英語授業の場合，たとえば，人間科学部・文学部・法学部・経済学部の合同クラスのように，さまざまな学部の学生がひとつのクラスで一緒に受講するケースも多いため，専攻がそれぞれ異なっても全員が自分にも関係があると認識できるような内容は何だろうかと模索した結果である。また，特に授業当日のニュースを用いるのは，その日の最新のニュースならば，誰にとっても内容を知る必然性があるからである。これがたとえば3日前のニュースなどであったならば，学生の側からは，「先生が読めというから」という受け身の要因以外にはそのニュースと取り組む理由を見い出すことができない。

筆者の学生時代の大学の英語授業では，先生が自分の好みの文学作品を選び，否応なしに学生につき合わせるという形がごく一般的であった。それは先生の信念の発露であったのかもしれないが，「学生主体型」とは対極にあるような授業であったことは確かである。

3　授業方針（英語教育に関して）

次に，本授業の方針のうち，特に英語教育に関わる側面について述べる。

3-1　英米語だけでなく多様な国際英語の理解

　従来の英語教育では，英米語を対象とするのが常識であったが，これからの世界で英語によるコミュニケーションを成功させるためには，さまざまな言語的・文化的背景に基づく多様な英語を理解する能力を養う必要がある。言い換えれば，母語話者（ネイティヴ）の英語にこだわっていたのではもはや役に立たない。國弘（1970）やSmith（1976）によって予見された「国際英語」の時代が到来したと言える。

　本授業では，クラスで視聴するTVニュースについても，英国BBCや米国CNNなどの英米メディアだけでなく，たとえばシンガポールCNAやインドNDTVを通してアジアの英語に親しんでもらうなど，音声面も含めてバラエティに富む英語を扱っている。アメリカ英語やイギリス英語の聴き取りだけでは不十分で，シンガポール英語やインド英語や中国英語など，さまざまな英語に対応できる人材が求められる今日の世の中である。

　また同様にこの授業では，多様な文化的価値観を背景とする世界中の英語メディアを読む。そのごく一部を挙げると，Hürriyet（トルコ），Ekathimerini（ギリシャ），DW（ドイツ），The Standard（ケニア），Bangkok Post（タイ），People's Daily（中国），The Korea Herald（韓国），The Globe and Mail（カナダ），The Sydney Morning Herald（オーストラリア）などである。

　たとえば，パレスチナ問題に関する報道をイスラエルのThe Jerusalem Postとカタールの Al Jazeeraで読み比べてイスラエルとアラブの視点を比較するなど，国際英語における価値観の多様性を学生に体験してもらうようにしている。従来の英語教育でも文化的な理解の重要性は唱えられてきたが，多くの場合，伝統的に英語と結び付けられてきたユダヤ・キリスト教（Judeo-Christian）文化の範疇にとどまっていた。これからの国際英語の時代には，たとえばイスラムの発想に基づく英語を理解できることも同等に大切である。

3-2　良い意味での「日本式英語」の習得

　上の3-1で触れた国際英語の一種としての日本式英語に自信をもってもらうことも，きわめて重要である。筆者の授業では，積極的な意味でのJapanese Englishを目指すことを学生に勧め，教員の自分の英語によってそのサンプルを学生たちに示すように心がけている（Hino, 2012a）。

　第一に，日本的な思考様式を表現する手段としては英米の英語は適していないのである。端的な例でいえば，アメリカ英語をモデルとする従来の日本の英語教育

では，兄弟姉妹における長幼の序をあまり気にしないアメリカ社会の感覚にならって，英語を話すときには，兄か弟か，姉か妹か，を無視して単に"My brother is an engineer."とか"My sister is a high school student."などと言う習慣をつけるよう学生に指導している。しかしこのようなアメリカ英語では，兄・姉と弟・妹を根本的に異なる存在として認識する日本的な価値観は表現できていない。アメリカ人の習慣には反するが，older あるいは younger を付して"My older brother is an engineer.""My younger sister is a high school student."などと言うほうが日本的発想を的確に表現できる。

　また音声面についても，母語話者特有の脱落や連結の多い英語発音は，世界の英語使用者の多数を占める非母語話者（ノン・ネイティヴ）にとっては聴き取りが困難な場合が多いのに対し，すべての音を律義に発音する日本的な英語発音ならば，非母語話者にとっては母語話者の英語よりもわかりやすいことがよくある。ネイティヴに通じるかどうかだけを気にしてきたこれまでの英語教育は，国際コミュニケーションの手段としての英語という視点からは的外れであり，ノン・ネイティヴにも通じやすいような英語を指導する必要がある。授業において筆者は，脱落や連結を最小限に抑え，またつづり字に忠実な発音を実践することにより，誰にとっても聴き取りやすいような発音を心がけ，学生たちの参考にしてもらうようにしている。

　従来の英語教員は，学生の前でできるだけアメリカ人に近い英語を話そうとしてきたわけであるが，わざとアメリカ英語とはかけ離れた英語をモデルとして提示するのが筆者の「国際英語」授業の方針である。

3-3　メディアリテラシー教育との統合

　日々のニュースを教材として用いる本授業の主眼のひとつは，メディアリテラシー教育を「国際英語」教育に統合する形で実践することである。たとえば，上述のようにイスラエルとアラブのメディアを授業で比較対照すると，同じ出来事を相反する視点からみることにより，自分の頭を働かせて主体的に読み解くことの重要性を実感することができる。このようにメディアリテラシーの養成を取り入れることは，「国際英語」教育では特に有意義である。多様な価値観が交錯する国際英語の世界で自らを見失わないようにするためには，主体的な思考（いわゆる critical thinking）の確立が必須であるからである。

4 授業方法

以下では，具体的な授業方法について述べる。

4-1 授業準備

授業準備であるが，当日のニュースを教材として用いる授業であるので，朝はできる限り早い時間に起きる必要がある。インターネットで当日の世界の主要ニュースメディアの最新の動画や記事をあれこれと参照し，世間の注目を集める大きなニュースの中から，学生にとって有益な勉強になりそうな動画や記事を選び出す。かつての筆者の授業では，NHK 衛星 TV で早朝に放送されている海外のテレビ局（フィリピン ABS-CBN や香港 ATV など）のニュースを録画して授業で見せることが多かったのだが，録画をクラスで用いるのは著作権の問題が気になること，よりリアルタイムに近い素材を用いたいこと，最近のインターネット上のニュース動画の充実ぶり等の理由から，現在では主としてネット上の動画を用いている。

4-2 授業手順

この授業は，方法としては非常にシンプルで，主な活動は，授業当日のニュース動画を視聴する，同じ出来事について電子版英字新聞を読む，内容に関して英語で学生に問いかけて英語で答えてもらう，というものである。学生各自に1台の端末を確保できる CALL 教室で行っている。授業手順の要点を整理すると下記のようになる。

① 授業当日の英語ニュースを視聴する。
② 視聴したニュースの基本的事実に関して学生に英語で質問する。フィードバックや補足も主に英語で行う（以下でも同様）。
③ TV 局の英語ウェブサイト（英字新聞として読むことが可能）で上記のニュースに関する最新記事を読む。
④ 上記③の記事に関し，②よりも詳しい内容について学生に英語で問いかける。
⑤ 上記のニュースについて，国民性・宗教的背景・政治的立場などにより視点の異なる英字新聞をウェブ上で読む。
⑥ 上記の記事や TV ニュースの論調の相違（あるいは共通点）に気づかせるよ

うな質問を学生に対して英語で行う。
⑦ 当該のニュースに関する学生自身の意見を問う。できる限り英語で述べてもらうように導くが，どうしても難しい場合は日本語も認め，教員が英語に直す。

4-3 授業を進める上での重要点

　この授業を成功させるためのポイントはいくつかあるが，教員の技術が求められる点のひとつは，学生への発問の調整である。英語教材として作られた素材ではなく，現実の英語ニュースであるから，本来，内容・言語の両面で学生には高度に過ぎるとも思われるレベルである。その難解な内容を段階的に解きほぐすような一連の質問を考えることが必要である。また，ニュース記事の英語の難度は高くても，それに関する教員の質問の英語においては，できる限り平易な文型・語彙・表現を工夫しなければならない。教員のやさしい英語での質問に答えていくうちに，内容面でも言語面でも難しいはずのニュースが次第に理解できるようになる，という流れを常に目指している。

5　メディアの比較の例

　上で触れた，立場の異なるメディアの読み比べについて，最近の授業から一例を挙げる。2014年6月6日の授業で用いた同日の記事である。ウクライナ情勢について，米国CNNは下記のように報じた。

> U.S. President Barack Obama had stern words for his Russian counterpart Vladimir Putin over Russia's actions in Ukraine ……（中略）…. Putin "has a chance to get back into a lane of international law," Obama said. But for this to happen, he said, Putin must take steps over the coming weeks that include recognizing Ukraine's new President-elect Petro Poroshenko, stopping the flow of weapons over the border into Ukraine and ceasing Russian support for pro-Russia separatists in Ukraine.[1]

---

1) http://edition.cnn.com/2014/06/05/world/europe/obama-putin-france-d-day/index.html?hpt=hp_t3（最終閲覧日：2014年6月6日）

つまりこの報道でCNNは，ウクライナ問題に対するプーチン大統領の姿勢を批判する米国政府の代弁者のような役割を果たしている。これに対して，同じ日に，ロシアのPravda.Ruは，やはりウクライナ情勢に関連して次のように述べていた。『プラウダ』とはいっても，このメディアはかつてのソビエト共産党機関紙のプラウダとは別物だが，ロシアにおける保守派の考え方の一端を知るには有益である。

> ...... the G7 members realize that they cannot get rid of Putin, because they need his support in addressing other global issues of world security. For the United States, Russia remains a strategic challenge, although European countries that receive oil and gas from Russia are interested in doing business with Moscow, and they have never sought to specifically isolate Russia.[2]

すなわち，欧州諸国はロシアの天然資源を必要としているからロシアを孤立させるわけにはいかない，という強気の論調である。もちろん米国人もロシア人もそれぞれ一枚岩ではなく国内でもさまざまに異なる立場が存在するから，ステレオタイプに陥らないようにする必要があるが，事象を多面的にとらえてメディアリテラシーを養うためには，このような比較対照はとても有意義な学習活動である。

6 本授業の基本理念

本授業の基本理念の一つは，近年の教育的概念に照らすならば，「実践共同体への正統的周辺参加」(Lave & Wenger, 1991) の考え方を取り入れた授業であると言える。教科書ではなく授業当日のニュースという生の素材を通し，教員の自分はインターネットを入り口として学生たちを現実の国際英語の世界に連れて行き，適宜のサポートを提供しながら，実際の国際英語を体験してもらう。これによって学生たちは国際英語のユーザーとして次第に成長していく，というのが授業の意図である。

本授業での活動は，多くの場合，日本語のメディアではまだ入手できないような最新情報を英語の国際メディアから得るものであり，その意味でこのクラスは英語使用の単なるシミュレーションではなく英語使用の本番である。まさに国際英語の実践のコミュニティへの「正統的」な参加としての性質を有するとともに，クラス

---

2) http://english.pravda.ru/russia/politics/05-06-2014/127745-west_russia-0/（最終閲覧日：2014年6月6日）

内で学生が何か失敗したところで深刻な影響を及ぼす心配はないという点においては「周辺」的な参加であり，学びに適した環境であると言える。

7 むすび

　本章で報告した授業方法は，現在では Integrated Practice in Teaching English as an International Language（IPTEIL）と呼ばれている。「大阪大学共通教育賞」という顕彰制度が本学に存在した当時，IPTEIL による授業実践は，2006 年度前期から 2011 年度後期まで 12 学期間連続で（通算では 14 回）受賞するという望外の名誉に恵まれた。

　しかしながら，「学生主体型授業」という視点からは，もっと学生を能動的に関わらせる必要があるなど，課題もまだまだ多い。不断の省察，いわゆる Reflective Teaching（Richards & Lockhart, 1994）によって，本授業の方法を磨くとともに，教員として向上していきたいと願っている。

図 18-1　授業風景

【引用・参考文献】
國弘正雄（1970）．『英語の話しかた』サイマル出版会
Hino, N. (2012a). Endonormative models of EIL for the Expanding Circle. In A. Matsuda (Ed.) *Principles and practices of teaching English as an international language*. Bristol: Multilingual Matters, pp.28–43.

Hino, N. (2012b). Participating in the community of EIL users through real-time news: Integrated Practice in Teaching English as an International Language (IPTEIL). In A. Matsuda (Ed.) *Principles and practices of teaching English as an international language*. Bristol: Multilingual Matters, pp.183-200.

Hino, N. (2014). The learning of EIL in EMI classes in higher education. 言語文化共同研究プロジェクト 2013『英語教育の今日的課題』大阪大学大学院言語文化研究科, pp.1-10.

Lave, J., & Wenger, E. (1991). *Situated learning: Legitimate peripheral participation*. Oxford: Oxford University Press.

Richards, J. C., & Lockhart, C. (1994). *Reflective teaching in second language classrooms*. Cambridge: Cambridge University Press.

Smith, L. E. (1976). English as an international auxiliary language. *RELC Journal* 7 (2), 38-53. Also in L. E. Smith (Ed.) (1983). *Readings in English as an international language*. Oxford: Pergamon Press, pp.1-5.

19 グローバル社会を生き抜く
遠隔地大学間連携によるICTを活用した学生主体型授業の冒険

時任隼平

1 はじめに

　2014年4月前期より，学生主体型授業である「グローバル社会を生き抜く―Y-M大学間連携授業」を山形大学の教養科目として実施した。Yとは山形大学を表しており，Mは明治大学を表している。つまり，この授業は山形大学と明治大学が連携して行う授業である。「グローバル社会を生き抜く」という大風呂敷を広げたこの授業には，「将来的にはグローバル人材として世界で活躍してほしい」という想いを込め，他者との協働や国際社会をテーマとした内容を盛り込んだ。授業案を作成した時点では，念入りに準備して出来上がった計画は，スムーズに進行する予定であった。明治大学の岸講師とは修士課程の時から共に教育活動や研究活動を行ってきた仲であるため，阿吽の呼吸でどのような状況に対しても柔軟に対応できると考えていた。しかしながら，この「遠隔地大学間連携によるICTを活用した学生主体型授業の実践」という取り組みの感想を一言で述べるならば，迷いなく「荒波で何度も沈没させられそうになる航海」と答えるだろう。それくらい，この学生主体型授業は不安要素満載の航海，つまり，『学生主体型授業の冒険』そのものだったと考えている。

　ICTを活用した学生主体型授業の話はよく耳にするが，他大学，それも遠隔地にある大学と連携して行う授業実践は，まだそれほど多く事例として紹介されていない。特に，地方国立大学と首都圏私立大学の事例となれば，なおさら少ないであろう。このページを読まれている方にとって，少しでも参考になるよう，筆者が授業をしてみて思い通りにいったこと，いかなかったことをざっくばらんに記すことにする。

2 本授業（冒険）の概要

2-1 授業のプロセス

「グローバル社会を生き抜く―Y–M 大学間連携授業」の目標を一言で説明すると，「地域の魅力を動画で表現する」である。これだけを聞くと，どこにでもあるようなシンプルな授業に聞こえるが，そのプロセスには，この授業ならではの特徴が埋め込まれている。図 19-1 は，本授業のプロセスを図示したものである。第一の特徴は，グループが山形大学と明治大学の学生で構成されている事だ（図 19-1 ①）。山形大学のグループ A と明治大学のグループ A は，交流グループ A として共に活動する。山形と東京という遠隔地でそれぞれ授業を受けている学生たちは，ICT（テレビ会議システムやクラウド）を活用して意見交換をする。議論は「地域の魅力をどのように表現するのか」をテーマとしているが，地方国立大学と都市部の私立大学では学生の生活環境は異なり，学生自身の価値観や社会観も違う。そこで，都市と地方の視点から，お互いの地域がもつ魅力とは何なのかを考察するというテーマを設定した。魅力を同定し，情報収集の方法やターゲットを決定した後は，実際にフィールドワークにでかける。この活動は，山形と東京で各々が行う事を前提としたが，一部のグループはお互いの地域を相互に訪問し，協同フィールドワークを実施した。フィールドワークを行う際にはスマートフォンやタブレット端末，ビデオカメラを用いて音声や風景を撮影し，地域の人達にインタビューを行った（図 19-1 ②）。集まった素材は動画編集ソフトを使って編集した。各グループ内で分業体制を作っているため細かな指定は行わなかったが，一人だけが編集作業を担当するのではなく，一人ひとりが小さなクリップを担当し，最後にそれを統合する事を推奨した。こうして，交流グループとしての動画が完成する（図 19-1 ③）。

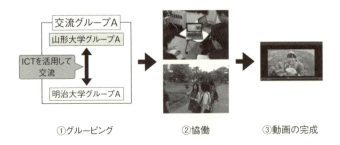

図 19-1　本授業のプロセス

以上が，この授業のプロセスである。次に，後で説明するこの授業で思い通りにいったこと，いかなかったことに対する理解を助けるためにも，筆者自身が授業者としてこの授業をどうデザインしようとしていたのかを説明する。

2-2 授業の目的
本授業では，山形大学の受講生を対象に，4つの力の修得を目的とした。

①「文献収集」「インタビュー」「観察」を通して調査することができる
②動画撮影・編集をすることができる
③ICT を活用して他者と協働することができる
④自分が住む地域の魅力について説明することができる

①は，主に情報収集に関する基礎的な力である。これらは，近年高等教育において注目を浴びているジェネリックスキルやアカデミックスキル，スタディースキルの一部に該当すると思われる。本授業においても，教養教育段階における基礎的な調査法の習得は必須であると考え，上記項目を設定した。何故なら，「調べて」―「まとめて」―「発表する」というプロセスは，人が何かを学ぼうとする際には必ず生じるものであるからだ。本授業では，文献やインタビュー調査，観察の技法を，問題解決学習の中で学ぶことができることを目指した。

②は，AV メディア制作の技法の習得を意図している。スマートフォンやタブレット端末の急激な普及は，ユーザーにコミュニケーションの選択肢を増やすだけでなく，動画で現象を記録するという選択肢を与えるようになった。今や動画は誰でもどこでも制作できる手軽なものとなり，モラルの育成も含め，情報化社会に対応した教育が必要となっている。これらの背景から，動画の撮影・編集技法の習得を目的の一つに設定した。

③は，遠隔地にいる仲間と，ICT を活用してうまく協働をする力の育成を目的にしている。IT の普及による社会の情報化は，ユーザーにさまざまなツールを ICT (Information & Communication Technology) として活用する力を求めている。IT 革命以降，電子メールや電子掲示板など，コミュニケーションの媒体となるツールは頻繁に用いられているが，学生の生活に目を向けてみると，その利用目的は日常的な会話のレベルで留まっており，問題解決を前提としたやり取りはほとんど行われていない。この授業では，単にコミュニケーションを取るのではなく，ICT を活用し

て遠隔地にいる他者と問題解決のための協働ができる力の育成を目的とした。

④は，グローバル社会で生き抜くための国際感覚を身に着けるために設けた目的である。海外に赴き，異質な集団と活動をする際に重要なことは，現地の文化や価値観に対して理解する姿勢を示し，共感することである。本授業では，地域理解の一環として，地域の魅力に着目した。魅力は，他地域との相対的な比較の中で価値づけをすることで明らかになる。そして，価値づけは単なる思いつきではなく，情報収集や他者との対話によって行われる。本授業では地域の魅力を発見する事を目的に設定し，人にわかるよう説明する力の育成を目指した。

これら4つの力をより具体的な学習内容で説明したものが，表19-1である。授業を開始する時点で表19-1を作成することで，身に着けさせたい具体的な知識や

表19-1　4つの力と具体的な知識・技法

能力	項目	内容
①	文献収集	・ロボット型検索エンジン，ディレクトリ型検索エンジンの違い ・ブラウザの選択 ・図書館の利用方法
	インタビュー	・構造化インタビュー ・半構造化インタビュー ・記録の仕方
	観察	・フィールドメモの取り方
②	iMovie Movie Maker その他	基本的に利用するアプリケーションはこちらで強制しない。何を使うかではなく，下記知識とスキルの理解が重要。 ・撮影（逆光，尺） ・動画形式とコーデック ・フレームレート，ビットレート ・トランジション ・動画・画像の取り込み，トリミング ・ファイナライズ
③	Skype Google+ サイボウズ	使うツールによってコミュニケーションの取り方が異なる。例えば，Skypeの場合とGoogle+ではドキュメントの制作方法や共有方法が異なる。状況によって使い分けるスキルと倫理観を養う。
④		他者に対して，自分の地域の魅力について，映像や言語を使って表現することができる。説明することができる。

技術を整理した。

これらに加え，本授業では授業ルーチーンとして，以下の実施を目指した。

- ・授業中の明治大学との同期型コミュニケーション
- ・授業外の非同期型コミュニケーション
- ・リフレクションとして共有1分間プレゼンテーション

同期型コミュニケーションとは，テレビ会議システムを使ったリアルタイムの交流である。山形大学と明治大学では同じ時間に授業を実施しているため，それが可能となる。毎回の授業で，同期型コミュニケーションを実施することで交流の頻度を上げ，4つの力の修得を促進しようと意図した。授業外の非同期型コミュニケーションとは，SNS等を使ったコミュニケーションを意味している。問題解決型の活動を週に1度の授業だけで完結することはできない。授業外の時間に自分たちで自主的にコミュニケーションを取る必要がある。1分間プレゼンテーションは，毎回の授業終了前に，その日の活動状況を報告し合うことを意味している。振り返りもかねて，活動した内容と感じたことを共有できる場を設けようと考えた。

3 三つの荒波

「自由自在にICTを扱いさまざまな人たちと協働し，グローバル社会で生き抜くことのできるスキルを身に着けてほしい」という願いを込めて始めたこの授業だが，一学期間で三つの荒波に襲われた。ある程度想定（心づもり）はしていたものの実際には想定以上の事が起こった。ここでは，それらを遠隔地大学間連携による学生主体型授業という航海における「荒波」として紹介する。

3-1 荒波（1）ICTを介した人間関係構築の難しさ

初めに私や学生たちが対峙した荒波は，ICTを介した人間関係構築の難しさである。時代は情報化社会である。平成生まれの学生たちは，小学生の頃から携帯電話やパソコンを目にし，早ければ中学生の頃から使い始めている，いわゆる「デジタルネイティブ」世代である。現に，授業を受講しているほとんどの学生が何らかのコミュニケーションアプリケーションをダウンロードし，利用していた。日々ICTを通してコミュニケーションを取っている学生たちなら，山形大学生や明治大学生

とコミュニケーションを取るのはそれ程難しいことではないと考えていた。しかしながら，実際のところ，少人数制（山形13名，明治25名）であるにも関わらず人間関係を構築するのに苦労する様子が見て取れた。特に，直接顔を見ながら対話することのできない明治大学生との人間関係構築は，学生たちにとって教員の想定以上にハードルが高いものだったようだ。ある学生は，明治大学との交流について次のように振り返っている。

> 「東京と山形という異なった環境にいる人，直接接触できず頻繁に会話することのできない人と意見を交換することはとても難しく，自分の中でこの授業が嫌になることもあった（Aさん　女性）」
> 「明治大学とは，材料集めや動画編集で協力はできたが，山形大の班だけでやるよりも良くできなかったように思う。決して邪悪な空気が流れていたわけではないのだが，とても楽しく作業できたわけではないというのが，正直なところだ。それはなぜかと考えると，やはり実際に会っていないというのは関係していると思う（後略）。（Bさん　男性）」

　明治大学との人間関係構築がうまくいかなかった要因に，お互いが「得体の知れない人」同士であることが挙げられる。それ自体は，想定していなかった訳ではない。例えば，中原（2002）はオンライン協調学習支援（Computer Supported Collaborative Learning）の先行研究を整理し，CSCLをデザインする際に重要になるポイントの一つとして，「学習者本人に関する情報の可視化」を挙げている。これは，テレビ会議やSNSを通して協調する際に，遠隔地にいる者同士では安易にコミュニケーションを成立させることができないため，本人の属性を可視化することの必要性を意味している。本授業でも，テレビ会議を接続した際には自己紹介の時間を設けるなどの工夫は行った。しかしながら，上記コメントにもあるように，実際にICTを介して会ったことのない人たちと人間関係を構築するのは，非常に困難であった。普段，顔のわかる人たちとICTを使ってコミュニケーションを取るのは，現代の大学生にとってそれほど難しいことではない。しかし，会ったことのない人とのコミュニケーションになると，状況は変わる。例えLINEで直接繋がり，日々の活動についてタイムラインを閲覧したり，一対一のチャットをしたりしたとしても，それが「学習者本人に関する情報の可視化」として十分に機能するとは限らず，授業が進むにつれて人間関係が深まっていくとも限らないのが現実である。

3-2 荒波（2）中身を深める指導の難しさ

　二つ目の荒波は，それぞれが取り挙げた地域の「魅力」に関する考察や，動画制作の中身をより高次なものへと導く指導が，非常に困難であることだ。本授業の目的である①〜④の内容は，ほぼ全てに触れることができた。しかし，どの程度それらの知識・技術が各学生に定着したのかと問われると，授業者自身として「果たしてどうなのだろう」と明確な自信をもつことができない。

　中身（地域の魅力を同定する）に対する指導がうまく進まなかった要因は，二つ考えられる。一つ目は，授業中に同期型のコミュニケーションの場を必ず設けることにしたことでグループをそれぞれ別の部屋で活動させなければならなくなってしまい，きめ細かい指導が困難な状態になったことだ。グループ間でテレビ会議を行う場合，音声出力先をヘッドセットに設定することができない。何故なら，相手方の意見をグループメンバー全員で共有する必要があるからだ。しかし複数のグループが同じ部屋でテレビ会議を実施することで声が混じり合い，通常通り会議を進めることができないため，既存の指定教室である先端学習ラボ（図19-2）以外に２部屋を加え，3部屋体制で授業を行うことになった。3部屋に分かれて活動が展開された場合，各部屋の移動時間がかかることや一目で全てのグループの様子を伺うことができなくなるため，同室内での指導に比べると一つひとつのグループに費やす指導の時間は削減される。また，議論を基本とした活動の場合，教員が議論の流れをうまく追っていなければ適切な指導をすることが困難になる。このように，テレビ会議システムに対応して部屋が分散してしまったため，中身を深める指導をリアルタイムで行いにくくなってしまったことが要因の一つ目として挙げられる。

　二つ目の要因は，ICTのスキルについては一斉指導を行わず，活動の中で自然に習得できるよう心がけたことにより，明治大学と協働する

図 19-2　山形大学先端学習ラボ

図 19-3　先端学習ラボ内でのテレビ会議

図 19-4　別室でのテレビ会議

ためのスキル修得に大幅な時間がかかり，中身の議論を進める時間が削減されてしまったことである。本授業はグループ学習を基本とした「教養セミナー」に位置づけられているため，授業の目的③であるICTの利用スキルの習得についてはレクチャーの時間をまとまった形で取らず，学生が活動に取り組む中で自然に修得できるよう授業を進めていた。これは，いつか必要になる知識・スキルを事前に学習するのではなく，活動の目的に応じてその時，その場で知識・スキルが必要になる状況を作り上げることで，より実践に基づく理解を促すことができると考えたからである。学生たちの振り返りを見てみると，下記コメントのように，授業目標③に関する知識やスキルの習得に関する記述が多くみられた。

> 「この授業では，コミュニケーションのツールとして，スカイプやハングアウトを使った。これまでにそのようなツールを使った事がなく，最初は使い方がわからずつなぐのに時間がかかるということがあった。しかし，だんだん使い方がわかるようになって，スムーズに活用できるようになったと思う（Bさん　男性）」
> 「本授業において主に私が新しく学んだことは，自分以外の人との連携による作業の方法と実践だと思う。特に，すぐに会えない人とつながるツールをもてた事が，私にとって大きな成長だと思う。そのツールというのは，LINEをはじめ，Google+，Skype，ハングアウトなどのことだが，本授業の中でそれらのアカウントを作るまで，私と人との連絡手段はかなり少ないものに限られており，意思疎通が遅れ作業が進まないことがあったが，このような通信手段をもったことで，何かしらで必ず連絡を取り合うことができるようになった（Cさん　女性）」

これらの記述は，学生たちが時間をかけて徐々にスキルを修得したことを示しており喜ばしいことである。しかしながら，スキル修得に時間がかかりすぎて，地域の魅力に関する議論がうまく進まなかったことも事実である。つまり，授業目的③にばかり重点が置かれてしまい，結果として授業目的①②や④について，十分な指導をすることができなかったと言える。このことは，次に説明する荒波（3）の影響も多分に受けているといえる。

3-3 荒波（3）見えない相手との協同作業を指導することの難しさ

荒波（3）は，授業者である筆者自身が明治大学生と面識がないため，山形大学生と明治大学生の協同作業を指導することが，非常に困難であることを意味している。本来，教員が学生を指導する際には，対象のグループと顔を合わせ，その場にある作品自体の評価を直接伝えるのが基本である。しかしながら，本授業のように異なる二つのグループが別々の場所にいて一つの作品を協同作業で作り上げる場合，分業体制が完全に半分ずつになることはまずない。特に，作品の企画段階では，良い二つのアイディアが均等に混ざり合うことなど稀であり，実際には片方が出した草案を修正しつつ，お互いの意見を盛り込んでいくという形を学生たちは取っており，明治大学生のリーダーシップが作品完成には欠かせないものとなっていた。

こういった状況の中で生じるのは，指導対象の選定の難しさである。大学生といえども，初年次の学生たちで構成されたグループのメンバー全員が，グループ内合議の内容を理解し，詳細を説明できるわけではない。つまり，教員がグループ活動を指導する際には，グループ内の活動をよく理解しており，リーダーシップを取れる学生も交えて指導する必要がある。しかしながら，荒波2でも説明した通り，テレビ会議を通した交流は各部屋で展開されているため，筆者自身が常に議論に参加し指導できる訳ではなく，また教員がその場にいたとしても，グループによって進捗状況が異なるため，中身に関わる根幹の部分を議論しているとは限らない。本授業においては，明治大学の学生が草案を出すことが多かったこともあり，筆者自身が山形大学の学生に作品に関するコメントを伝えたとしても，それがうまく明治大学生も含めたグループ全体に伝わらなかったという印象を受けた。

この点は，明治大学の岸講師との間での連携不足があったと，筆者自身は感じている。90分という短い時間の中で，交流校の学生をも含めてICTスキルに関する指導と中身に関する指導をバランスよく行うのには，グループの活動に対する的確な現状の把握と教員同士のリアルタイムの綿密な打ち合わせが必要となる。しかしながら筆者と岸講師は授業前の打ち合わせは頻繁に行っていたものの，いざ授業が始まると互いにその場の学生の対応でつきっきりになり，状況に応じた授業中の打ち合わせを頻繁に行うことは出来なかった。

このように，遠隔地にある他大学と連携した学生主体型の冒険は，三つの荒波に呑まれながら，一学期間の活動を終えることとなる。

4 学生は満足したのか

　三つの荒波に襲われ，自分でも満足のいく指導ができず，多くの反省の念が残った一学期間であったものの，有難いことに，学生の授業評価アンケートの結果は悪くなかった（表19-2）。Q16「この授業を総合的に判断すると良い授業だと思いますか」だけでなく，その他の項目について大方，高評価を頂いた。

　その他，自由記述からも，下記のようなありがたいコメントを頂いた。

> 「私はこの授業で対人関係やコミュニケーションの部分においてもっとも成長したと感じている。動画作品を作り上げるなかで多くの人と関わった。日本人だけなく留学生と交流する機会が多かったが，そのときに言葉が通じないなりにも面と向かって対話することでコミュニケーションを取ることができた（後略）（Dさん，男性）」

> 「明治と山形の連携授業で，私はお互いに意見を出し合うことと，グループ内で協力することの重要さを学ぶことができた。また，生徒主体の活動だったため，生じた疑問を自主的に解決しようという姿勢を身につけることができた。さらに，PCを使う機会が多かったということもあり，PCの扱い方も若干向上したと思う。この講義で学んだことは，学生生活を送っていく上で重要になると思うので，意識して生活していきたい。（Eさん　男性）」

> 「本授業で課されるタスクは，授業時間外の生活にも影響を与えたと思う。撮影に留学生とのつながりが必要だとわかってから，この機会に留学生と仲良くなろうと思い，サークルなど，その関連の団体に入った。もともと海外の人と仲良くなりたいと思っていたのだが，国際交流サークルに入るのはためらっていた。そういう自分が変わることができたのは，本授業のおかげだと思う。新しいことにチャレンジすることに物おじしなくなったと思う。自分では意識していなかったことだが，留学生を一緒にアイス食べようって誘うんだーと友達に話したら，変わったね，と言われた。その時，この授業の影響だ！とはっとした。座学では学べないことを学べたと思う。授業内に実践があったから，楽しく学べたと思う。（Fさん　女性）」

> 「面識のない人と画面を通しての『初めまして』は非常に新鮮でなによりわくわくした。SNSなどを通じて会えない人とのコミュニケーションをとることは日常的なことだったけれど，SNSを通じて知り合う，初めまして，を言う，そんな体験は初めてだった。こんなつながり方もありなんだ，と思った。次に，山形大学の留学生。インタビューのために留学生と話す必要があったが，自分の知り合いに留学生は数名しかおらず，最初は焦った。しかし，『自分から話しかければいいじゃん！』と思ったらとても楽しくなった。国際ラウンジの前をうろうろし，すれ違う留学生に話しかけたあの時は，どきどきしたけれど，話し終わった後，すごくわくわくしたしガッツポーズをしたくなった。自分の積極性を生かすことができた瞬間だった。それがうれしかったのかもしれない。現代では，実際に会うことはなくても仲良くすることは可能であり，遠距離恋愛だって以前より遠距離ではなくなった。ネット上でのつき合いのほうが時間に融通が利くし，手軽である。お金だってそんなにかからない。だから，そのようなつき合いのほうがむしろ楽なのかもしれない。だけれど私は，画面越しの『はじめまして』のあとに，新宿駅での『おはよう』を経験して，やっぱり会うって大事だ，と実感した。しかしあの初対面があんなにわくわくしたものになったのは，事前に連絡を取ることができ，不安が少なかったからだろうと思う。つまり，どちらがいいということではなく，画面越しのコミュニケーションも活用していけるようになれたらいいと思う。（Gさん　女性）」

表19-2 授業評価アンケートの結果（n = 12）＊1名は欠席

質問内容	授業平均	全体平均
Q1 この授業を意欲的に受講しましたか	4.67	4.22
Q2 内容を理解できましたか	4.42	4.12
Q3 考え方，能力，知識・具術などの向上に得ることがありましたか	4.42	4.23
Q4 シラバスに授業の目標や授業計画は具体的に示されましたか	4.08	4.29
Q5 シラバスに成績評価基準と評価方法は具体的に示されていましたか	4.17	4.32
Q6 教員に熱意は感じられましたか	4.92	4.43
Q7 教え方（教授法）はわかりやすかったですか	4.67	4.23
Q8 教員の一方的な授業ではなく，コミュニケーションはとれていましたか	5.0	4.19
Q9 授業はよく準備されていましたか	4.58	4.38
Q10 教員の話し方は聞き取りやすかったですか	5.0	4.33
Q11 板書や配布物，提示資料は読みやすかったですか	4.67	4.27
Q12 教員は教室内の勉学の環境を良好に保つよう配慮していましたか	4.75	4.35
Q13 この授業を総合的に判断すると良い授業だとおもいますか	4.92	4.38

　もちろん，これらの評価結果は学生の満足度を表すものであって，学生自身の成長を客観的に示すものではない。しかしながら，教養教育の段階に行う学生主体型授業として，学生たちが授業を通して自分なりに「学びがあった」と自覚し，満足していることは，この授業の評価できるところだと考えている。そして何より，後期に開講している「グローバル社会を勝ち抜く（Y-M大学間連携授業）」の受講生の中に，前期「グローバル社会を生き抜く（Y-M大学間連携授業）」の受講生が7名もいることが，この授業が彼らにとって学びがいのあるものだった事を表している。そして，前期の受講生が積極的に学生を誘ってくれ，後期は30名にまで受講生が増加した。後期は，海外との交流も加え，より活発な活動を展開していく予定である。

5　まとめ：遠隔地大学間連携による学生主体型授業のススメ

　これまでの実践をふまえ，遠隔地にある大学とのICTを介した学生主体型授業の魅力と留意点について説明する。

> ・遠隔地大学間連携による学生主体型授業は，準備・実践の両方において間違いなくたいへんなものでもある。しかしながら，授業者がたいへんな思いをしながらも，学生が大きく変わる場を提供できていることにやりがいを感じるのも事実である。

筆者は，授業者として学生たちと接する中で，たいへんな思いをしたぶん，学生たちが大きく変わるきっかけになれたのではないかと考えている。学期が始まったばかりの頃，恐る恐るオリエンテーションに参加していた学生たちとは全く異なる姿を，学期終盤ではみることができた。この学生の変化は，教員にとって大きな魅力である。その上で，今後遠隔地大学間連携による学生主体型授業を取り組む方々には次の留意点を提言したい。

1) 連携相手とは，必ず授業に対する価値観を共有する

　本実践のパートナーである明治大学国際日本学部の岸講師とは，修士課程に在籍していた頃からのつき合いで，共にシリアでのパレスチナ難民支援等の活動を共に行ってきた。本授業においては，筆者と岸講師の間で，「異文化への越境と共感」が重要であるという共通認識があったため，比較的スムーズに授業案等を作成することができた。学生主体型の授業を作り上げるのには，多くの時間と労力を有する。それを，他者と共に作るとなると，計り知れない時間と労力が必要になる。授業で扱うテーマに関して，共通理解があることが重要である。

2) スキルを重視するのか，中身を重視するのかを決定する

　15回の授業でスキルだけでなく，授業テーマの中身に関する理解を深めることは，非常に困難である。本授業においては，筆者自身が目的①〜④の全てを重視してしまったため，結果として指導が不十分になってしまった。しかし，グローバル社会を生き抜くという本授業の根本的な目的を考えるなら，小手先のテクニックよりも，④の部分にもっとも時間と労力をかけたかったのが本音である。授業者自身が授業で最も重点を置くことを明確に自覚し，そうでない部分に関しては補助を与えることで，スムーズに授業が進むと考えられる。

3) まとまった時間を一つのグループの指導に取ることができるよう工夫する

　本授業の場合，場所が三地点に分かれてしまったことにより筆者が授業中に部屋間の移動を余儀なくされ，結果として明治大学生と山形大学生が議論している場に参加することが困難になった。遠隔地にいるメンバー同士のグループを指導する際には，両地点の学生に対して問いかけ，指導をする必要がある。ティームティーチング体制の整備や，指導時間を明確にスケジューリングするなど，まとまった指導時間を一つのグループに対して確保する事が重要であると考えられる。

　以上，本章では筆者自身による「遠隔地大学間連携による学生主体型授業の航海」で遭遇した荒波と，それでも航海にのぞむ事で感じる魅力，航海の留意点について説明した。

【引用・参考文献】
杉原真晃（2010）．「「新しい能力」と教養―高等教育の質保障の中で」松下佳代［編著］『「新しい能力」は教育を変えるか―学力・リテラシー・コンピテンシー』ミネルヴァ書房
時任隼平（2014）．「遠隔地大学連携における学生主体型授業のデザインに関する一考察―異文化への「越境」と「共感」を目指して」『山形大学高等教育研究年報』8, 56-62.
中原　淳・前迫孝憲・永岡慶三（2002）．「CSCLのシステムデザイン課題に関する一検討―認知科学におけるデザイン実験アプローチに向けて」『日本教育工学会論文誌』, **25**(4), 259-267.

執筆者紹介 (執筆順)

小田隆治（おだ たかはる）
山形大学地域教育文化学部教授
担当：1章

杉原真晃（すぎはら まさあき）
聖心女子大学文学部教育学科准教授
担当：2章

橋爪孝夫（はしづめ たかお）
山形大学教育開発連携支援センター講師
担当：3章

荒木奈美（あらき なみ）
札幌大学日本語・日本文化専攻准教授
担当：4章

清多英羽（せた ひでは）
青森中央短期大学幼児保育学科准教授
担当：5章

青木滋之（あおき しげゆき）
会津大学コンピュータ理工学部上級准教授
担当：6章

白井 篤（しらい あつし）
東京家政学院大学現代生活学部教授
担当：7章

松本健太郎（まつもと けんたろう）
二松學舍大学文学部准教授
担当：8章

鈴木信子（すずき のぶこ）
二松學舍大学広報課長
担当：8章

薬袋奈美子（みない なみこ）
日本女子大学家政学部准教授
担当：9章

丸岡 泰（まるおか やすし）
石巻専修大学経営学部教授
担当：10章

千代勝実（せんよ かつみ）
山形大学基盤教育院教授
担当：11章

山田邦雅（やまだ くにまさ）
北海道大学高等教育推進機構准教授
担当：12章

栗山恭直（くりやま やすなお）
山形大学理学部教授
担当：13章

松澤 衛（まつざわ まもる）
北翔大学教育文化学部准教授
担当：14章

越村 勲（こしむら いさお）
東京造形大学造形学部教授
担当：15章

田中真寿美（たなか ますみ）
青森中央学院大学経営法学部講師
担当：16章

松坂暢浩（まつざか のぶひろ）
山形大学小白川キャンパス事務部准教授
担当：17章

日野信行（ひの のぶゆき）
大阪大学大学院言語文化研究科教授
担当：18章

時任隼平（ときとう じゅんぺい）
関西学院大学高等教育センター専任講師
担当：19章

小田隆治（おだ たかはる）

山形大学地域教育文化学部教授。教育開発連携支援センターFD部門長。小白川キャンパス国際センター長。理学博士。著書に，『新訂 生物学と生命観』（著／培風館，2013年），『学生主体型授業の冒険2—予測困難な時代に挑む大学教育』（共編著／ナカニシヤ出版，2012年），『大学職員の力を引き出すスタッフ・ディベロップメント』（ナカニシヤ出版，2010年），『学生主体型授業の冒険—自ら学び考える大学生を育む』（共編著／ナカニシヤ出版，2010年），『日本の大学をめざす人の生物学』（共編著／東海大学出版会，2003年）など。

大学におけるアクティブ・ラーニングの現在
学生主体型授業実践集

2016年11月30日　初版第1刷発行

編　者　　小田隆治
発行者　　中西健夫
発行所　　株式会社ナカニシヤ出版
〒606-8161　京都市左京区一乗寺木ノ本町15番地
Telephone　075-723-0111
Facsimile　075-723-0095
Website　http://www.nakanishiya.co.jp/
Email　iihon-ippai@nakanishiya.co.jp
郵便振替　01030-0-13128

印刷・製本＝ファインワークス／装幀＝白沢　正
Copyright © 2016 by T. Oda
Printed in Japan.
ISBN978-4-7795-1085-4

本書のコピー，スキャン，デジタル化等の無断複製は著作権法上の例外を除き禁じられています。本書を代行業者等の第三者に依頼してスキャンやデジタル化することはたとえ個人や家庭内の利用であっても著作権法上認められていません。

ナカニシヤ出版 ◆ 書籍のご案内
表示の価格は本体価格です。

大学生の主体的学びを促すカリキュラム・デザイン
アクティブ・ラーニングの組織的展開にむけて
日本高等教育開発協会・ベネッセ教育総合研究所［編］
佐藤浩章・山田剛史・樋口 健［編集代表］
全国の国立・公立・私立大学の学科長へのアンケート調査と多様なケーススタディから見えてきたカリキュラム改定の方向性とは何か。　　　　　　　　　　　　　　　　　　　2400円＋税

もっと知りたい大学教員の仕事
大学を理解するための12章　羽田貴史［編著］
カリキュラム，授業，ゼミ，研究倫理，大学運営，高等教育についての欠かせない知識を網羅。これからの大学教員必携のガイドブック。　　　　　　　　　　　　　　　　　　2700円＋税

大学におけるeラーニング活用実践集
大学における学習支援への挑戦2
大学eラーニング協議会・日本リメディアル教育学会［監修］
大学教育現場でのICTを活用した教育実践と教育方法，教育効果の評価についての知見をまとめ様々なノウハウを徹底的に紹介。　　　　　　　　　　　　　　　　　　　　3400円＋税

大学における学習支援への挑戦
リメディアル教育の現状と課題　日本リメディアル教育学会［監修］
「教育の質の確保と向上」を目指して——500以上の大学・短大などから得たアンケート結果を踏まえ，日本の大学教育の最前線からプレースメントテスト・入学前教育・初年次教育・日本語教育・リメディアル教育・学習支援センターなど，60事例を紹介！　　　　　　　　　　2800円＋税

学生が変わるプロブレム・ベースド・ラーニング実践法
学びを深めるアクティブ・ラーニングがキャンパスを変える
バーバラ・ダッチほか／山田康彦・津田 司［監訳］
PBL導入へ向けた組織的取組み，効果的なPBL教育の準備，多様な専門分野におけるPBL実践事例を網羅。　　　　　　　　　　　　　　　　　　　　　　　　　　　　3600円＋税

学生と楽しむ大学教育
大学の学びを本物にするFDを求めて　清水 亮・橋本 勝［編］
学生たちは，大学で何を学び，何ができるようになったのか。個々の教員・職員・学生，そして大学コミュニティがもつ活力を活性化し，大学教育を発展させる実践を集約。　　3700円＋税

学生，大学教育を問う
大学を変える，学生が変える3　木野 茂［編］
学生・教員・職員の関わる大学教育とは何か——全国の80以上の大学に広がった学生FD活動の実際と数百人の学生，教職員が集う白熱の学生FDサミットの内容を幅広く紹介。　2800円＋税

学生主体型授業の冒険 2
予測困難な時代に挑む大学教育　小田隆治・杉原真晃 ［編］
学生の主体的な学びとは何か？　学生の可能性を信じ、「主体性」を引き出すために編み出された個性的な授業と取り組みを紹介し、明日の社会を創造する学びへと読者を誘う注目の実践集、第二弾！
3400 円＋税

学生主体型授業の冒険
自ら学び、考える大学生を育む　小田隆治・杉原真晃 ［編］
授業が変われば学生が変わる！　学生自らが授業に積極的に参加し、互いに学び合い教えあいながら、学びの主人公になる。果敢な取り組みの貴重な事例と授業設計を余すところ無く集約した待望の実践集。
3200 円＋税

学生 FD サミット奮闘記
大学を変える、学生が変える 2：追手門 FD サミット篇　木野 茂 ［監］梅村 修 ［編］
あなたは、どんな大学に通いたいですか？　大学授業の改善について思い悩む 300 名以上の学生・教員・職員が、大学を越えて、対話を行い、作り上げた第 5 回学生 FD サミット。その開催までの苦難の軌跡と当日の熱気の篭った発表記録を集約！
2500 円＋税

大学を変える、学生が変える
学生 FD ガイドブック　木野 茂 ［編］
教職員が考え一方的に行われてきた FD（ファカルティ・ディベロップメント）は学生とともに作り上げていく時代に入った──本書は学生 FD が望まれる背景、各大学での教員・職員と学生が一体となった果敢な取組みへの挑戦、そして具体的な実践例を参加学生たちの声を交え、余すところなく解説する。
2300 円＋税

学生・職員と創る大学教育
大学を変える FD と SD の新発想　清水 亮・橋本 勝 ［編］
教員・職員・学生が一体となって FD と SD（スタッフ・ディベロップメント）を推進する──今、ユニヴァーサル化が進む大学にとって必要不可欠な、学生の目を輝かせる珠玉の授業と取組を集約した待望の実践集、ついに刊行！
3500 円＋税

学生と変える大学教育
FD を楽しむという発想　清水 亮・橋本 勝・松本美奈 ［編］
「大学における教育」とは何か？　教員の本音、学生・院生・職員の声、そして新聞記者からの視線も交えながら、大学教育の来し方、行く末を見据えつつ、「学生」の顔が見える教育現場の最前線から届いたさまざまな取組み、実践、そして大胆な発想転換のアイデアを余すところ無く一挙公開。
3200 円＋税

かかわりを拓くアクティブ・ラーニング
共生への基盤づくりに向けて　山地弘起［編］
アクティブラーニングを縦横に活用した大学授業を取り上げ，メッセージ・テキスト，学習の意義，実践事例，授業化のヒントを紹介。　　　　　　　　　　　　　　　　　2500円＋税

アクティブラーニングを創るまなびのコミュニティ
大学教育を変える教育サロンの挑戦　池田輝政・松本浩司［編著］
大学における授業改善・教育改革をめぐって多様な人びとがストーリーを語り合う教育サロンへの「招待状」。　　　　　　　　　　　　　　　　　　　　　　　　　　　　　2200円＋税

身体と教養
身体と向き合うアクティブ・ラーニングの探求　山本敦久［編］
ポストフォーディズムのコミュニケーション社会において変容する身体と教育との関係を大学の身体教育の実践現場から捉える。　　　　　　　　　　　　　　　　　　　　　　　2800円＋税

私が変われば世界が変わる
学生とともに創るアクティブ・ラーニング　中　善則・秦美香子・野田光太郎・師　茂樹・山中昌幸・西澤直美・角野綾子・丹治光浩［著］
学生と学生，教員と学生，学生と社会，社会と大学をつなぐ。大学教育の実践現場から届いたアクティブ・ラーニング活用術。　　　　　　　　　　　　　　　　　　　　　　　2400円＋税

学生の納得感を高める大学授業
山地弘起・橋本健夫［編］
授業改善のキーワードは学生の「納得感」。学生の自主的な学びの力を引き出す数々の方法や様々なツールを用いた授業実践を集約。　　　　　　　　　　　　　　　　　　　　　　3300円＋税

ゆとり京大生の大学論
教員のホンネ，学生のギモン
安達千李・新井翔太・大久保杏奈・竹内彩帆・萩原広道・柳田真弘［編］
学生たち自らが企画し，大学教育とは何か，教養教育とは何かを問い，議論した，読者を対話へと誘う白熱の大学論！ **主な寄稿者：**益川敏英・河合　潤・佐伯啓思・酒井　敏・阪上雅昭・菅原和孝・杉原真晃・高橋由典・戸田剛文・橋本　勝・毛利嘉孝・山極壽一・山根　寛・吉川左紀子他　　1500円＋税

高校・大学から仕事へのトランジション
変容する能力・アイデンティティと教育　溝上慎一・松下佳代［編］
若者はどんな移行の困難の中にいるのか――教育学・社会学・心理学を越境しながら，気鋭の論者たちが議論を巻き起こす！　　　　　　　　　　　　　　　　　　　　　　　2800円＋税